高等职业教育财经商贸类专业基础课系列教材

经济法概论
（第五版）

胡德华 金荣标 主 编
杨剑钧 鲍菊芽 副主编

清华大学出版社
北京

内 容 简 介

本书以培养职业能力为核心,以就业为导向,紧紧围绕21世纪高等职业教育新型人才培养目标,秉承"知识的实用性、方法的训练性、教学的趣味性"和"理论讲透、实务足够、案例同步、实训到位"的原则,全面介绍经济法律、法规的知识和技能,注重"学习要点、教学内容、同步案例、习题与实训"四者之间的内在统一。每章最后安排了案例及分析、本章小结、复习思考题以及实训题和实训题微课,方便学生理解、运用所学知识,同时便于任课教师备课、授课。

全书共11章,内容包括经济法概述、市场准入和竞争法律制度、公平交易与权益保护法律制度、经济组织法律制度、企业破产法律制度、合同法律制度、工业产权法律制度、财政税收法律制度、劳动保障法律制度、经济监督法律制度、经济纠纷的仲裁与诉讼。

本书既可作为高职高专院校财经商贸类学生的教学用书,也可作为职业岗位培训的教材和企业管理人员的自学参考书。

本书封面贴有清华大学出版社防伪标签,无标签者不得销售。
版权所有,侵权必究。举报:010-62782989,beiqinquan@tup.tsinghua.edu.cn。

图书在版编目(CIP)数据

经济法概论/胡德华,金荣标主编. —5版. —北京:清华大学出版社,2023.10
高等职业教育财经商贸类专业基础课系列教材
ISBN 978-7-302-63491-1

Ⅰ.①经… Ⅱ.①胡… ②金… Ⅲ.①经济法-中国-高等职业教育-教材 Ⅳ.①D922.29

中国国家版本馆 CIP 数据核字(2023)第 083720 号

责任编辑:左卫霞
封面设计:傅瑞学
责任校对:李 梅
责任印制:丛怀宇

出版发行:清华大学出版社
  网　　址:http://www.tup.com.cn, http://www.wqbook.com
  地　　址:北京清华大学学研大厦 A 座　　邮　编:100084
  社 总 机:010-83470000　　邮　购:010-62786544
  投稿与读者服务:010-62776969, c-service@tup.tsinghua.edu.cn
  质量反馈:010-62772015, zhiliang@tup.tsinghua.edu.cn
  课件下载:http://www.tup.com.cn, 010-83470410
印 装 者:三河市东方印刷有限公司
经　　销:全国新华书店
开　　本:185mm×260mm　　印　张:16.25　　字　数:391 千字
版　　次:2004 年 9 月第 1 版　　2023 年 10 月第 5 版　　印　次:2023 年 10 月第 1 次印刷
定　　价:49.00 元

产品编号:096599-01

第五版前言

《经济法概论》自2004年9月出版以来,销量已超10万册。本教材先后被评为教育部普通高等教育"十一五"国家级规划教材,第八届全国高校出版优秀畅销书二等奖,浙江省丽水市社会科学优秀成果一等奖。

2022年10月22日党的二十大召开,坚定了坚持全面依法治国,推进法治中国建设的步伐。中国的市场经济更加完善,立法机关加快修订、颁布了一大批保障市场经济稳定发展的经济法律、法规。为了更全面地反映我国在经济法领域的立法成果,更好地适应教学需要,更切实际地满足高职高专学生和广大读者对新的法律知识的需求,决定对《经济法概论(第四版)》进行修订。

本次修订,在保留原有章节体系的基础上,作了较大幅度的修改,主要体现在以下三个方面。

(1)全面更新相关法律、法规。①根据《中华人民共和国民法典》合同编的规定,不仅将法典的依据由《中华人民共和国合同法》全部修改为《中华人民共和国民法典》,而且对其中具体的制度,如合同的订立形式、合同担保中的保证等制度都作了彻底修改。②外资企业法律原"三资企业法"已全部废止,根据《中华人民共和国外商投资法》编写了新的内容。③根据现实需要,公司法律制度中增加了公司及股东救济制度,对公司的累积投票、公司决议错误、股东派生诉讼、公司人格否认和公司僵局五项制度作了介绍。④根据《中华人民共和国反不正当竞争法》《中华人民共和国消费者权益保护法》《中华人民共和国商标法》《中华人民共和国专利法》等法律的修订成果,对教材涉及的相关内容做了删、增、变的修订,以反映新的立法动态。

(2)更新部分教学案例。以新近发生的典型经济法案件替代旧案例,比如阿里巴巴垄断案、小猪佩奇商标争议案等,以反映新的经济生活的变化。另外,根据新的法律规定,对个别案例分析作了校正。

(3)全面修订实训题。本次修订不仅替换了全书大多数实训题,而且为实训题提供了微课,使实训题更易于操作,更易于达到实训的目的,更易于教师对学生的经济法律知识实操能力进行评价。

修订后的第五版教材具有以下显著特点。

(1)深入学习贯彻党的二十大精神。紧扣党的二十大精神,将社会主义核心价值观、社会主义发展观、社会主义法治观、社会主义教育观融入教材。教材在整体上贯彻了国家宏观经济政策导向，将优化营商环境的要求在市场准入和竞争法律制度中加以融合。为了形成更大范围、更宽领域、更深层次的对外开放格局，我国统一了《外商投资法》。企业破产法律制度则有利于充分发挥市场在资源配置中的决定性作用。合同法制度契合了二十大弘扬诚信文化的要求。实施创新驱动发展战略的法治要求在工业产权法律制度中得以充分体现。国家完善分配制度，实现共同富裕的目的在财政税收法律制度中得以彰显。劳动与社会保险法律制度是人民生活的安全网和社会运行的稳定器。经济纠纷的化解方式既要维护当事人的合法权益，又要最大限度地维护社会和谐。

（2）内容紧跟新形势。本版教材以新的立法动态与形势政策为导向，体现时代特色。2021年4月14日，国务院常务会议通过了《中华人民共和国市场主体登记管理条例》，提升了市场主体登记的便利性。据此，本版教材将2.1市场准入法律制度一节中涉及"工商登记"的内容，全部修改为"市场主体登记"。根据2018年3月《深化党和国家机构改革方案》的规定，不再保留国家工商行政管理总局、国家质量监督检验检疫总局、国家食品药品监督管理总局，组建国家市场监督管理总局，本版教材也据此作了相应修改。本版教材对实训题的大幅度修订，体现了"双创"背景下对高职高专学生能力的新要求。

（3）体现了以职业能力为主线的风格。本版教材传承前四版教材的风格，继续把提升学生职业能力放在首位，除教材内容的选择体现实用性之外，还对第2章至第10章的实训题制作了微课，这既可以检验学生学习相关章节知识的成效，又可以提升学生的实际应用能力。

（4）注重理论与实际相结合。本版教材除系统、规范地介绍相关经济法律制度理论和操作技能外，还结合新近发生的重大案件，如阿里巴巴公司因垄断被行政处罚182亿元的案例，以使理论与实践相结合，提高学生的学习积极性和主动性，增加学生的学习兴趣。

（5）满足教学便利的需求。教材的章节安排不仅体现了经济法的基本内容、基本框架和发展趋势，而且通过学习要点、同步案例、案例及分析、本章小结、复习思考题、实训题及配套微课等栏目，直接将教学重点、难点和要点呈现在教师面前，方便教师备课、授课，以满足教师的教学需求。

本教材由胡德华、金荣标担任主编，杨剑钧、鲍菊芽担任副主编，参加编写的人员还有傅寅俊、马淑芳、赵爱军、陈松等。全书由胡德华统稿、定稿。本书由温州大学周小明副教授审稿。

由于编者水平所限，本版教材仍有不足之处，敬请同行和广大读者一如既往地给予支持，提出宝贵意见，以期再版时进一步完善。

胡德华

2023年4月

第二版前言

本书为普通高等教育"十一五"国家级规划教材。第一版教材自2004年9月出版以来，深受广大读者的欢迎，在两年多的时间里重印了10次，销售量逾3万册。由于我国的经济体制改革已向纵深发展，致使市场上的经济活动日益复杂和多样化，这在客观上要求我们的党和国家一方面必须制定出台大量新的经济法律、法规；另一方面还必须对原有的经济法律、法规进行修订和完善。只有这样，才能不断地规范市场经济行为和秩序，更好地适应我国经济体制改革和社会经济发展的需要。正是基于这样的新情况，为了不辜负广大读者的厚爱，特别是为了满足广大青年学生学习经济法律、法规知识的需要，进一步深化经济管理和贸易类专业的教育教学改革，不断提高人才培养质量，我们按照2006年4月清华大学出版社职业教育分社再次召开的高职高专经济管理类专业教材研讨会精神对本书内容进行了修订再版。

第二版教材的章节体系仍然是12章的构架，但与第一版比较，主要修订之处有以下两方面：一是考虑到高职高专院校学生普遍没有学习过法律基础知识，第二版教材的第1章增加了"法的基础知识"一节；二是根据我国经济立法的新进展，对《公司法》《税法》《审计法》《中外合资经营企业法》《中外合作经营企业法》《外资企业法》等进行了全面系统的修订。

第二版教材具有以下特色。

（1）注重基础，体系完整。本书的编写遵照教育部关于高等院校教学与教材建设的精神，保证基本理论和内容体系的完整阐述，符合高职高专各专业经济法基础课的教学要求。

（2）观点新颖，研究前沿。本书在保持基本内容完整丰富的同时，用足够的篇幅论述了国内外经济立法的新领域和新动态，实现了"基础"与"前沿"的良好结合。在内容安排上除了一般经济法教材中具有的经济法律内容外，针对学生的就业需要增添了劳动保障法律制度和资源管理法律制度。

（3）联系实际，突出应用。本书的编写力求突出应用性特点。在编写过程中，结合编者多年的教学和实践经验，在内容选择方面重视实用性，在不影响体系完整性和不妨碍理解的前提下，尽量减少纯理论的叙述，并采用大量实战性强的案例加以论证说明，使高职高专的学生和自学者能够更好地学以致用，收到实效。

（4）风格清新，体例新颖。本书在贯彻知识、能力、技术"三位一体"教学原则的基础上，力求在编写风格和表达形式方面有所突破，运用了大量的图表、案例等形式，每章的最后不仅有本章小结、案例及分析、复习思考题，而且在经济法教材中首次安排了实训题，以降低学习难度，增强学习兴趣，强化学生的素质，提高学生的操作能力。

全书由胡德华教授主编，由赵爱军、陈松、谌远知担任副主编，最后由胡德华总纂、定稿。参加第二版教材修改的人员有胡德华、赵爱军、陈松、谌远知、杨兰波、叶家红。

由于编者水平所限，第二版教材必定还有不足之处，敬请同行及读者一如既往地予以支持，并提出宝贵意见，以便第三版时更加完善。

胡德华

2007 年 3 月

教学参考建议

章　　名	理论学时	实训学时	学时合计
第1章　经济法概述	2		2
第2章　市场准入和竞争法律制度	4	2	6
第3章　公平交易与权益保护法律制度	4	4	8
第4章　经济组织法律制度	8	2	10
第5章　企业破产法律制度	6	2	8
第6章　合同法律制度	12	2	14
第7章　工业产权法律制度	2	2	4
第8章　财政税收法律制度	4	2	6
第9章　劳动保障法律制度	6	4	10
第10章　经济监督法律制度	2	2	4
第11章　经济纠纷的仲裁与诉讼	4	2	6
合　　计	54	24	78

目 录

第 1 章 经济法概述 ··· 1
 1.1 法的基础知识 ··· 1
 1.2 经济法的溯源 ··· 4
 1.3 经济法的概念与定位 ··· 8
 1.4 经济法的特点和基本原则 ·································· 12
 1.5 经济法律关系 ·· 15
 案例及分析 ·· 19
 本章小结 ··· 20
 复习思考题 ·· 21
 实训题 ·· 21

第 2 章 市场准入和竞争法律制度 ······························· 22
 2.1 市场准入法律制度 ·· 22
 2.2 竞争法律制度 ·· 27
 案例及分析 ·· 34
 本章小结 ··· 34
 复习思考题 ·· 35
 实训题 ·· 35

第 3 章 公平交易与权益保护法律制度 ························ 36
 3.1 产品质量法律制度 ·· 36
 3.2 消费者权益保护法律制度 ································· 42
 案例及分析 ·· 51
 本章小结 ··· 52
 复习思考题 ·· 52
 实训题 ·· 53

第 4 章 经济组织法律制度 ·· 54
 4.1 公司法律制度 ·· 54

4.2　合伙企业法律制度 …………………………………………………… 78
　　4.3　个人独资企业法律制度 ………………………………………………… 87
　　4.4　外商投资企业法律制度 ………………………………………………… 91
　　案例及分析 …………………………………………………………………… 97
　　本章小结 ……………………………………………………………………… 97
　　复习思考题 …………………………………………………………………… 98
　　实训题 ………………………………………………………………………… 99

第 5 章　企业破产法律制度 ……………………………………………………… 100
　　5.1　企业破产法概述 ……………………………………………………… 100
　　5.2　破产申请与受理 ……………………………………………………… 101
　　5.3　债权申报及债权人会议 ……………………………………………… 104
　　5.4　重整 …………………………………………………………………… 106
　　5.5　和解 …………………………………………………………………… 109
　　5.6　破产宣告和破产清算 ………………………………………………… 110
　　案例及分析 …………………………………………………………………… 115
　　本章小结 ……………………………………………………………………… 116
　　复习思考题 …………………………………………………………………… 116
　　实训题 ………………………………………………………………………… 116

第 6 章　合同法律制度 …………………………………………………………… 118
　　6.1　合同与合同法概述 …………………………………………………… 118
　　6.2　合同的订立 …………………………………………………………… 121
　　6.3　合同的效力 …………………………………………………………… 126
　　6.4　合同的履行 …………………………………………………………… 130
　　6.5　合同的担保 …………………………………………………………… 134
　　6.6　合同的变更与转让 …………………………………………………… 142
　　6.7　合同的权利义务终止 ………………………………………………… 144
　　6.8　违约责任 ……………………………………………………………… 146
　　案例及分析 …………………………………………………………………… 150
　　本章小结 ……………………………………………………………………… 151
　　复习思考题 …………………………………………………………………… 152
　　实训题 ………………………………………………………………………… 153

第 7 章　工业产权法律制度 ……………………………………………………… 154
　　7.1　工业产权法概述 ……………………………………………………… 154
　　7.2　商标法律制度 ………………………………………………………… 158
　　7.3　专利法律制度 ………………………………………………………… 166
　　案例及分析 …………………………………………………………………… 175

本章小结	176
复习思考题	176
实训题	177

第 8 章　财政税收法律制度 178

8.1　财政法律制度	178
8.2　税收法律制度	184
案例及分析	195
本章小结	196
复习思考题	196
实训题	197

第 9 章　劳动保障法律制度 198

9.1　劳动法律制度	198
9.2　社会保险法律制度	205
案例及分析	211
本章小结	212
复习思考题	212
实训题	213

第 10 章　经济监督法律制度 214

10.1　统计法律制度	214
10.2　会计法律制度	217
10.3　审计法律制度	221
案例及分析	227
本章小结	227
复习思考题	227
实训题	227

第 11 章　经济纠纷的仲裁与诉讼 229

11.1　经济纠纷及解决方式	229
11.2　经济纠纷仲裁	230
11.3　经济纠纷诉讼	235
11.4　经济纠纷诉讼文书	241
案例及分析	245
本章小结	245
复习思考题	246
实训题	246

参考文献 248

第 1 章 经济法概述

课程思政

经济法是宏观调控法,充分体现了国家的整体经济政策导向,是中国共产党带领人民深化、扩大改革开放,实现第二个百年征程的重要法治保障。

学习要点

※ 经济法的词源、经济立法的溯源和经济法的发展。
※ 经济法的概念、调整对象和定位。
※ 经济法的本质、特点和基本原则。
※ 经济法的实施和法律责任。
※ 经济法律关系的概念、特征和构成要素,以及经济法律关系的产生、变更和终止。

1.1 法的基础知识

1.1.1 法的产生与发展

法不是从来就有的,它是社会生产力发展到一定阶段,伴随着私有制、阶级和国家的产生而产生,是阶级矛盾不可调和的产物。在原始社会,由于生产力水平十分低下,没有剩余产品,因而也就没有私有制、阶级和国家,当然不可能形成法。到了原始社会末期,随着生产力水平的提高,出现了剩余产品,导致了私有制的产生,进而使社会分裂为两大对抗阶级,即奴隶主阶级和奴隶阶级,从此,人类社会就从原始社会进入了第一个阶级社会,即奴隶社会。奴隶主阶级为了维护自己的阶级利益,实现其阶级统治,不仅需要建立一种特殊的暴力机构即国家来镇压奴隶们的反抗,而且需要制定一种体现自己的阶级意志和利益的特殊的社会规范来维持新的社会关系和社会秩序。这种体现奴隶主阶级的意志和利益,并强制所有社会成员遵守执行的特殊社会规范就是法律,简称法。

法自产生后,经历了从不成文法到成文法的过程,并与人类社会形态的更替相适应,形成了四种不同历史类型的法,即奴隶制法、封建制法、资本主义法和社会主义法。前三者属于剥削阶级类型的法;而社会主义法是最新、最高也是最后一个类型的法,如我国的社会主义法是具有中国特色的社会主义法,是在中国共产党领导之下,真正体现了工人阶级和广大人民群众的意志和利益,是广大人民群众能够实际享受民主、平等、自由权利的法。

1.1.2 法的本质与特征

法作为一种特殊的行为规则和社会规范,有自己的本质和特征。

1. 法是统治阶级意志的体现

在阶级社会中,法不是超阶级的,它只能体现在政治上、经济上占统治地位的阶级的意志。这种阶级意志既不是统治阶级中的个人意志,也不是统治阶级中某部分人(如阶层、集团)的意志,更不是统治阶级随心所欲、凭空产生的全部意志,而是由整个统治阶级所处的物质生活条件决定的基本意志。

2. 法是由国家制定或认可的

法体现着统治阶级的意志,但统治阶级的意志并不能直接成为法。它只有通过一定的组织、形式和程序,即由统治阶级在国家中享有立法权的国家机关通过制定或认可这两种创制法的主要形式,才能成为法,进而对全体社会成员产生普遍的约束力。

3. 法是由国家强制力保证实施

法作为一种行为准则,主要是用以约束人们尤其是被统治阶级的言行,其实施必然遭到被统治阶级的反抗。因此,只有借助于法院、监狱,以及其他执法机关等暴力机器通过采取强制力,才能确保法的贯彻落实。否则,它将会成为一纸空文,失去应有的作用。

综上所述,法是表现统治阶级意志的、经国家制定或认可,并由国家强制力保证实施的,目的在于保护、巩固和发展有利于统治阶级的社会关系和社会秩序的行为规则的总和。它不仅具有鲜明的阶级性,而且有着为社会公共利益服务的社会职能。

1.1.3 法的形式与结构

1. 法的形式

法的形式又称为法的渊源,是指国家制定或认可的法的各种具体表现形式,根据宪法和有关法学理论,我国法的形式主要表现为宪法、法律等六种。

(1)宪法。宪法是国家的根本大法,也称母法,是治国安邦的总章程,由全国人民代表大会制定,具有最高的法律效力,是其他一切法律的立法之本。如果其他法律与宪法相抵触,轻者修改,重者废除。

(2)法律。此处是指狭义上的法律,即仅指由全国人民代表大会及其常务委员会制定的规范性文件。其效力仅次于宪法,一般直接以"法"命名,如《中华人民共和国民法典》《中华人民共和国刑法》等。法律是制定其他规范性文件的依据。

(3) 行政法规。行政法规是由最高行政机关国务院根据宪法和法律所制定、颁布的规范性文件，其效力又次于法律，其名称一般有条例、决定、决议、命令、指示等。

(4) 地方性法规。这是由省、自治区、直辖市的人民代表大会及其常务委员会，在不与宪法、法律和行政法规相抵触的前提下，根据实际需要而制定颁布的地方性规范文件，如《浙江省电动自行车管理条例》《丽水市城市市容和环境卫生管理条例》等。

(5) 规章。规章是由国务院各部、委、局及地方人民政府在其职权范围内依法制定、颁布的管理性文件，如《普通高等学校招生违规行为处理暂行办法》等。

(6) 国际条约。国际条约是指两个以上的国家就政治、经济、贸易、文化、法律、军事等方面的问题确定其相互关系的协议。凡是我国签订、加入或宣布承认的国际条约，对我国的组织和公民都具有与国内法同样的约束力，因此是我国法的形式之一。

2. 法的结构

法的结构包括法律规范、法的部门和法的体系三个层次。

(1) 法律规范。法律规范是表现统治阶级意志，经国家制定或认可，由国家强制力保证实施的行为规则。法律规范是构成法的细胞，一个国家的法就是该国所有法律规范的总和。一个完整的法律规范由以下三部分组成。

① 假定。假定即法律规定中指出的适用该规范的条件和情况。如《中华人民共和国刑事诉讼法》第六十二条规定："凡是知道案件情况的人，都有作证的义务。"这里"凡是知道案件情况的人"就是规范中的假定。

② 处理。处理即行为规则本身，就是法律规范中指出的允许人们做什么，禁止人们做什么，或是提倡人们做什么，反对人们做什么的内容。如《中华人民共和国民法典》第一千零六十八条规定："父母有教育、保护未成年子女的权利和义务。未成年子女造成他人损害的，父母应当依法承担民事责任。"这里规定了父母与子女应当做什么，因此是法律规范中的处理部分，处理是法律规范最核心的部分。

③ 制裁。制裁即法律规范中规定的违反该规范时，将要承担的法律后果，如《中华人民共和国刑法》第二百三十二条规定："故意杀人的，处死刑、无期徒刑或者十年以上有期徒刑。"这是体现国家强制力的部分。

上述三要素是任何一个完整的法律规范所不可缺少的。但不能把法律规范和法律条文等同起来，同一个法律规范的三要素往往表现在几个法律条文中。换句话说，就是一个法律条文并不一定把三要素都一一列举出来。法律条文是法律规范的文字表现形式。

法律规范是多种多样的。按文字表现形式不同，法律规范可以有两种基本分类：第一种可分为义务性规范和禁止性规范；第二种可分为强制性规范和任意性规范。

(2) 法的部门。法是调整社会关系的，如果按法律规范所调整的社会关系的同类性和关联性划分，可将同类或关联的法律规范集中起来，形成不同的法的部门。就目前而言，我国法的部门主要有宪法、刑法、民法、行政法、商法、经济法、劳动法、诉讼法、组织法、国际法，等等。

(3) 法的体系。即由若干相互联系、相互制约、相互影响的法的部门组成的一个有机统一体。随着市场经济的逐步深入，依法治国方略的确立，我国法的体系总体框架已基本搭成。就市场经济法律体系而言,也已初具规模,现正在不断发展和完善之中。

1.2 经济法的溯源

1.2.1 经济法的词源

"经济法"一词最早见于1755年法国空想共产主义者摩莱里撰写的《自然法典》第四篇"合乎自然意图的法制蓝图"中。在文中,作者提出了一系列法律草案,其中的一个草案名称叫"分配法或经济法"。但是,摩莱里所指的经济法所调整的范围只限于分配领域。因为在他看来,社会产品分配上的弊端,正是私有制度产生的直接原因。所以,他认为要解决社会产品分配上存在的种种弊端,就必须制定"分配法或经济法"。

继摩莱里之后,1842年,法国空想共产主义者泰·德萨米在他的《公有法典》中又明确使用了"经济法"这个概念,并系统地提出了分配法、经济法、工业法、农业法、教育法、卫生法等。

1865年,法国著名无政府主义代表人物蒲鲁东在他的著作《工人阶级的政治能力》一书中指出:"政治法是经济法和民法的补充和必然产物。"1869年,他在其另一部著作《战争与和平》中提出了"经济法权观念"。在这里,蒲鲁东实际上看到了社会经济生活中出现了一种政治法和民法调整不了的社会关系,即经济关系,需要由一个既能体现国家政治权力又能体现经济自主的法律,即经济法来对它进行调整。很显然,蒲鲁东所指的经济法更接近现代经济法。

1906年,德国学者莱特在他撰写的《世界经济年鉴》中又使用了"经济法"这一概念。1916年,德国法学家海德曼在《经济学字典》中使用了"经济法"的概念。他认为经济法是经济规律在法律上的反映。这一概念的提出从深层次上揭示了经济法产生的客观必然性。

对"经济法"一词的探源表明:经济法概念的出现和逐步完善,是一个连续的历史过程。但在第一次世界大战结束前,都只有"经济法"之名,而无"经济法"之实。经济法作为一个独立的部门法还是第一次世界大战以后的事。

1.2.2 经济立法的溯源

经济法的立法与其他法律立法一样,有其自身产生、发展和演变的历史。在第一次世界大战(1914—1918年)期间,德国为加强国家对经济的干预,于1915年制定和颁布了《关于限制契约最高价格的通知》,1916年又制定和颁布了《确保战时国民粮食措施令》,等等。第一次世界大战后,战败的德国物资匮乏,经济崩溃,资本主义各种矛盾更加尖锐、激化,为了振兴经济,德国沿袭战时的经济统治,制定了内容更加广泛的经济法令,如《卡特尔规章法》《煤炭经济法》等。这些经济法规明显地摆脱了民、商法中的无限私有制和契约自由的原则,进一步确定了国家权力对社会经济生活的干预,于是德国法学家就把这些法规正式称为"经济法"。由此可见,德国是世界经济立法的发源地。

1.2.3　经济法的发展

1. 市场经济是经济法兴起和发展的动力

经济法作为调整社会经济关系的重要法律,萌芽于商品经济,兴起和发展于市场经济。追溯其发展过程,大致可分为以下三个阶段。

(1) 诸法合体阶段

从法律产生至资本主义制度建立的这一历史阶段,自然经济占主导地位,自给自足的生产方式和少量剩余产品交换只能产生原始的经济关系,因而没有必要也不可能造就出较为健全的经济法。当时,调整社会经济关系的法律规范主要集中于保护统治阶级的财产权与国家税负方面,并同调整其他方面社会关系的法律规范融合在同一部法典之中,即所谓的"诸法合体"形式。

(2) 民商法阶段

人类社会进入自由资本主义阶段后,由于商品经济有了充分的发展,社会经济生活日益复杂化,资本主义自由市场经济开始孕育和形成。为此,一方面,要求把不断重复的交换行为以共同的规则固定下来,使每一个参与交换的主体都能服从;但同时,市场经济条件下的商品生产、商品交换又都是社会化的,这就要求将这种规则从习惯上升为全社会遵守的法律。另一方面,市场经济又以竞争为特征,它既要以法律规则促进竞争,又要以法律规则维护公平竞争,以防止自由市场主体受个体利益驱动而损害社会利益,最终危及整个社会。在这样的情况下,原先诸法合体中的经济法律规范就已经无法适应这种发展需要,从而在客观上要求有分立的、以调整自由市场经济关系为主要内容的法律规范,于是就产生了资本主义自由市场经济条件下的民商法。

(3) 现代经济法阶段

19世纪末20世纪初,随着社会化大生产的不断发展和资本的进一步集中,西方资本主义进入了垄断时期,现代市场经济体制正式形成。但此时,一方面由于社会生产规模日益扩大,社会分工越来越细,经济部门越来越多;另一方面垄断资本家贪得无厌的剥削和毫无节制的无政府生产大大加剧了社会矛盾,经济危机频频爆发,从而严重地冲击着资本主义制度。在这样的情况下,光靠传统的民商法来调整社会经济关系就远远不够了。于是,主张以国家干预市场为核心内容的凯恩斯主义理论受到了各国的重视。从此,资本主义以国家干预为特征的现代市场经济立法也就进入了新高潮。各国一方面积极修订、补充、发展民商法;另一方面重新制定和实施体现"国家干预原则"的新的经济法律规范,大大刺激了市场经济的发展。有人将这类新的经济法律规范称作"经济法"或"经济统制法"。

2. 中国经济法的形成与发展

(1) 中国经济法的萌芽时期

经济法作为国家干预经济发展的法律制度,在中国可以追溯到奴隶社会与封建社会。从某种意义上说,中国古代经济法律制度比西方国家古代经济法律制度要发达得多,以土地制度和赋税徭役制度为中心,对农业和手工业的生产和管理、对商业的流通与管理均有较为详细的规定。可是,在中华人民共和国成立前,尽管中共苏维埃政府也曾颁布过不少经济法律、法规,但终因种种因素的制约,经济法在中国只是个历史过客。

(2) 中国经济法的产生时期

我国从新中国成立至20世纪70年代末期,由于一直实行的是计划经济体制,所以经济法的形成速度仍然比较缓慢。但是政府从宏观调控、维护国家和公共利益等需要出发,也制定和颁布了不少经济法律、法规,如《土地改革法》《私营企业暂行条例》《矿业暂行条例》《机关、国营企业、合作社签订合同契约的暂行办法》《工商企业管理登记试行办法》《商标管理条例》《基本建设工作暂行办法》《森林保护条例》,等等。这些经济法规、法令的颁布和施行,虽为我国公有制经济的建立和国民经济的发展积累了经验,但终因计划经济基本是由政府行政命令直接指挥经济活动,经济法律、法规流于形式。因此,将这个时期称为中国经济法的产生时期。

(3) 中国经济法的发展时期

中国经济法的发展时期可分为两个阶段,第一阶段从1979年到1992年。这个阶段,中国开始改革过去高度集中的计划经济体制,实行与市场调节相结合的体制,国家经济模式也发生了明显变化,逐步重视价值规律和市场机制对国民经济的调节作用,重视以法律手段调控经济,颁布了大量的经济法律、法规,如《森林法(试行)》《个人所得税法》《外汇管理暂行条例》《标准化管理条例》《环境保护法(试行)》《经济合同法》,等等。十多年间,全国人大及其常委会和国务院制定的有关经济管理的法律、法规达600多部。这些法律、法规的内容涉及企业管理、国有资产管理、计划、财政、金融、价格、自然资源、环境保护,以及工业、农业、建筑、交通、运输、科技、邮电、服务等各个方面。这个阶段的经济立法总的来说,是为适应经济体制改革初期的要求而产生的,其特点一是经济法与民商法、行政法不分;二是国家宏观调控主要依靠计划手段;三是法律、法规庞杂,作为经济法核心的重要法律缺位。

第二阶段是1993年至今,这是中国经济法迅速发展的时期。1993年以来,国家围绕推进改革和建立社会主义市场经济法律体系框架,颁布了大量的经济法律、法规。在产业结构调整方面,国务院制定了《90年代国家产业政策纲要》,全国人大常委会制定了《农业法》《农业技术推广法》《科技进步法》等;在国有资产管理方面,颁布了有关国有资产管理、运营、评估、考核、监督等一系列法规;在财政税收方面,颁布了《预算法》《审计法》《会计法》,1995年围绕税制改革,修改了《税收征收管理法》;在金融方面,颁布了《中国人民银行法》《商业银行法》《票据法》《保险法》。此外,还制定和实施了《合同法》《担保法》(这两部法于2021年被《民法典》所取代)《反垄断法》《反不正当竞争法》《消费者权益保护法》《产品质量法》《公司法》《劳动法》《企业破产法》《证券法》《外商投资法》《电子商务法》等大量的经济法律、法规,从而为建立完备的社会主义市场经济的经济法体系奠定了坚实的基础,确保了我国社会经济持续、稳定、健康发展。

我国的经济法经历了从"以计划经济为主"到"以市场经济为主"的转变。在全面建立具有中国特色社会主义市场经济的条件下,经济法成为社会主义市场经济建设的法治保障。通过完善产权保护、市场准入、公平竞争、社会信用等基础性市场经济法律制度,优化营商环境,引导资本合理投资,充分发挥市场在资源配置中的决定性作用。

3. 资本主义市场经济发达国家经济法的发展

当今世界,市场经济发达的国家是资本主义国家。它们围绕着资本主义市场经济进行了大量的经济立法。但由于资本主义各国的政治、历史、社会、文化背景不同,市场经济的形成、发展进程有差别,各国市场经济的模式也就存在着差异。因此,各国经济立法的发展也各有特色。这里仅对几个国家的情况作些介绍。

(1) 德国

在整个资本主义市场经济孕育、发展过程中,德国相对落后。为了尽快发展工商业和争夺海外市场,德国在19世纪就积极主张运用国家力量,通过经济立法促进经济发展。1861年德国制定了商法法典,并在1896年制定了《德国民法典》后,于1897年修订旧商法,形成了相对完整的德国民事、商事法系。此外,1892年德国还颁布了世界上第一部《有限责任公司法》,1896年和1909年又分别制定了《向不正当竞争行为斗争法》与《反不正当竞争法》。

第一次世界大战战败后,为了治理被战争破坏的经济,挽救资本主义制度,德国资产阶级沿袭了战时经济立法原则,实行新的经济统制,对经济直接进行行政干预。在1919年颁布了世界上第一部以经济法命名的《煤炭经济法》,接着又制定了《钾盐经济法》《防止滥用经济权力法令》《卡特尔条例》等,在1933年和1934年又分别颁布了《强制卡特尔法》和《经济有机结合条例》。

第二次世界大战后,原联邦德国实行的是社会市场经济模式,即在经济上既反对自由放任,也反对统得过死,强调的是加强宏观调控。为此,它们不仅从宏观和市场秩序方面制定了大量的市场经济法律、法规,而且在金融和企业组织方面大力加强市场经济立法。在1957年制定了《联邦银行法》,在1965年颁布了新的《股份法》,在1967年联邦议会通过《经济稳定与增长法》《原子能法》《农业法》,在1974年制定了限制商人的《折扣法》《附赠物品条例》,等等。由于战后重视经济法的立法工作,德国经济很快就得到了恢复,并获得飞速发展,现在已成为世界经济强国之一。

(2) 美国

美国自1776年建国以来,长期奉行自由竞争原则,崇尚市场力量对经济发展的作用,但政府也以消费导向为标准进行调控。20世纪30年代前,美国为了建立市场基础,加强反垄断,制定和颁布了市场经济法律、法规。在1791年颁布了《国家银行法令》,在1807年通过了《外贸禁运令》,在1832年颁布了《开垦西部法令》,在1861年颁布了《莫里而法》。尤其是从1892年以来,在学者的倡导下先后制定了《统一流通证券法》《统一买卖法》《统一仓库收据法》《统一载货证券法》《统一股份让与法》《统一信托收据法》《统一商事公事法》。这些法经整理后合编成《美国统一商法典》,于1952年公布,并为大多数州采用。此外,美国还根据洲际和国际通商的需要,先后制定了《洲际通商法》《哈莱法》《破产法》《谢尔曼法》《克莱顿法》《联邦贸易委员会法》和许多州的《反垄断法》。

20世纪30年代初,美国同样受到了世界性经济危机的严重影响。为了摆脱经济困境,1933年罗斯福当选总统后,利用短短的100天时间,以经济立法与行政干预手段,实行"新政"改革。一方面,由国会通过了《银行法》《证券法》《农业调整法》《联邦紧急赈济法》《产业复兴法》等经济法;另一方面,又采取向企业提供贷款和津贴,提高物价,削减农业生产,兴办公共工程以增加就业等行政措施。

第二次世界大战后,为加快经济发展,美国制定了大量有关税收、保护消费质量、卫生、安全和环境、贸易保护主义、进出口等方面的法律,并在市场经济模式的不断完善中进行调整和发展。

(3) 日本

日本是当今世界的经济强国之一,是一个后起的资本主义市场经济国家。日本从封建社会向资本主义社会过渡时,西方国家的市场经济已基本形成。在这种情况下,要加速发展本国市场经济、向外扩张,加强经济立法就显得格外必要。为此,日本不仅非常重视民事立法,专门制定了《日本民典法》,而且早在1890年就以德国商法为模式起草了第一部商法,后经修改于1893年开始施行。1899年,日本在此基础上制定了新商法。为了适应经济发展和内外贸易发展的要求,从1911年到1975年,日本对新商法先后修改了25次。

此外,日本政府于1896年制定了《造船奖励法》,后又制定了《生丝直接出口法》等法律,直接引导经济发展。20世纪20年代和30年代,又先后制定了《出口组合法》《工业组合法》《商业组合法》等。在两次世界大战中,军国主义也运用国家权力动员国内财力、物力等为战争服务,并制定了许多战时经济法。

第二次世界大战后,日本根据国情和传统,实行了行政导向型市场经济。为了恢复和发展经济,日本在充分借鉴德国经济立法经验的基础上,制定了许多经济法律、法规,确保日本经济经历了一个持续高速的增长时期。这些经济法律、法规的制定主要有以下几个方面的特点。

一是重视经济结构的立法,如1947年通过的《经济力量过度集中排除法》,1948年的《农地调整法》和《自耕农创设特别法》。

二是加强反垄断、保护竞争、扶持中小型企业的立法,如1947年制定了《禁止私人垄断和确保公平交易法》,并先后颁布了《中小企业基本法》《中小企业现代化促进法》《中小企业资金扶助法》《中小企业防止破产互助法》等。

三是加强社会保障的经济立法,主要有1947年的《劳动标准法》《劳动者灾害补偿法》《雇佣保险法》,1959年的《最低工资法》,等等。

四是加强宏观调控,促进市场发展的立法,如20世纪40年代颁布的《日本银行法》《财政法》《地方财政法》,50年代通过的《工业振兴措施法》《进出口交易法》《外贸法》《外汇和外贸管理法》《矿产法》《地方税法》《关税法》《国税征收法》《农产品价格稳定法》,60年代颁布的《所得税法》《法人税法》,等等。

1.3 经济法的概念与定位

1.3.1 经济法的概念与调整对象

关于什么是经济法,存在着众多不同的看法。但比较集中的观点认为:经济法是调整国家在管理与协调经济运行过程中发生的经济关系的法律规范的总称。根据这个定义,经济法的调整对象是国家需要干预的特定经济关系。具体说来主要包括以下几点。

1. 市场主体调控关系

市场主体调控关系是指国家在对市场主体的活动进行管理,以及市场主体在自身运行过程中所发生的经济关系。

2. 市场运行调控关系

市场运行调控关系即国家为了建立市场经济秩序,维护国家、市场经营者和消费者的合法权益而干预市场所发生的经济关系。

3. 宏观经济调控关系

宏观经济调控关系即国家从长远和社会公共利益出发,对关系国计民生的重大因素,在实行全局性的管理过程中,与其他社会组织之间发生的具有隶属性或指导性的社会经济关系。

4. 社会分配调控关系

社会分配调控关系是指国家在对国民收入进行初次分配和再分配过程中所发生的经济关系。

1.3.2 经济法的定位

经济法的定位实质上是要解决经济法在现行法律体系中的地位问题,也就是说经济法是不是一个独立法律部门的问题。

1. 经济法理应属于一个独立的法律部门

经济法在现行法律体系中有没有独立地位,是不是一个独立的法律部门,是20世纪经济法学界争论最为激烈的一个法律问题。其实,现实经济生活已存在大量的经济法律、法规,它们在管理和协调经济运行过程中发挥着重要的作用,这在理论上是一个不争的事实。但问题在于这些法律、法规能否被一个具有严谨内涵的法律部门所统率。其结论是明确而肯定的,即经济法属于一个独立的法律部门,这主要基于以下考虑。

(1) 法律部门是人们对现行法律、法规按照一定标准做出的一种主观性划分。既然这些经济法律、法规与民法、行政法等部门法的内在规定相冲突,不能划入其他法律部门之中,就应该另起炉灶。人为主张通过大民法、大行政法等途径来解决这个问题,是不明智的。因为这样既打破了这些部门法本身的内在秩序,也降低了对法律体系进行部门划分的重要意义。因此,基于维护法律分类的科学性和严密性的考虑,也应将这些分散的法律、法规划归到一个单独的法律部门之中。

(2) 以调整对象为主线划分法律部门是当今比较权威性的标准。正因为不同的法律有着不同的调整对象,所以才有了不同部门法的划分。而经济法也有着自己特殊的调整对象,即社会中特定的经济关系,因而单独形成一个法律部门是理所应当的。

2. 经济法是一个重要的法律部门

经济法不仅是一个独立的法律部门,而且是一个重要的法律部门,这主要可以从经济法与其他法律部门,特别是与民法、行政法的关系中看出。

(1) 经济法与民法的关系

经济法与民法的共同之处在于同属于上层建筑的组成部分,都以经济关系作为自己的调整对象,但它们调整的商品经济关系不同,各有特殊性。经济法与民法的根本区别就在于,前者是以对社会经济的宏观调控为出发点,而后者是与以私有制为基础的商品经济相适应。具体来说,两者的区别可概括为以下几点。

① 调整的对象不同,经济法的调整对象是国家对经济活动的协调和管理关系,而民法的调整对象是平等主体的自然人之间、法人之间、自然人与法人之间的财产关系和人身关系。

② 调整的目的不同,经济法调整的主要目的是维护国家和国家经济的整体利益,而民法调整的主要目的是保障自然人、法人的合法民事权益。

③ 主体不同,经济法的主体地位具有不平等性,而民法的主体是平等的。

④ 调整的原则、方法不同,经济法调整的原则是既要体现主体平等的一面,又要服从统一的国民经济计划,体现上下级的服从关系;在调整方法上,民法主要采取民事的方法,而经济法则采用经济、行政和刑事结合的综合方法。

(2) 经济法与行政法的关系

行政法是调整行政管理关系的,包括行政主体和行政行为等。经济管理关系与行政管理关系不同,尽管行政法也包括经济行政行为,但经济法调整的国民经济管理关系要比行政关系广泛深入得多。至于经济法调整的特定经济关系,更是行政法所不可及的。另外,经济法的主体与行政法的主体也是不同的,它不包括经济组织内部的职能机构和生产经营单位。在调整方法上,行政法使用行政命令的方法,采取行政制裁的形式;而经济法则采用隶属关系与平等协商相结合,追究经济责任、行政责任直至刑事责任相结合的制裁形式。

3. 经济法是一个具有严密体系的法律部门

经济法不仅有自己独特的调整对象和基本原则,而且其内部也已经形成了较为严密的体系。经济法的体系主要包括经济法理论、市场主体法、市场管理法、宏观调控法、社会保障法,以及法律责任等内容。

1.3.3 经济法的本质

1. 经济法是完成第二次社会转型的法律文明

从经济角度可将经济社会划分为农业经济、工业经济和知识经济三个发展阶段。

农业经济是一种落后的生产力发展形式,对自然资源的简单人力开发是这一时期经济的主要表征形态。农业经济孕育着一种落后的农业文明,人们在社会中自觉或不自觉地遵循着世袭等级森严和位阶关系,高位阶的统治者制造着身份的膜拜,压抑人们的心智和思想,并用极端严峻的法律维护着这样的统治畅通无阻。农业经济时期经济性法律的主要任务是保障统治者统治资源与掠夺资源,并消灭劳动者对资源及其成果的自由支配权利,具体的法律形式表现是严格而完整的土地法和税负法等。

17世纪末期,资产阶级以思想革命与工业革命完成了人类社会从农业经济时代向工业经济时代的第一次社会转型。资产阶级思想革命从废除人的身份关系不平等开始,确立了人人平等的人格价值理念,并赋予了人政治权利、人身权利、财产权利等多重权利内涵,建立了资产阶级的民主政治体制。政治和人性的解放极大程度地刺激了人类利用自己的能力改造社会的丰富想象力和创造力。几乎是与资产阶级思想革命同时进行的工业革命改变了以传统土地耕种为主体内容的农业经济形态,工业技术为人类提供的众多物质产品和对农业技术的替代,极大地促进和实现了社会生产力的一次飞跃。这一时期,反映在法律上,就是对人的权利的静态保护和动态保护同时并重,并力图以人为中心建立一种网络化的权利秩序体系。表现在法律形式上,就是运用宪法和行政法工具保障人的政治权利,运用民商法工具保障人的人身权利和财产权利。

20世纪70年代兴起的高科技领域的一场深刻革命,正在悄悄地引导着人类社会从工业经济时代向知识经济时代的第二次转型。知识经济是一种建立在知识和信息的生产、分配和利用之上的经济。主要有以下两个标志：一是知识、智力是经济发展的关键要素,并如同劳动力和生产资源一样直接存在；二是在经济生产发展过程中,知识可以形成产业经济,即以高科技产业为标志的产业化经济。以高科技为核心的知识经济时代的到来,必将改变人们已有的生产方式、生活方式和交易方式等,并注入高科技文明的新内涵。

现代建立和存在的法律制度体系是工业革命孕育的工业文明的产物,是立足于人的本位而建立的相关制度与法律体系,特别反映在民商法制度方面,人的人格因素与财产因素得到了法律上的充分尊重。用权利量化人的存在形式是这一时期民法的主要特征,用契约量化人的运动是这一时期民法的主要任务,用证券进一步抽象人的行为则达到民商法的最高境界。无论是权利、契约,还是证券或其他民商法形式,都在于对民商事过程完成的意思表示合意性、行为人相对直观性、交易手法直观性,以及交易结果对称性。但不可否认的是,工业革命与工业文明创造了人类发展史上空前文明的同时,"不文明"的成果也比比皆是。这就使原有的民商法遭到了侵袭与破坏,而这种侵袭与破坏通过民商法自身是无法修复和弥补的,这实质上标志着工业经济时代所适应的工业法律文明的终结与破产。

经济法作为产生于后工业时代的一种法律文明,体现了对民商法文明局限的抛弃和对传统制度合理性的充分吸收与继承。经济法所建立的法律文明基础是对社会整体和谐的追求,特别是对社会经济秩序与利益和谐的追求。它摆脱了狭隘的"私人""私权""私利"的约束,而用国家、社会、共同体等形式,用经济权力与社会自治权力,用社会整体利益弥补了传统民商法的不足,并在此基础上用和谐的社会文明促进人的道德文明与法律文明的完善和发展。从这个意义上讲,经济法不是对民商法的抑制,而是对民商法的发展与补充。经济法正是以一种新型的法律制度文明冲击着第二次社会转型中的法律与道德的障碍。

2. 经济法是市民社会与政治国家的辩证法

早在古罗马时期,罗马人便区分了市民社会与政治国家：私人利益关系就是市民社会；公共利益关系就是政治国家。

社会发展的实践以及理论研究表明,市民社会与政治国家都存在着天然的缺陷与失灵。市民社会孕育的政府能保障机会平等,但结果不一定公平；政治国家孕育的政府能保障前提公平,但结果不一定富有效率。

市场与国家的利弊是客观存在的,并且其相互弥补、相互促进的需要也是客观的。市民社会与政治国家逐渐由一种彼此相克的状态向彼此相依的状态转化,在市场与国家之间寻求一种调和理念。传统法律部门囿于自身的有限空间,无法兼顾国家与市场两者的协调与共同发展,而这正好为经济法这一新的法律部门的产生提供了历史契机。经济法为了约束市场私权与国家公权的过度膨胀,将以下两点作为自身的立足点:一是基于民商关系的非社会合理性而实施的对私人权利的限制;二是基于国家在经济力资源、经济政策资源分配和再分配关系中的主导性与优越性而实施的对国家权力的限制,其目的在于保障资源分配的规范与合理,防止对私人权利的任意侵犯。由此可见,经济法整合了市场与国家的矛盾,使之具有趋同性,从而成为使市民社会与政治国家达到良性互动的"双赢"局面的法律途径。

3. 经济法是公法与私法交融衍生的第三法域

传统法律体系是以公法、私法划分为基本特征的"二元论"法律体系,这也是市民社会与政治国家分立对峙的结果。私法固守私人利益领域,公法则更多地以保护国家公共利益为目的。

随着市场经济的发展,市场缺陷不断显露,同时,国家的经济、社会职能不断扩张。在现代社会,仅仅靠非国家的市场力量,经济并不能自动达到平衡。为了克服经济危机,国家重新进入再生产过程,经济系统不再作为独立于国家的私人领域而存在。为了缓和贫富悬殊等社会不公平状态,国家利用其经济力与经济政策杠杆,使社会达到基本平衡,从而获得健康发展。

市民社会与政治国家的相互渗透对法律制度架构造成巨大冲击。私法需要公法的支持,公法也需要设计更多的私法目标。由于市场需要微观平衡,市场与国家之间需要宏观平衡,因此,国家通过立法形式直接影响经济与社会发展,就产生了经济法这一第三法域的现象。

1.4 经济法的特点和基本原则

1.4.1 经济法的特点

与其他法律部门相比,经济法除了具有法的本质属性以外,还具有一些本身的特征。

1. 具有广泛的综合性

经济法的这一特点,首先表现在它的调整对象的综合性上,它包括了国民经济各个领域、各个部门和各个环节所发生的各种各样的经济关系。这种调整对象的综合性,带来了经济法律、法规组成上的综合性,它既包括法律、法规和地方性法规,又包括各种条例、实施细则等各种不同层次、不同效力的法律规范。其次,从经济法的调整方法来看,人们往往是根据各种经济法律规范,综合运用行政、民事乃至刑事的调整方法来调整各种具体的经济关系。

2. 具有直接的经济性

经济法是以一定的经济关系作为调整对象,直接为经济基础服务。同时,经济法还直接体现客观经济规律的要求,几乎都以提高社会经济效益为直接目的。

3．经济法律规范的易变性

为适应社会关系发展的需要,在稳定中寻求有针对性的变化,是法律规范形成的重要原则,也是保障法律规范生命力之所在。但与其他法律部门相比较,经济法律规范更易变动,因为社会的经济制度、经济体制、经济关系、经济政策、经济思想、经济规律等诸层次的不确定性及不易把握性,都使经济法律规范无论是基于经济法部门内部规范之间衔接的需要,还是为了适应经济关系而进行法律规范的完善和深化,都要求经济法律规范的更新速度比其他法律部门要快得多。

4．程序保障的非独立性

在我国现阶段,经济法与民法、行政法、刑法等同位阶的部门法相比,没有一个独立的程序法典与之相对应。经济活动纠纷的解决在程序上仍然使用《民事诉讼法》的规定,其主要原因在于其调整的社会关系具有独特性。在市场经济利益驱动规律的作用下,以最大化发展为目标,形成了以追求私利为纽带的社会关系。经济法从社会利益需要的角度介入社会经济生活,其手段有三种：第一种,以相对"最弱"的方式介入,即间接引导私人利益；第二种,国家通过行政权力介入私人经济生活,基于现代行政法学的控权思想,应该说行政权力介入的力度更加缓和；第三种,基于对社会公共利益形态的设计,站在一种权威的角度,去评判私人利益与社会公共利益发生碰撞时的妥当性,并通过强制的手段来体现和维护社会利益的至上性。这是一种最严厉的介入方式。上述三种手段恰恰是民法、行政法和刑法的方式,因此,就经济法律责任而言,经济法具有综合性,是民事责任、行政责任和刑事责任的统一。在落实实体权利与义务过程中,独特的程序性问题也显得不是十分必要了。但是,在现代法制思想下,第一种介入方式相对重要,处于主导地位,因此经济法的程序性问题更接近于民事法律的程序,也变成一种合乎理性的选择。

此外,经济法还具有明确的指导性和一定的技术性的特点,这里不做介绍。

1.4.2 经济法的基本原则

经济法的基本原则是指贯穿于经济法全过程,并为经济法制和经济法规所确认和体现的总的指导思想和根本法律准则。在我国的经济立法和经济司法过程中,必须遵循多项基本原则。

1．客观经济规律原则

经济法是主观意志的产物。一般说来,只有在主观意志符合客观规律的情况下,才能产生预期的效果。因此,经济法制工作只有符合客观规律,才能有效地促进社会经济发展。

2．经济民主与经济自由相结合的原则

经济法虽然具有强制性的一面,但却不破坏自由竞争的市场秩序,相反,它要以限制行政权力的基本思想去实现经济领域的民主化,以保障国家意志的实现。两者并不矛盾,经济自由超过一定的限度,必然会带来市场的负面效应,不但不能维护自由竞争的市场运行秩序,而且还会使市场主体的利益遭受严重的危害,尤其是处于相对弱势地位的市场主体,其利益根本无法得到保障。因此经济法必须实现经济民主与经济自由的高度统一。

3. 政府行为优位原则

是否维护公共利益是经济法与民法的根本区别所在。经济法在调整社会关系的过程中,应注意发挥其利益协调的功能。当公共利益与个体利益发生矛盾时,应使个体利益服从于公共利益。强调政府行为优位,并不是说行政权力可以任意介入私人领域并侵害私人利益;相反,行政权力在介入经济生活过程中必须遵守合法性原则。

4. 责、权、利、效相结合的原则

经济法所调整的社会经济关系上升为经济权利与经济义务关系,具体表现形式就是责、权、利、效相一致的关系。其中,"责"是指经济主体必须履行的义务,以及不履行或不完全履行义务应承担的法律后果;"权"是指法律赋予主体一定的职权和权利;"利"是指法律对经济主体的各种利益的确认和保护;"效"是指法律对经济关系的调整应以提高经济效益和社会效益为出发点与归宿点。经济法对责、权、利、效的调整必须互相兼顾,而不能孤立地强调某一个或某几个方面。

1.4.3 经济法的实施

经济法的实施是指经济法主体使经济法律规范在社会生活中获得实现的活动,即贯彻执行经济法律、法规。经济法通过实施将经济法律规范的要求转化为经济法主体的行为,使经济法律规范得到遵守,经济权利得以行使,经济义务得以履行,经济违法行为得到制裁。

经济法的实施是我国经济法制建设必不可少的重要环节。如果说经济立法解决的是有法可依的问题,那么,经济法的实施则是要解决有法必依、执法必严、违法必究的问题。如果有法不依、执法不严、违法不究,则经济法律形同虚设,社会主义经济法制就难以建立,依法治国也就成为一句空话。为了保障经济法实施,首先要加强经济法制教育,提高全民法律意识,自觉守法;其次要加强经济执法,完善监督机制,树立现代司法理念,保障执法机关与执法人员准确、公正、严格地执行法律。凡属经济主体的一切合法权益都应得到公正的保护,凡是违反经济法律的行为都要追究相应的法律责任。

法律责任是指行为人因实施了违反法律、法规规定的行为而应承担的法律后果。违反经济法的法律责任是指经济法主体因实施了违反经济法律、法规的行为而应承担的法律后果。根据我国法律规定,经济法主体可能承担的法律责任有民事责任、行政责任和刑事责任三种。

1. 民事责任

民事责任是指经济法主体违反经济法律、法规,依法应承担的民事法律后果。根据《民法典》规定,经济法主体承担民事责任的方式主要有停止侵害,排除妨碍,消除危险,返还财产,恢复原状,修理、重做、更换,继续履行,赔偿损失,支付违约金,消除影响、恢复名誉,赔礼

道歉等。

2. 行政责任

行政责任是指经济法主体违反经济法律、法规，依法应承担的行政法律后果，包括行政处罚和行政处分。根据《行政处罚法》规定，行政处罚方式主要有警告，罚款，没收违法所得和非法财物，责令停产、停业，暂扣或吊销营业执照、许可证，行政拘留，等等。行政处分的种类有警告、记过、记大过、降级、撤职、开除等。

3. 刑事责任

刑事责任是指经济法主体违反经济法律、法规构成犯罪，依法应承担的刑事法律后果。根据《刑法》规定，刑罚分为主刑和附加刑。主刑主要有管制、拘役、有期徒刑、无期徒刑、死刑。附加刑主要有罚金、剥夺政治权利、没收财产。附加刑也可以独立适用。对犯罪的外国人可以独立适用或附加适用驱逐出境。《刑法》还规定，凡是单位构成犯罪的，对单位可以判处罚金，并对直接责任人员和其他责任人员判处相应刑罚。

1.5 经济法律关系

1.5.1 经济法律关系的概念与特征

1. 经济法律关系的概念

要弄清什么是经济法律关系，首先要了解什么是法律关系。法律关系是社会关系的一种，是人们在社会生活中受法律规范调整而形成的权利义务关系，如买卖合同当事人双方根据合同产生的权利义务关系，父子之间依据法律规定产生的权利义务关系等。

首先，法律关系是一种思想意志关系，它反映了当事人的意志和愿望，但从根本上必须符合统治阶级的意志和要求。因此，它属于上层建筑的范畴。其次，法律关系是法律上的权利义务关系。某一社会关系只有被法律规范调整，并通过当事人的意志和行为相互建立起权利义务关系，才能构成法律关系。因此，朋友关系、同事关系就不是法律关系。最后，法律关系是由国家强制力保证实现的社会关系。法律关系当事人所享有的权利受到国家强制力的保护，法律关系当事人所承担的义务受到国家强制力的督促。谁对其侵犯或不履行，都将受到法律的制裁。

经济法律关系是法律关系的一种，是指当事人之间在经济活动中根据经济法律、法规的规定所形成的权利和义务关系。经济法律关系与经济关系既有联系，也有明显区别。经济关系属于物质关系，是生产关系在生产、交换、分配、消费等领域的具体体现。但是经济关系建立的依据是经济法律、法规的规定，并受其调整，这样便成为经济法律关系。然而，经济法律关系又是一定领域的经济关系在法律上的反映，是以经济关系为基础而形成的。

2. 经济法律关系的特征

经济法律关系作为一种法律关系，除了具备法律关系的一般特征外，还具有自己独有的特征。

(1) 经济法律关系体现了国家意志和当事人意志的统一

经济法律关系是社会经济关系经过经济法律规范调整后形成的,所以,它是一种具有经济内容的社会关系。相反,社会经济关系只有受到经济法律规范的调整才能上升为经济法律关系。也就是说,只有当事人按照经济法律规范的规定缔结各种具体社会经济关系,才能被纳入国家意志范围之内,获得法律关系的性质,从而使经济法律关系带有意志性。可见,经济法律关系既包含国家意志,又包含当事人的意志,是两者的统一。但值得注意的是,两者又不是完全平等的。也就是说,国家意志是优先的、首要的,当事人的意志是第二位的、从属的。当事人的意志只有符合国家意志,才能形成经济法律关系,得到法律的认可与保护。

(2) 经济法律关系是经济权利和经济义务的统一

经济法律关系是以经济权利与经济义务为内容的。横向的经济法律关系要求主体之间在经济协作中权利义务必须一致;纵向的经济法律关系的主体双方,在行使国家赋予的经济管理职能时,也要履行对国家应尽的经济管理义务,两者也是一致的。

(3) 经济法律关系是宏观调控与市场调节的统一

市场经济发展过程中必须遵循的一个重要原则就是宏观经济调控与市场调节的统一。市场调节主要运用的是"看不见的手",即市场中的经济规律,而宏观经济调控则是运用法律、财政、税收、金融及价格等经济杠杆的手段。在我国经济生活中,进行宏观经济调控时,要自觉依据和运用市场法则,坚持等价交换的原则;进行市场调节时,也要执行国家的经济法律、法规、政策,接受宏观调控。

(4) 经济法律关系是当事人自觉实现和国家强制力保证实现的统一

在我国,经济法反映的是广大人民群众的根本利益和意志,是保护、巩固和发展社会主义生产关系,组织和促进经济建设的重要工具。因此,在一般情况下,依据经济法律关系所形成的经济权利和经济义务,当事人是能够享受并自觉履行的。然而也应看到,在当今人们的思想觉悟不均衡的情况下,总还会有一部分社会成员不愿遵守和自觉接受国家法律,甚至采取各种方式加以抵制和破坏。所以,经济法律关系的实现,还必须依靠国家强制力,对违法者予以法律制裁。

1.5.2 经济法律关系的构成要素

经济法律关系的构成要素是指构成经济法律关系的必要条件。任何一种经济法律关系都是由主体、内容和客体三个要素组成的。缺少其中一个要素就形不成经济法律关系,变动了一个要素就不再是原有的经济法律关系。

1. 经济法律关系的主体

经济法律关系的主体简称经济法主体,是指能以自己的名义参加经济法律关系,享有经济权利,承担经济义务的当事人。享有权利的一方称为权利主体,承担义务的一方称为义务主体。一般而言,各方主体既享有经济权利,又承担经济义务,具有双重主体的身份。那么,经济法律关系中的主体如何取得主体的资格呢?目前哪些"人"能取得主体资格?

(1) 经济法的主体资格

主体资格是指当事人参与经济法律关系,享有经济权利并承担经济义务的资格或能力。只有具备主体资格的当事人,才能参与经济法律关系,享有经济权利并承担经济义务。社会组织和个人只有符合法定条件,依照法定程序或由法定机关授权、认可,才能取得主体资格,并在法律规定的范围内参与经济法律关系。

(2) 经济法的主体范围

① 国家机关。国家机关是行使国家职能的各种机关的总称,包括国家权力机关、国家行政机关、国家司法机关等。作为经济法主体的国家机关主要是指国家行政机关中的经济管理机关。经济管理机关可分为三类:一是综合性经济管理机关,如财政部、中国人民银行等;二是行业性经济管理部门,如交通部、农村农业部等;三是专门职能部门,如国家市场监督管理总局、国家税务总局、审计署等。某些情况下,国家也可作为主体参与经济法律关系,如发行国债、以政府名义与外国签订经济贸易协定等。

② 企业和其他社会组织。企业是经济法主体最为重要的一类。它是指依法成立的、以营利为目的的、从事商品生产经营和服务活动的、独立的社会经济组织。其他社会组织主要是指事业单位、社会团体和民办非企业单位。

③ 企业内部组织和有关人员。企业内部组织虽无独立的法律地位,但在和有关人员根据经济法律规定参与企业内部的生产经营管理活动时,在实行内部承包经营责任制、实行内部独立核算等情况下,形成相应的经济法律关系,便具有经济法主体的地位。

④ 农村承包经营户、个体工商户和自然人。此类为个人主体。他们通常情况下是民事法律关系的主体,但当他们参与经济法律关系,同国家经济管理机关或其他社会组织发生经济权利和义务关系时,就成为经济法律关系主体,如农户与农村集体经济组织发生承包关系、自然人向税务机关纳税等。

2. 经济法律关系的内容

经济法律关系的内容是指经济法主体依法享有的经济权利和应当承担的经济义务。不同的经济法律关系中,主体的权利义务各不相同。

(1) 经济权利

经济权利是指经济法主体依法具有的自己为或不为一定行为和要求他人为或不为一定行为的资格。我国法律赋予经济法主体的经济权利是极其广泛的,概括起来主要有以下几种。

① 经济职权。经济职权是指国家机关及其工作人员在行使经济管理职能时依法享有的权利。经济职权具有隶属性和行政权力性。在国家机关及其工作人员依法行使经济职权时,其他经济法主体均应服从。经济职权对国家机关及其工作人员而言,既是权利又是义务,不得随意放弃或转让。

② 所有权。所有权是指所有权人依法对自己所有的财产享有的占有、使用、收益和处分的权利。这种权利具有排他性和绝对性。所有权人无须他人协助即可实现其权利。所有权是一种最完整的物权,具有四项权能,即占有权、使用权、收益权和处分权。所有权的四项权能可以在一定条件下与所有权人分离,这种分离是所有权人行使所有权的一种方式。

③ 法人财产权。法人财产权是指企业法人对企业所有权投资所设企业的全部财产在

经营中所享有的占有、使用、收益和处分的权利。我国《公司法》规定,公司享有股东投资形成的全部法人财产权。

④ 经营管理权。经营管理权是指企业对所有人授予经营管理的财产所享有的占有、使用和依法处分的权利,以及由此产生的对企业机构设置、人事、劳动等方面的管理权。

⑤ 债权。债权是指按照合同约定或法律规定,在当事人之间产生的特定权利。债权是一种请求权,其义务主体是特定的。

⑥ 知识产权。知识产权即专利权、商标权、著作权等,是智力成果的创造人依法享有的权利和生产经营活动中标记所有权人依法所享有的权利的总称。

(2) 经济义务

经济义务是指经济法主体根据法律规定,或者为满足权利主体的要求,必须为或不为一定行为的责任。经济义务具有以下含义:一是义务主体必须依照法定范围做出一定行为(如企业必须保证产品质量和服务质量,对用户和消费者负责),或不做出一定行为(如国家机关不能滥用经济职权),以满足权利主体实现其权利;二是当主体不履行义务时,应承担相应的法律责任(如支付违约金、赔偿金等)。

经济权利与经济义务是辩证统一、相辅相成的。没有经济权利,就不会有经济义务。经济法主体不能只享有经济权利而不承担经济义务,也不能只承担经济义务而不享有经济权利。

3. 经济法律关系的客体

经济法律关系的客体是指经济法主体享有的权利和承担的义务所共同指向的对象,包括物、经济行为和智力成果。

(1) 物。这是经济法律关系客体中最普遍、最主要的一种,是指具有价值和使用价值,并能为人们所控制和利用的物质。它不同于物理学上所称的"物"。物可以分为生产资料与生活资料,流通物与禁止、限制流通物,种类物与特定物,可分物与不可分物,动产与不动产,等等。

(2) 经济行为。经济行为是指经济法主体为达到一定目的所进行的经济活动,包括经济管理行为、提供劳务行为和完成工作行为,如运输法律关系中的客体就是运送行为。

(3) 智力成果。智力成果是指人们的脑力劳动所创造的精神产品,又称精神财富,如学术论文、著作、文艺作品、创造发明、商标等。它们可以成为著作权、商标权、发明权、专利权等法律关系的客体。智力成果本身不具有物质财富的内容,但可以转化为物质财富,如专利可转化为专利产品,并带来一定的经济效益。

1.5.3 经济法律关系的产生、变更和终止

1. 经济法律关系产生、变更和终止的概念

社会经济活动是在连续不断的运动中进行的,在此基础上形成的经济法律关系也是不断地产生、变更和终止的。

经济法律关系的产生是指由经济法律规范所确认、调整,在经济法主体之间形成的

经济权利和经济义务关系。如企业依照合同法的规定签订买卖合同,签订合同双方就都享有一定的经济权利并承担一定的经济义务,从而使它们之间形成了买卖合同法律关系。

经济法律关系的变更是指经济法律关系主体、客体和内容的变化。主体变更既可以是数量的增加或减少,也可以是原来主体的改变;客体变更既可以是范围的变动,也可以是性质的变化;经济法律关系的主体、客体变了,相应的经济权利和义务也就随之改变了。

经济法律关系的终止是指经济法律关系主体之间的权利和义务关系的消灭。有两种情况:一种是绝对终止,如已经全部履行了合同规定的义务;另一种是相对终止,或者是将权利义务转到另一主体,或是部分履行了义务。

2. 经济法律关系产生、变更和终止的条件

(1)以相应的经济法律规范的颁布和实施为依据。如果在某一经济领域,国家没有颁布和实施经济法律、法规,则这一经济领域就不会有经济法律关系的产生,更不会有经济法律关系的变更和终止。

(2)要有法律事实的出现。一般来说,经济法律规范并不能直接引起经济法律关系的变化,只有当经济法律规范规定的法律事实出现时,才会引起经济法律关系的产生、变更和终止。

法律事实是指法律所规定的,能够引起法律关系产生、变更和终止的客观现象。它是引起法律关系产生、变更和终止的直接原因。大多数情况下,只要有一个法律事实出现,就能引起法律关系的产生、变更和终止。但是有时也需要有两个或两个以上的法律事实结合起来才能产生、变更和终止法律关系。将这种情况称为法律事实构成。以保险赔偿法律关系为例,首先要有投保方和保险方签订保险合同的法律事实存在;其次要有保险合同规定的引起保险财产损毁的法律事实出现,如自然灾害的发生,才能引起投保方与保险方之间的具体保险赔偿权利义务的形成。

法律事实可以分为以下两大类。

一是事件,即与当事人意志无关的客观事实,包括自然现象和社会现象引起的事实。自然现象引起的事实又称绝对事件,如自然灾害等,社会现象引起的事实又称相对事件,如战争导致合同无法履行等。

二是行为,即人们有意识的活动,或者说是以人们的意志为转移的客观事实。包括合法行为和违法行为两类。合法行为是符合法律、法规、政策规定,受到法律保护的行为,如经济管理行为、经济法律行为和经济司法行为。违法行为是指法律明文规定禁止的行为。它不能产生行为人预期的法律后果,但可能产生其他法律后果,因而也会引起相应的经济法律关系发生、变更或终止,违法行为是行为人承担法律责任的依据。

 案例及分析

百货大楼与服装厂签订了加工10万套服装的合同。根据合同约定,百货大楼应于8月5日前向服装厂预付300万元,服装厂应于10月底前交付全部服装后结清货款。合同签订后,经过市场调查,发现此种服装在市场上已滞销,于是提出协商减少加工5万套服装,服装厂表示同意。合同履行期届满,百货大楼与服装厂分别履行了合同规定的义务。

【问题】 请用经济法律关系三要素理论展开分析。

【分析】 经济法律关系是指经济法主体在经济活动中根据经济法律、法规的规定所形成的权利和义务关系。它由主体、客体和内容三个要素组成。百货大楼与服装厂依法签订的服装加工合同,意思表示真实,合同内容与形式合法,是一份有效合同,受法律保护,从而形成了合同法律关系。其中的主体是百货大楼和服装厂,客体为10万套服装,内容为主体双方依照本合同所产生的各种权利和义务。合同签订后,由于市场变化,经双方协商同意减少加工5万套服装,使原合同法律关系变更。合同变更后,双方重合同、守信用,认真履行了合同规定的各项义务,确保了双方签订合同的目的的实现。正是由于双方严肃认真地履行了合同,才使得本合同的法律关系得以终止。

本章小结

经济法是法的重要组成部分,有其自身产生、发展和演变的过程。德国是世界经济法的发源地。

经济法作为调整社会经济关系的重要法律,萌芽于商品经济,兴起和发展于市场经济。追溯其发展过程,大致经历了诸法合体、民商法和现代经济立法等阶段。

新中国成立前,经济法在中国是一位历史过客,到了1979年,随着政府的工作重心转移,经济法在我国才开始得到迅速的发展。

经济法是调整国家在管理与协调经济运行过程中所发生的经济关系的法律规范的总称,它是一个重要的独立的法律部门,其调整的对象主要有市场主体调控关系、市场运行调控关系、宏观经济调控关系和社会分配调控关系,等等。

经济法是完成第二次社会转型的法律文明,是市民社会与政府国家的辩证法,是公法与私法交融衍生的第三法域,具有广泛的综合性、直接的经济性、法律规范的易变性和程序保障的非独立性等特点。

为了确保我国经济法的贯彻与实施,在经济立法与施法过程中必须遵循经济民主与经济自由相结合,政府行为优位,责、权、利、效相结合等原则并且遵循客观经济规律。经济法主体一旦违反经济法律规范,都应承担相应的民事责任、行政责任,直至刑事责任。

经济法律关系是指当事人之间在经济活动中,根据经济法律、法规的规定所形成的权利和义务关系。它充分体现了国家意志和当事人意志的统一、经济权利和经济义务的统一、宏观调控与市场调节的统一、当事人自觉实现和国家强制力保证实现的统一。任何经济法律关系都是由主体、客体和内容三个要素组成的。

社会经济活动是在连续不断的运动中进行的,因而在此基础上形成的经济法律关系也势必是在不断地产生、变更和终止的,但它需要具备相应的经济法律规范的颁布、实施和法律事实的出现两个条件。其中法律事实又可以分为事件和行为两大类。

复习思考题

1. 什么是经济法？经济法的产生经历了哪几个阶段？
2. 经济法的调整对象有哪些？它是否属于一个独立的法律部门？为什么？
3. 如何理解经济法的本质？
4. 经济法有哪些特点？经济法主体违反经济法应承担哪些法律责任？
5. 什么是经济法律关系？它由哪些要素构成？其主体资格如何取得？目前经济法的主体范围包括哪些？
6. 什么是经济权利和经济义务？我国法律赋予经济法主体哪些经济权利？规定其应当承担哪些经济义务？
7. 经济法律关系产生、变更和终止的条件是什么？什么是法律事实？它可做哪些分类？

实训题

1. 实训项目：准备实训内容。
2. 实训准备的内容。
（1）做好思想发动，统一认识。
（2）做好"双师型"师资的准备。
（3）做好实训场地的准备。
（4）搞好组织准备。
3. 实训准备的步骤。
（1）专任教师提出实训工作方案。
（2）实训管理部门审核。
（3）向学生公布实训方案。
（4）具体做好实训准备工作。
（5）根据授课进度，具体开展实训工作。

第 2 章 市场准入和竞争法律制度

课程思政

市场准入和竞争法律制度事关市场主体公平竞争的市场环境，可防止市场过度集中形成垄断，有利于优化营商环境，规范资本健康发展。

学习要点

※ 市场准入制度的概念和立法模式。
※ 市场准入制度体系。
※ 市场主体登记和审批许可制度的主要内容。
※ 不正当竞争行为的类型和法律责任。
※ 垄断行为的表现形式及法律制度。

2.1 市场准入法律制度

2.1.1 市场准入制度概述

1. 市场准入制度的概念

市场准入制度是有关国家和政府规定的准许自然人、法人和其他组织进入市场，从事商品生产、经营和服务活动的条件与程序的各种制度及规范的总称。它既是国家对市场进行管理的首要环节，又是一系列后续管理措施得以实施的基础条件。

2. 市场准入制度的立法模式

市场准入制度的立法模式主要有：自由放任模式、特许主义模式、准则主义模式和核准主义模式。我国现行立法采用的是准则主义与核准主义相结合的模式，一般市场准入采用准则主义模式，特殊市场准入采用核准主义模式。

3. 市场准入制度体系的构成

市场准入制度体系是一个多层次的制度体系。根据市场类别的不同,市场准入制度体系主要由以下三个层次构成。

(1) 一般市场准入制度。一般市场准入制度是国家对每一个进入市场从事生产经营活动的个人和组织成为合法的市场经营主体而设立的具有普遍适用效力的市场准入制度。例如,我国的市场主体登记制度就属于一般市场准入制度,即使是办理了许可证的企业,也要进行市场主体登记。

(2) 特殊市场准入制度。特殊市场准入制度是针对特殊的生产经营活动而对经营者所做的特殊要求,经营主体进入特殊市场从事经营活动必须具备特殊市场准入制度所要求的特殊条件并履行特殊的程序,以取得特殊资格。它是规定市场经营主体进入特殊市场从事经营活动必须具备的条件和程序规则的制度。

(3) 涉外市场准入制度。这是一个国家对外国资本进入本国市场,以及本国资本进入国际市场而规定的各种条件和程序的规则。我国涉外市场准入制度渗透在相关的审批许可制度和市场主体登记制度之中。

2.1.2 一般市场准入制度

1. 市场主体登记的概念和实质

我国长期以来对市场经营主体通过不同机关、不同制度进行分散登记。2021年4月14日,国务院常务会议通过《中华人民共和国市场主体登记管理条例》,统一了各类市场主体的登记条件和程序。市场主体登记是指在对申请者进入市场的条件进行审查的基础上,通过注册登记,确认申请者从事生产经营活动的资格,使其获得实际营业权的各项活动的总称。市场主体登记的实质,一方面是政府对经济主体可以从事生产经营活动的认可行为;另一方面又是一切主体合法从事市场经营活动的必经程序。经济主体只有履行了市场主体登记手续,取得营业执照,才能成为合法的市场经营主体,进入市场,从事经营和服务活动。

2. 市场主体登记制度的基本功能

市场主体登记制度是世界各国普遍实行的市场准入制度,市场主体登记制度的基本功能充分说明了实行这种制度的必要性。其基本功能有:①通过市场主体登记,保证市场经营主体符合法律规定的条件,具有相应的经营能力;②通过市场主体登记,建立市场经营主体档案,掌握市场经营主体的基本情况,保证国家对市场经营活动进行有效的管理和监督;③通过市场主体登记,公开市场经营主体的基本情况,有利于保护消费者和其他市场经营主体的合法利益。

3. 市场主体登记的基本类型

我国法律规定的市场主体登记分为企业登记和个体工商户营业登记两种类型。

(1) 企业登记

企业登记是指以企业为对象，由拟设立的企业负责人签署申请书，向市场监管部门提出登记申请，市场监管部门审核后给予登记注册，发给营业执照。我国的企业登记包括企业法人登记和非企业法人登记两种。

① 企业法人登记。拟设立的企业符合法人条件的，可以申请企业法人登记。通过企业法人登记，领取营业执照，并获得企业法人资格，同时作为独立的法人获得营业权。

② 非企业法人登记。不具备法人条件的经济组织，不能进行企业法人登记，但是可以申请非企业法人登记，领取营业执照，在其登记的范围内从事生产经营活动。

(2) 个体工商户营业登记

自然人个人或家庭从事工商经营活动的，可以申请个体工商户营业登记。经审核批准后，发给营业执照，从事登记事项范围内的经营活动。

4. 市场主体登记机关

市场主体登记机关是国家和地方各级市场监督管理部门，根据申请登记的市场主体的类别、规模和隶属关系的不同，分别由不同级别的市场监督管理部门进行登记。登记分为设立登记、变更登记和注销登记。

经国务院或者国务院授权部门批准的全国性公司、经营进出口业务的公司，国务院国有资产监督管理机构履行出资人职责的公司以及该公司投资设立并持有50%以上股份的公司，依照法律、行政法规或者国务院决定的规定，国家市场监督管理总局规定应当由国家市场监督管理总局登记的公司，由国家市场监督管理总局核准登记注册。外商投资企业由国家市场监督管理总局或者国家市场监督管理总局授权的地方市场监督管理部门核准登记注册。

全国性公司的子（分）公司，经省、自治区、直辖市人民政府或其授权部门批准设立的企业、经营进出口业务的公司，省、自治区、直辖市人民政府国有资产监督管理机构履行出资人职责的公司以及该公司投资设立并持有50%以上股份的公司，省、自治区、直辖市市场监督管理局规定由其登记的自然人投资设立的公司，依照法律、行政法规或者国务院决定的规定，应当由省、自治区、直辖市市场监督管理部门登记的公司；国家市场监督管理总局授权省、自治区、直辖市市场监督管理部门登记的其他公司，由省、自治区、直辖市市场监督管理部门核准登记注册。

其他企业，国家市场监督管理总局和省、自治区、直辖市市场监督管理部门授权登记的公司，由所在市、县（区）市场监督管理部门核准登记注册。

5. 市场主体登记的条件

(1) 企业法人的登记条件

我国企业法人的登记包括两种类型：一是一般企业法人登记，适用《中华人民共和国企业法人登记管理条例》的规定；二是公司登记，适用《中华人民共和国公司登记管理条例》和《公司法》的规定。

① 一般企业法人登记的条件。一般企业法人登记适用于全民所有制企业、集体所有制企业、联营企业、外商投资企业、私营企业，以及需要办理企业法人登记的其他企业。一般企

业要获得企业法人登记,应具备的条件有:第一,有自己的名称、组织机构和章程;第二,有固定的经营场所和必要的设施;第三,有符合国家规定并与其生产经营和服务规模相适应的资金和从业人员;第四,能够独立地承担民事责任;企业法人在生产经营活动中能够独立以自己的名义享受权利,承担义务,并实行独立核算,自负盈亏;第五,有符合国家法律、法规和政策规定的经营范围。

② 公司登记的条件。作为企业法人的一种类型,依据我国《公司法》和《公司登记管理条例》的规定,公司登记后,发给企业法人营业执照。除国有独资公司外,有限责任公司的登记条件包括:股东人数符合法定人数,即股东人数必须在50人以下;有符合公司章程规定的全体股东认缴的出资额;股东共同制定公司章程;有公司的名称和符合有限责任公司要求的组织机构;有公司住所。股份有限公司的登记条件包括:发起人符合法定人数;有符合公司章程规定的全体发起人认购的股本总额或募集的实收股本总额;股份发行、筹办事项符合法律规定;发起人制定公司章程,采用募集设立的须经创立大会通过;有公司的名称,建立符合股份有限公司要求的组织机构;有公司住所。

(2) 非企业法人、其他经济组织和个体工商户营业登记的一般条件

非企业法人、其他经济组织的营业登记条件,现行法律没有明确的规定。一般来说,应具备以下条件:进行营业登记的企业和其他经济组织必须属于法律规定的范围,党政干部、国家公务员等不得进行营业登记;申请营业登记应当经其所隶属的企业法人、总公司或者其他上级单位的批准,并由上级单位法定代表人或负责人签署登记申请书;应当有自己的名称和营业场所;有合法的经营范围;有明确的负责人。

根据《个体工商户条例》(2016年修正)的规定,有经营能力的自然人,依照条例规定,经向市场监督管理部门登记,从事工商业经营的,可以成为个体工商户。申请登记为个体工商户,应当向经营场所所在地登记机关申请注册登记。申请人应当提交登记申请书、身份证明和经营场所证明。

6. 市场主体登记事项

市场主体登记事项因登记的种类不同而有所区别。一般企业法人的登记事项包括企业法人的名称、住所、经营场所、法定代表人、经营性质、经营范围、经营方式、注册资金、从业人员、经营期限、分支机构等。公司的登记事项包括公司名称、住所、经营场所、法定代表人、经营范围、经营方式、经营期限、注册资本、有限责任公司股东或股份有限公司发起人的姓名和名称。非企业法人组织的登记事项包括:组织名称、营业场所、负责人、经营期限和经营范围等。个体工商户登记事项包括经营者姓名和住所、组成形式、经营范围、经营场所。经营事项发生变更的应当办理变更登记手续。

7. 市场主体登记程序

(1) 申请与受理

申请人应当依照法律、法规的规定向市场登记机关提出登记申请,申请时应提供法律、法规所规定的申请文件。

(2) 审查

登记机关的审查内容包括以下两个方面。

① 审查申请人提交的材料是否真实、合法、有效。
② 审查申请登记的企业、其他经济组织或者个人是否具备法律规定的应予注册登记的各项条件。

(3) 核准

经过审查和核实后,做出核准登记或不予核准登记的决定,并及时通知申请登记企业、其他组织或者个人。

(4) 发照

对核准登记的申请企业、其他组织或者个人,应当分别颁发有关证照,及时通知法定代表人、负责人或者个人。营业执照上记载的日期就是企业或者其他经济组织成立的日期。企业法人、公司法人、非企业法人组织或者个体工商户需要变更登记事项的,需到原登记机关办理变更登记手续。企业法人、公司法人、非企业法人组织或者个体工商户因法定事由需要终止营业的,应办理注销登记手续。注销登记后,其作为市场经营主体的资格也因此而丧失。

2.1.3 特殊市场准入制度

我国特殊市场准入制度采用行政审批许可制度。

1. 审批许可制度的概念和分类

审批许可制度是指由国家有关部门对企业和其他类型的经济组织特定的生产经营活动进行审查,在符合法律规定的情况下,准许其进入某种市场,从事生产经营活动的一种市场准入制度。如从事卷烟生产经营、农药生产经营、药品生产经营等,均需获得审批许可。

根据申请人要求进入的市场类型的不同,国家有关部门可以采用不同的批准许可方式。根据我国目前的立法情况可分为三种类型:立法特许、专项批准和许可证。根据适用对象的不同分为两种类型:一是针对个人进入特殊市场的准入许可制度;二是针对企业设立的审批和营业许可制度。根据审批许可内容的不同,可分为设立审批和经营许可审批两种形式。

2. 审批许可机构

审批许可机构根据经营的商品和服务的类别不同而不同。金融业经营机构的设立,由中国人民银行审批;证券业经营机构的设立,由国务院证券监督管理委员会审批;从事文物经营的机构,由文物管理部门审批;从事药品、医疗器械、食品经营的机构,由食品与药品监督管理部门审批;从事烟草生产经营的机构,由烟草专卖行政管理部门审批;从事计量器具生产经营的机构,由技术监督行政管理部门审批;设立外商投资企业,由国家改革和发展委员会审批等。

3. 审批许可制度的适用范围

审批许可制度主要适用于从事特定行业的生产经营活动。从我国现行立法的规定来看,特定行业的生产经营范围主要包括:从事金融业务的各类组织,外商投资企业,从事药品、医疗器械生产经营的企业,烟草生产经营企业,广告经营企业,文物经营企业,食品生产经营企业和个体食品摊贩,计量器具的生产经营企业,锅炉压力容器生产经营企业,通信服务经营企业,股份有限公司,证券期货交易所,等等。

4．审批许可的条件

根据申请人申请,从事生产经营活动的内容和设立企业的性质不同,国家有关部门将按照不同的标准和条件进行审查。对于符合条件的,发给审批文件或许可证;不符合条件的,也要给予书面说明。例如,对于开办药品生产经营的企业,审查的主要内容有:是否具有与药品的生产经营相适应的技术人员、技术工人、厂房、设施和卫生环境,是否符合国家劳动安全制度,是否有产品质量标准和产品质量认证体系,是否具备检验机构、人员和必要的设备等。

5．审批许可的法律效力

申请人获得相关行政机关的审批许可,一方面表明国家已经认可拟设立或已经存在的企业或其他经济组织符合从事特定市场经营的条件,允许其从事特定业务范围内的生产经营活动;另一方面表明申请人设立相关企业的行为,以及从事特定范围内的生产经营行为是一种合法的行为,获得批准许可而设立的市场经营主体,或者获得批准许可经营的市场经营主体,有权从事批准许可范围内的生产经营活动。申请人在获得审批后的法定时间内,办理市场主体设立登记或者变更登记手续,领取营业执照,就能从事相关的生产经营活动。

2.2 竞争法律制度

2.2.1 竞争法律制度概述

1．竞争与竞争法

竞争是市场经济最基本的运行机制,其基本作用是给经营者以动力和压力,竞争的结果是优胜劣汰。竞争是市场经济的强制力量、检验力量、推进力量和消损力量。竞争有积极作用,也有消极作用,这是市场经济本质的表现。现代竞争法的任务就是保护正当的竞争,建立良好的竞争秩序,抑制竞争机制的消极影响,反对和制止不正当竞争,包括反对限制竞争和反垄断,从而增强竞争对市场经济的促进作用。

竞争法是指以市场经济领域的竞争关系为主要调整对象,以保护正当的竞争为主旨,以反垄断和反不正当竞争为核心内容的法律规范的总称。

2．不正当竞争

不正当竞争是指经营者在市场竞争中采取违法手段谋取竞争利益的行为,具有以下特点。

(1) 实施不正当竞争行为的主体是经营者。
(2) 实施不正当竞争行为的目的是获得竞争利益。
(3) 经营者实施的不正当竞争行为具有违法性。
(4) 经营者实施的不正当竞争行为损害了其他经营者的合法利益和市场竞争秩序。

2.2.2 反不正当竞争法律制度

1. 反不正当竞争法的概念

反不正当竞争法是调整经营者因从事不正当竞争活动而发生的经济竞争关系,以及有关国家机关对之进行监督检查时所发生的经济管理关系的法律规范的总称。《中华人民共和国反不正当竞争法》(简称《反不正当竞争法》)1993年颁布后,分别于2017年和2019年进行了修订。

根据《反不正当竞争法》的规定,不正当竞争行为是指经营者在生产经营活动中,违反法律规定,扰乱市场竞争秩序,损害其他经营者或者消费者的合法权益的行为。具体包括混淆、商业贿赂、虚假商业宣传、侵犯商业秘密、不当有奖销售、诋毁他人商誉和破坏互联网产品或服务等行为。

2. 不正当竞争行为的类型

(1) 混淆行为

混淆行为是指经营者违法实施引人误认为是他人商品或者与他人存在特定联系的行为。具体包括:①擅自使用与他人有一定影响的商品名称、包装、装潢等相同或者近似的标识;②擅自使用他人有一定影响的企业名称(包括简称、字号等)、社会组织名称(包括简称等)、姓名(包括笔名、艺名、译名等);③擅自使用他人有一定影响的域名主体部分、网站名称、网页等;④其他足以引人误认为是他人商品或者与他人存在特定联系的混淆行为。

(2) 商业贿赂行为

商业贿赂是指经营者以排斥竞争对手为目的,为争取交易机会,暗中给予交易对方有关人员和能够影响交易的其他相关人员以财物或其他好处的不正当竞争行为。经营者在交易活动中,法律允许以明示方式向交易对方支付折扣,或者向中间人支付佣金。折扣和佣金的支付方和接受方均应如实入账;未如实入账的,均构成商业贿赂行为。

(3) 虚假商业宣传行为

虚假商业宣传是指经营者对其商品的性能、功能、质量、销售状况、用户评价、曾获荣誉等作虚假或者引人误解的商业宣传,欺骗、误导消费者或者通过组织虚假交易等方式,帮助其他经营者进行虚假或者引人误解的商业宣传的行为。这些行为包括为自己虚假宣传和为他人虚假宣传两种行为。虚假商业宣传的内容涉及商品的性能、功能、质量、销售状况、用户评价、曾获荣誉、虚假交易等。淘宝、抖音和快手等网络平台上的刷单、虚假好评等行为都构成虚假商业宣传。

(4) 侵犯商业秘密行为

商业秘密是指不为公众所知悉、具有商业价值并经权利人采取相应保密措施的技术信息、经营信息等商业信息。前者如工艺流程、技术秘诀、设计图纸、化学配方等,后者如管理方法、产销策略、客户名单、货源情报等。能够成为商业秘密的技术信息和经营信息必须具备秘密性、实用性和保密性等基本条件。

经营者侵犯商业秘密的行为有以下几种情形。

① 以盗窃、贿赂、欺诈、胁迫或者其他不正当手段获取权利人的商业秘密。

② 披露、使用或者允许他人使用以前项手段获取的权利人的商业秘密。

③ 违反保密义务或者违反权利人有关保守商业秘密的要求，披露、使用或者允许他人使用其所掌握的商业秘密。

④ 教唆、引诱、帮助他人违反保密义务或者违反权利人有关保守商业秘密的要求，获取、披露、使用或者允许他人使用权利人的商业秘密。

⑤ 第三人明知或者应知商业秘密权利人的员工、前员工或者其他单位、个人实施前款所列违法行为，仍获取、披露、使用或者允许他人使用该商业秘密的行为。

（5）不当有奖销售行为

有奖销售是指经营者以提供奖品或奖金的手段进行推销的行为，主要包括附赠式销售和抽奖式有奖销售两种。《反不正当竞争法》并不完全禁止有奖销售，只是禁止带有欺骗性的有奖销售。以下行为属于不正当有奖销售行为。

① 所设奖的种类、兑奖条件、奖金金额或者奖品等有奖销售信息不明确，影响兑奖。

② 采用谎称有奖或者故意让内定人员中奖的欺骗方式进行有奖销售。

③ 抽奖式的有奖销售，最高奖的金额超过五万元。

（6）诋毁他人商誉行为

诋毁他人商誉是指经营者编造、传播虚假信息或者误导性信息，损害竞争对手的商业信誉、商品声誉的行为，即商业诽谤行为。在商业活动实践中，商业诽谤行为表现如下。

① 在附属资料中的商业诽谤行为。

② 产品交易中的商业诽谤行为。

③ 新闻、广告中的商业诽谤行为。

④ 在公众中散布谣言的商业诽谤行为。

⑤ 组织、唆使、利用他人进行的商业诽谤行为。

（7）破坏互联网产品或服务行为

破坏互联网产品或服务行为是指经营者利用网络从事生产经营活动，利用技术手段，通过影响用户选择或者其他方式，实施妨碍、破坏其他经营者合法提供的网络产品或者服务正常运行的行为。这是一种新型的网络不正当竞争行为，具体有以下情形。

① 未经其他经营者同意，在其合法提供的网络产品或者服务中，插入链接，强制进行目标跳转。

② 误导、欺骗、强迫用户修改、关闭、卸载其他经营者合法提供的网络产品或者服务。

③ 恶意对其他经营者合法提供的网络产品或者服务实施不兼容。

④ 其他妨碍、破坏其他经营者合法提供的网络产品或者服务正常运行的行为。

案例 2-1

A、B 两公司均为某市生产化妆品的企业，使用在化妆品上的商标分别注册为甲和乙。其中，A 公司是老牌企业，B 公司是后起之秀。由于 B 公司生产的化妆品质优价廉，销路很好，导致 A 公司的经济效益下降。A 公司为在竞争中取胜，利用网络平台，对 B 公司进行负面宣传，称：目前本市有一些公司生产的同类产品，与 A 公司生产的化妆品在质量上有根本差别，是 A 公司产品的仿制品，唯有 A 公司生产的甲牌化妆品不含副作用，才是正宗，特提请广大消费者注意,购买化妆品时请认准甲牌商标,谨防上当受骗。消息在网络报道后,导致许多经营 B 公司化妆品的客户纷纷找 B 公司退货,称其为仿制产品,致使 B 公司销售出现严重滑坡,造成 20 万元的经济损失。于是,B 公司向当地市场监督管理部门反映,要求处理。

【问题】
（1）A 公司的行为的性质是什么？
（2）当地市场监督管理部门应如何处理此案？
（3）B 公司是否有权要求赔偿损失？损失额应当如何计算？

3. 对不正当竞争行为的监督检查和争议处理

我国《反不正当竞争法》在总则部分和第三章对不正当竞争行为的监督检查分别作了原则性和具体性的规定。监督检查既包括国家专门机关的监督检查,也包括其他组织和公民个人进行的社会监督。

（1）国家的监督检查

不正当竞争行为由县级以上市场监督管理部门负责查处,法律、行政法规规定由其他部门,如物价、旅游等行政管理部门有权在各自的职权范围内依法对不正当竞争行为进行监督检查。县级以上监督检查部门对不正当竞争行为进行监督检查时,有权询问相关当事人,查询、复制相关资料,检查相关财物。被检查的经营者、利害关系人、证明人应如实提供资料和情况。监督检查部门的工作人员在对不正当竞争行为进行监督检查时,应出示工作证件和监督检查证件,依法行政、文明执法,禁止滥用行政职权和野蛮执法。

（2）社会的监督检查

国家鼓励、支持和保护一切组织和个人对不正当竞争行为进行社会监督,其中包括党的监督、公民个人的监督、新闻媒体的监督、各民主党派的监督和其他社会监督。

（3）解决争议的方法和程序

根据我国《反不正当竞争法》的规定,当事人对监督检查部门的处罚决定不服的,可以自收到处罚决定之日起 15 日内向上一级主管机关申请复议；对复议决定不服的,可以自收到复议决定之日起 15 日内向人民法院提起诉讼；当事人也可以直接向人民法院提起诉讼。

4. 不正当竞争行为的法律责任

实施不正当竞争行为者应依法承担相应的民事责任、行政责任和刑事责任。

（1）民事责任

经营者违反《反不正当竞争法》的规定,实施不正当竞争行为,给他人造成损害的,应当依法承担民事责任。因不正当竞争行为受到损害的经营者的赔偿数额,按照其因被侵权所受到的实际损失确定；实际损失难以计算的,按照侵权人因侵权所获得的利益确定。经营者实施混淆行为、侵犯商业秘密行为,致使权利人因被侵权所受到的实际损失、侵权人因侵权所获得的利益难以确定的,由人民法院根据侵权行为的情节判决给予权利人五百万元以下的赔偿。赔偿数额还应当包括经营者为制止侵权行为所支付的合理开支。

（2）行政责任

经营者违反《反不正当竞争法》的规定,实施不正当竞争行为,承担的主要行政责任形式有责令停止违法行为、没收违法商品、罚款、吊销营业执照等。

① 混淆行为行政责任。经营者实施混淆行为，由监督检查部门责令停止违法行为，没收违法商品。违法经营额五万元以上的，可以并处违法经营额五倍以下的罚款；没有违法经营额或者违法经营额不足五万元的，可以并处二十五万元以下的罚款。情节严重的，吊销营业执照。经营者登记的企业名称混淆的，应当及时办理名称变更登记；名称变更前，由原企业登记机关以统一社会信用代码代替其名称。

② 商业贿赂行为行政责任。经营者贿赂他人的，由监督检查部门没收违法所得，处十万元以上三百万元以下的罚款。情节严重的，吊销营业执照。

③ 虚假商业宣传行为行政责任。经营者对其商品作虚假或者引人误解的商业宣传，或者通过组织虚假交易等方式帮助其他经营者进行虚假或者引人误解的商业宣传的，由监督检查部门责令停止违法行为，处二十万元以上一百万元以下的罚款；情节严重的，处一百万元以上二百万元以下的罚款，吊销营业执照。经营者属于发布虚假广告的，依照《中华人民共和国广告法》的规定处罚。

④ 侵犯商业秘密行为行政责任。经营者侵犯商业秘密的，由监督检查部门责令停止违法行为，处十万元以上五十万元以下的罚款；情节严重的，处五十万元以上三百万元以下的罚款。

⑤ 不当有奖销售行为行政责任。经营者进行不当有奖销售的，由监督检查部门责令停止违法行为，处五万元以上五十万元以下的罚款。

⑥ 诋毁他人商誉行为行政责任。经营者损害竞争对手商业信誉、商品声誉的，由监督检查部门责令停止违法行为、消除影响，处十万元以上五十万元以下的罚款；情节严重的，处五十万元以上三百万元以下的罚款。

⑦ 破坏互联网产品或服务行为行政责任。经营者妨碍、破坏其他经营者合法提供的网络产品或者服务正常运行的，由监督检查部门责令停止违法行为，处十万元以上五十万元以下的罚款；情节严重的，处五十万元以上三百万元以下的罚款。

经营者从事不正当竞争，但主动消除或者减轻违法行为危害后果的，可以依法从轻或者减轻行政处罚；违法行为轻微并及时纠正，没有造成危害后果的，不予行政处罚。

经营者因不正当竞争行为受到行政处罚后，由监督检查部门记入信用记录，并依照有关法律、行政法规的规定予以公示。

(3) 刑事责任

经营者从事不正当竞争，情节严重，或者后果严重，构成犯罪的，依法追究刑事责任。

经营者从事不正当竞争，应当承担民事责任、行政责任和刑事责任，其财产不足以支付时，优先用于承担民事责任。

2.2.3 反垄断法律制度

1. 垄断和反垄断法概述

(1) 垄断的概念和分类

垄断是指经营者违反法律规定，在特定的生产范围内，滥用市场支配地位或者与其他经营者合谋，排除或限制竞争，损害消费者利益和公共利益，妨碍公平竞争秩序的行为或状态。

在理论上，依据不同的标准可以对垄断进行不同的分类：①依据法律对垄断的态度不同，可以将垄断分为合法垄断和非法垄断；②依据垄断产生的原因不同，可以将垄断分为经济垄断、国家垄断、自然垄断和行政垄断等；③依据垄断者占有市场的情况不同,可以将垄断分为独占垄断、寡头垄断和联合垄断等。

（2）反垄断法的概念

反垄断法是调整国家在规制市场经营主体或者其他机构,以控制市场为目的而实施的反竞争行为过程中所发生的社会关系的法律规范的总和。反垄断法是现代经济法的重要组成部分,反垄断法和反不正当竞争法共同构成竞争法律制度。其所规制的是控制性市场行为,并且规制一切对市场竞争设置障碍的主体的行为。反垄断法的特点是实体法与程序法相统一。我国于 2007 年 8 月 30 日第十届全国人民代表大会常务委员会第二十九次会议通过了《中华人民共和国反垄断法》（简称《反垄断法》）。2022 年 6 月第十三届全国人民代表大会常务委员会第三十五次会议进行了第一次修订。

2.《反垄断法》的主要内容

根据世界各国反垄断法立法的情况来看,我国《反垄断法》规范制定的内容主要包括经营者达成垄断协议,经营者滥用市场支配地位,具有或者可能具有排除、限制竞争效果的经营者集中,以及行政垄断四个方面。

（1）经营者达成垄断协议的垄断行为

垄断协议是指两个或两个以上的经营者为了排除、限制竞争市场竞争,以合同、协议或其他方式,对具有竞争关系的其他经营者实施的排除、限制竞争的协议、决定或其他协同行为。垄断协议的表现形式主要有：①固定或者变更商品价格；②限制商品的生产数量或者销售数量；③分割销售市场或者原材料采购市场；④限制购买新技术、新设备或者限制开发新技术、新产品；⑤联合抵制交易；⑥国务院反垄断执法机构认定的其他垄断协议。

（2）经营者滥用市场支配地位的垄断行为

滥用市场支配地位是指某个企业获得一定的市场支配地位以后,滥用这种支配地位对市场的其他经营主体进行不公平的交易或者排斥竞争对手的行为。滥用市场支配地位主要有以下几种类型：①以不公平的高价销售商品或者以不公平的低价购买商品；②没有正当理由,以低于成本的价格销售商品；③没有正当理由,拒绝与交易相对人进行交易；④没有正当理由,限定交易相对人只能与其进行交易,或者只能与其指定的经营者进行交易；⑤没有正当理由搭售商品,或者在交易时附加其他不合理的交易条件；⑥没有正当理由,对条件相同的交易相对人在交易价格等交易条件上实行差别待遇；⑦国务院反断执法机构认定的其他滥用市场支配地位的行为。

（3）具有或者可能具有排除、限制竞争效果的经营者集中的垄断行为

经营者集中是指经营者通过合并、资产购买、股份购买、合同约定（联营、合营）、人事安排、技术控制等方式取得对其他经营者的控制权或者能够对其他经营者施加决定性影响的情形。其中,合并是最重要和最常见的一种经营者集中形式。经营者集中实行申报审批制度,该方式有利于发挥被监管者的主动性和积极性,减少反垄断执法机构的监管成本以及盲目干预的概率。

（4）行政垄断的垄断行为

行政垄断是指由于行政机关利用行政权力,直接参与市场竞争、干涉市场经营主体的经营行为、强行分享市场资源等形成的垄断。它是行政机关凭借行政权力排斥、限制或者妨碍

市场竞争的行为,主要表现为限定或者变相限定单位或者个人经营、购买、使用其指定的经营者提供的商品。行政垄断的类型有强制购买行为、地区垄断行为、行业(部门)垄断行为、行政性公司垄断行为等。

3.《反垄断法》的豁免条款

《反垄断法》的豁免条款是反垄断法的重要条款。豁免条款也称为除外条款或例外条款,是指《反垄断法》中专门设置的规定某些特定领域、特定事项或者特定情况下的垄断行为不适用《反垄断法》的条款。也就是说《反垄断法》对这些特定领域、特定事项或者特定情况下的垄断行为予以豁免。如经营者依照有关知识产权的法律、行政法规规定行使知识产权的行为,农业生产者及农村经济组织在农产品生产、加工、销售、运输、储存等经营活动中实施的联合或协同行为,不适用《反垄断法》。

《反垄断法》适用豁免的对象有自然垄断、国家垄断、特定组织和人员的垄断、法律特许的具有垄断性质的行为和联合组织等,如第二十条规定为改进技术、研究开发新产品等而实施的集中协议。

4. 违反《反垄断法》的法律责任

违反《反垄断法》行为的法律责任包括民事责任、行政责任和刑事责任三种。

(1) 民事责任

经营者实施垄断行为,给他人造成损失的,依法承担民事责任。如果垄断行为损害社会公共利益,设区的市级以上人民检察院可以提起民事公益诉讼。

(2) 行政责任

违反《反垄断法》的行政责任方式主要是责令停止违法行为、没收违法所得、罚款、撤销登记等。如经营者违反《反垄断法》的规定,达成并实施垄断协议的,由反垄断执法机构责令停止违法行为,没收违法所得,并处上一年度销售额百分之一以上百分之十以下的罚款,上一年度没有销售额的,处五百万元以下的罚款;尚未实施所达成的垄断协议的,可以处三百万元以下的罚款。经营者的法定代表人、主要负责人和直接责任人员对达成垄断协议负有个人责任的,可以处以一百万元以下的罚款。行政机关和法律、法规授权的具有管理公共事务职能的组织滥用行政权力,实施排除、限制竞争行为的,由上级机关责令改正;对直接负责的主管人员和其他直接责任人员依法给予处分。

(3) 刑事责任

违反《反垄断法》的规定,构成犯罪的,依法追究刑事责任。

5. 争议的处理方式

对反垄断执法机构做出的决定不服的,可以先依法申请行政复议;行政复议申请人应自知道行政机关的具体行政行为侵犯其合法权益之日起60日内申请行政复议。行政复议机关收到行政复议申请后,应当在5日内进行审查,对不符合本法规定的行政复议申请,决定不予受理,并书面告知申请人;对符合本法规定,但是不属于本机关受理的行政复议申请,应当告知申请人向有关行政复议机关提出。

行政复议机关应当自受理申请之日起60日内做出行政复议决定;但是法律规定的行

政复议期限少于60日的除外。复议申请人如对行政复议机关做出的复议决定不服,可以自收到《行政复议决定书》之日起15日内向人民法院提起行政诉讼。

案例及分析

阿里巴巴集团自2015年以来,对平台内商家提出"二选一"要求,禁止平台内商家在其他竞争性平台开店或参加促销活动,并借助市场力量、平台规则和数据、算法等技术手段,采取多种奖惩措施保障"二选一"要求执行,维持、增强自身市场力量,获取竞争优势。北京京东世纪贸易有限公司(京东公司)向国家市场监督管理总局实名举报阿里巴巴构成垄断行为。2021年4月10日,国家市场监督管理总局对阿里巴巴集团作出罚款182.28亿元的处罚。

【问题】 国家市场监督管理总局作出处罚的依据是什么?

【分析】 阿里巴巴集团在中国境内网络零售平台服务市场具有支配地位。阿里巴巴集团实施"二选一"行为排除、限制了中国境内网络零售平台服务市场的竞争,妨碍了商品服务和资源要素自由流通,影响了平台经济创新发展,侵害了平台内商家的合法权益,损害了消费者利益,构成《反垄断法》第二十二条第(四)项禁止"没有正当理由,限定交易相对人只能与其进行交易"的滥用市场支配地位行为。根据《反垄断法》第五十七条、第五十九条规定,综合考虑阿里巴巴集团违法行为的性质、程度和持续时间等因素,国家市场监督管理总局依法作出行政处罚决定,责令阿里巴巴集团停止违法行为,并处以其2019年中国境内销售额4 557.12亿元4%的罚款,计182.28亿元。

资料来源: https://www.samr.gov.cn/xw/zj/art/2023/art_4966dda92ab34c398615f5878c10c8f1.html.

本章小结

市场准入制度是有关国家和政府规定准许自然人、法人或其他组织进入市场,从事商品生产经营和服务活动的条件和程序规则的各种制度和规范的总称。市场准入制度体系是一个多层次的制度体系,它包括一般市场准入制度、特殊市场准入制度、涉外市场准入制度三个方面。

市场主体登记是政府在对申请者进入市场的条件进行审查的基础上,通过注册登记,确认申请者从事生产经营活动的资格,使其获得实际营业权的各项活动的总称。市场主体登记有企业登记和个体工商户登记两种类型。市场主体登记应符合法律规定的条件和程序。

审批许可制度是指由国家有关部门对企业和其他类型的经济组织进行特定的生产经营活动审查,在符合法律规定的情况下,准许其进入某种市场,从事生产经营活动的一种市场准入制度。审批许可制度有其适用的范围和条件,根据不同的标准可以作不同的分类。

竞争法是指以市场经济领域的竞争关系为调整对象,以保护正当的竞争为主旨,以反垄断和反不正当竞争为核心内容的法律规范的总称。

不正当竞争行为是指经营者在生产经营活动中,违法律规定,扰乱市场竞争秩序,损害其他经营者或者消费者的合法权益的行为。具体包括混淆、商业贿赂、虚假商业宣传、侵犯商业秘密、不当有奖销售、诋毁他人商誉和破坏互联网产品或服务等行为。

对不正当竞争行为的监督检查,既包括国家专门机关的监督检查,也包括其他组织和公民个人进行的社会监督检查。对不正当竞争行为的争议,当事人可以采取行政复议和行政诉讼的方法解决。

违反反不正当竞争法的行为,行为人要承担损害赔偿的民事责任;承担被责令停止违法行为、没收违法所得、罚款、吊销营业执照等行政责任;情节严重,构成犯罪的,依法追究刑事责任。

反垄断法是调整国家在规制市场经营主体或者其他机构,以控制市场为目的而实施的反竞争行为过程中所发生的社会关系的法律规范的总和。

根据世界各国反垄断立法的情况来看,反垄断法规制的内容主要包括滥用市场支配地位、限制竞争协议、合并市场控制力过度集中的企业,以及行政性垄断四个方面。反垄断法对自然垄断、国家垄断、特定组织和人员的垄断、法律特许的具有垄断性质的行为和联合组织等适用豁免制度。

违反反垄断法的行为,行为人要承担损害赔偿的民事责任;承担被责令停止违法行为、没收违法所得、罚款、吊销营业执照等行政责任;情节严重,构成犯罪的,依法追究刑事责任。

复习思考题

1. 什么是市场准入制度?其体系由哪几部分构成?
2. 简述市场主体登记的类型,法律是如何规定市场主体登记的程序的?
3. 审批许可制度的适用范围有哪些?可以分为哪些类型?
4. 分析不正当竞争行为与正当竞争行为和垄断行为的联系及区别。
5. 采用混淆手段从事市场交易的行为的表现形式有哪些?
6. 破坏互联网产品或服务的行为有哪些?
7. 什么是商业秘密?侵犯商业秘密的行为表现形式有哪些?
8. 什么是垄断?垄断行为有哪几种?
9. 简述垄断豁免的规定。

实训题

1. 实训项目:不合法广告的搜集、整理与分析。
2. 实训目的:通过实训,使学生进一步了解我国反不正当竞争法的主要法律规定,学会用具体的法律规定去分析和解决实践中的问题。
3. 实训内容。
(1) 分组收集、整理不合法的广告,并分析其成因以及我国目前应如何采取措施规制不合法的广告行为。
(2) 收集并分析行政机关垄断的案例,分析其成因及应采取的对策。
4. 实训考核:由教师组织全班交流与讨论,并相应做出评分。

微课:违法广告的法律分析

第 3 章 公平交易与权益保护法律制度

课程思政

相对于生产者和销售者,消费者属于弱者,公平交易与权益保护法律制度体现了党和国家保护弱者的政策导向,是确保消费者在消费过程中人身和财产安全、个人合法权益的重要法律制度。

学习要点

※ 产品质量法的概念和基本原则。
※ 产品的特征及产品质量的构成要素。
※ 产品质量监督管理与产品生产者、销售者的义务。
※ 产品质量责任的构成及免责条件。
※ 消费者的权利和经营者的义务。

3.1 产品质量法律制度

3.1.1 产品质量法概述

产品质量法是指调整国家在产品质量管理过程中形成的产品质量监督管理关系,以及因产品缺陷而引起的生产者、销售者与消费者之间侵权损害赔偿关系,即产品责任关系的法律规范的总称。产品质量法主要指《中华人民共和国产品质量法》(简称《产品质量法》)和《民法典》中有关产品质量特殊侵权规定的相关条款。《产品质量法》于 1993 年 2 月 22 日第七届全国人民代表大会常务委员会第三十次会议通过,于 2000 年 7 月 8 日第九届全国人民代表大会常务委员会第十六次会议第一次修正,于 2009 年 8 月 27 日第十一届全国人民代表大会常务委员会第十次会议第二次修正,于 2018 年 12 月 29 日第十三届全国人民代表大会常务委员会第七次会议第三次修正。

1. **《产品质量法》的适用范围**

在中华人民共和国境内生产、销售产品均适用《产品质量法》。根据《产品质量法》的规定,产品是指经过加工、制作,用于销售的商品。建筑工程不适用《产品质量法》；但是,建设工程使用的建筑材料、建筑构配件和设备,属于产品范围,适用《产品质量法》。《产品质量法》第七十三条规定："军工产品质量监督管理办法,由国务院、中央军事委员会另行制定。因核设施、核产品造成损害的法律责任,法律、行政法规另有规定的,依照其规定。"初级农产品、不动产、军工产品不适用《产品质量法》。

2.《产品质量法》的基本原则

(1) "质量第一"的原则

严格保证产品质量,确保产品的安全性、可靠性和适用性,国家采取一系列措施贯彻这一原则。

① 加强对产品质量的行政监督管理。
② 推行先进的企业质量体系认证制度和产品质量认证制度。
③ 全面具体地规定生产者、销售者在保证产品质量方面所应承担的义务。
④ 对不履行产品质量义务的责任人员予以法律制裁。

(2) 保护消费者合法权益原则

在我国,生产的目的是最大限度地满足人们日益增长的对美好生活的需要,即要不断满足广大消费者的需求。要实现这一目的,首先必须使消费者的合法权益得到保障。对此,《产品质量法》也有明确的规定。

(3) 过错责任与严格责任并行原则

归责原则是指追究责任主体来承担法律责任的依据。《产品质量法》对生产者采用严格责任原则,即缺陷产品如果造成他人人身、财产损害,生产者即使没有过错,也要承担民事侵权赔偿责任。对于销售者则采用过错责任原则。

(4) 补偿性赔偿为主,惩罚性赔偿为辅原则

因产品缺陷造成消费者损失,损失多少就应赔偿多少。这是补偿性赔偿的要求。2021年1月1日实施的《民法典》第一千二百零七条规定,明知产品存在缺陷仍然生产、销售,或者产品投入流通后发现存在缺陷,未采取补救措施的,造成人身伤亡或严重健康损害的,应承担惩罚性赔偿。

3. 产品质量构成要素

产品质量是指国家有关法规、质量标准,以及合同规定的对产品适用性、安全性和其他特征的要求。

产品质量由下列要素构成：①产品外观,包括产品的包装；②产品的原材料品质；③产品的适用性能、适用范围；④产品的安全性能；⑤产品的经济性能,即不会给使用者造成不应有的浪费。

3.1.2 产品质量监督管理

1. 产品质量管理体制

国家市场监督管理总局主管全国产品质量监督工作。县级以上市场监督管理部门主管

本行政区域内的产品质量监督管理工作。国务院和县级以上地方人民政府设置的有关行业主管部门,其主要职责是按照同级人民政府赋予的职权,负责本行政区、本行业关于产品质量的行政监督工作。如卫生部门对医疗仪器质量进行监督管理;知识产权管理部门对产品商标进行管理;标准化部门对质量标准进行管理,等等。

法律对产品质量的监督部门另有规定的,依照有关法律的规定执行。

2. 产品质量的宏观管理

(1) 企业质量体系认证制度

企业质量体系认证制度是指国务院市场监督管理部门或者由它授权的部门认可的认证机构,依据国际通用的"质量管理和质量保证"系列标准,对企业的质量体系和质量保证能力进行审核,给合格企业颁发质量体系认证证书,以兹证明的制度。

开展企业质量体系认证的目的是,在有合同的条件下,提高供方的质量信誉,向需方提供质量担保,以增强企业在市场上的竞争能力;在没有合同的条件下,加强企业内部的质量管理,实现质量方针和质量目标。目前,企业质量体系认证采取自愿原则。

(2) 产品质量认证制度

产品质量认证制度是指依据具有国际水平的产品标准和技术要求,经认证机构确认,通过颁发认证证书和产品质量认证标志的形式,证明产品符合相应标准和技术要求的制度。产品质量认证标准的种类按照层级不同可以分为国际标准、区域性或国家集团标准、国家标准、行业标准、地方标准、企业标准。按照实施强制的程度不同可以分为强制性标准和推荐性标准。

产品质量认证种类有安全认证和合格认证。根据我国产品质量法的规定,产品质量认证标志有:①方圆标志分为合格认证标志和安全认证标志;②长城标志为电工产品专用认证标志;③CCC标志为强制认证标志。产品质量认证标志如图3-1所示。

图3-1 产品质量认证标志

产品质量认证制度采取强制和自愿相结合的原则。对于涉及人体健康和人身、财产安全的工业产品,以及重要的工业产品实行强制认证,未经认证的产品不能销售。

(3) 工业生产许可证制度

国家对于具备生产条件并且产品检验合格的工业企业,发给其许可生产该项产品的凭证。其适用范围是重要的工业产品,特别是可能危及人体健康,人身、财产安全和公共利益的工业产品。

(4) 产品质量抽查制度

国家对产品质量实行以抽查为主要方式的监督检查制度,对可能危及人体健康和人身、财产安全的产品,影响国计民生的重要工业产品,以及用户、消费者和有关组织反映质量问题的产品进行抽查。监督抽查工作由产品质量监督管理部门规划和组织,抽查的结果应当予以公布,以接受社会监督。

3.1.3 产品生产者和销售者的产品质量义务

1. 生产者的产品质量义务

(1) 产品内在质量要符合要求。生产者应当保证产品达到以下内在质量要求,即不存在危及人身、财产安全的危险;具备产品应当具备的使用性能,但是产品存在使用性能的瑕疵做出说明的除外;在产品或者其包装上注明采用的产品标准,符合以产品说明、实物样品等方式表明的质量状况。

(2) 产品或其包装上的标志应当符合要求。产品标志是指用于识别产品或其特征、特性所做的中文标识的统称。产品标志由生产者提供,是为消费者提供该产品的信息,帮助消费者了解产品的成分、质量所执行的标准,说明应如何使用产品等事项,起到指导消费的作用。生产者应当保证其产品标志符合下列要求:有产品质量检验合格证明;有中文标明的产品名称、生产厂的厂名和厂址;根据产品的标志和使用要求,需要标明产品规格、等级、所含主要成分的名称和含量的,应用中文相应予以标明,需要事先让消费者知晓的,应当在外包装上标明,或者预先向消费者提供有关资料;限期使用的产品,应当在显著位置清晰地标明生产日期和安全使用期或者失效日期;使用不当,容易造成产品本身损坏或者可能危及人身、财产安全的产品,应有警示标志或者中文警示说明;裸装的食品和其他根据产品的特点难以附加标志的裸装产品,可以不附加产品标志。

案例 3-1

王某于 2023 年 1 月 10 日从某商场购买了一瓶护手霜,据售货员介绍这是一款新产品,具有防冻护肤的功效,适用于各种皮肤,对手的滋护很有效果。在该护手霜的包装上,只有某某牌护手霜和防冻护肤等字样,并无生产厂家的厂名、厂址的中文说明。王某使用护手霜后,不但没有起到护肤的效果,双手反而冻裂且长出了奇痒的小疙瘩,并且护手霜发出一股刺鼻的味道。王某于是找到该商场要求退货,商场的售货员虽然承认该护手霜是从本商场售出的,但坚持商品一经售出,概不退换。

【问题】 商场是否应当承担退货责任?为什么?

(3) 特殊产品包装应当符合特殊要求。包装是指在流通过程中盛装、裹包、捆扎、保护产品的容器、材料及辅助物等的总称。特殊产品包装的特殊要求是:易碎、易燃、易爆、有毒、有腐蚀性、有放射性等危险物品,以及储运中不能倒置和其他有特殊要求的产品,其包装必须符合相应要求,并用警示标志或者中文警示说明标明储运注意事项。

(4) 产品生产者不得进行下列禁止行为:生产国家明令淘汰的产品;伪造产地、伪造或者冒用他人的厂名、厂址;伪造或冒用认证标志、名优标志等质量标志;掺杂、掺假,以假充真,以次充好,以不合格产品冒充合格产品。

2. 销售者的产品质量义务

(1) 必须执行进货检查制度,验明产品合格证明和其他标志。

(2) 销售的产品标志应当符合《产品质量法》的规定。

(3) 产品销售者不得进行下列禁止行为：销售国家明令淘汰并停止销售的产品和失效、变质的产品；伪造产地、伪造或者冒用他人的厂名、厂址；伪造或者冒用认证标志、名优标志等质量标志；掺杂、掺假，以假充真，以次充好，以不合格产品冒充合格产品。

3.1.4 产品质量责任

1. 产品合同责任

产品合同责任是指销售者售出的产品违反合同明示担保或默示担保，还没有造成人身、财产损害时，应当承担的责任。

产品合同责任的归责原则是过错责任原则，即销售者违反了卖方所负有的质量担保义务而应当承担违约责任。具体表现在：①不具备产品应当具备的使用性能而事先未作说明；②不符合在产品或者其包装上注明采用的产品标准；③不符合以产品说明、实物样品等方式表明的质量状况。

产品合同责任的承担方式：负责修理、更换、退货；给用户、消费者造成损失的，应当赔偿损失。损失包括商品的运输费，用户、消费者的交通费，以及由于发生上述产品质量问题，消费者进行交涉耽误工作的误工收入等。

产品合同责任的承担主体：消费者或者产品的购买者只能要求销售者承担相关责任。销售者则根据购销合同、加工承揽合同的约定，要求生产者或者其他销售者承担相关责任。

2. 产品质量责任

(1) 产品质量责任的概念及特点

产品质量责任是指产品存在缺陷而造成消费者或用户人身或财产损害时，产品的生产者、销售者应承担的赔偿责任。其特征如下：①产品责任所承担的是缺陷产品所引起的损害后果，不仅仅是缺陷产品本身的损失赔偿；②产品责任是一种侵权责任，不以合同关系为前提；③产品责任原则上实行严格责任。严格责任即无过错责任，产品责任的成立不以主观过错为条件，无论产品提供者有无过错，只要缺陷产品造成了消费者、使用者的人身及产品以外的财产损失，产品提供者就应承担责任。尽管我国《产品质量法》对销售者实行过错责任，但销售者不能以此对抗消费者和产品使用者。

(2) 产品质量责任的构成要件

① 产品存在缺陷。产品缺陷是指产品存在危及人身、财产安全的不合理的危险。产品有保障人体健康，人身、财产安全的国家标准和行业标准，不符合该标准就是产品缺陷。产品的缺陷不仅指产品大小、轻重、精度、性能、品质等不合格，而且包括产品设计、装配、装潢、文字说明、警示标志等欠缺。

② 有损害事实发生。对受害人而言，只要有损害即可请求赔偿，至于损害的大小、轻重，并不影响产品责任的成立。

③ 产品缺陷与损害事实之间有因果关系。这是指消费者的损害事实是直接由缺陷产品造成的。如果损害事实不是由缺陷产品造成的,则生产者或销售者都不承担责任。

(3) 产品责任类型

《民法典》实施后,产品责任分为产品缺陷危险责任与产品缺陷损害责任两种。前者是指产品缺陷危及他人人身、财产安全,但未造成实际损害的情形。后者是指产品存在缺陷造成了他人人身、财产实际损害的情形。

(4) 产品责任形式

① 产品缺陷危险责任。《民法典》第一千二百零五条规定,因产品缺陷危及他人人身、财产安全的,被侵权人有权请求生产者、销售者承担停止侵害、排除妨碍、消除危险等侵权责任。第一千二百零六条规定,产品投入流通后发现存在缺陷的,生产者、销售者应当及时采取停止销售、警示、召回等补救措施。

② 产品缺陷损害责任。《产品质量法》第四十四条和《民法典》第一千一百七十九条、一千一百八十三条和一千二百零七条规定,因产品存在缺陷造成受害人人身伤害的,侵害人应当赔偿医疗费、护理费、交通费、营养费、住院伙食补助费等为治疗和康复支出的合理费用,以及因误工减少的收入。造成残疾的,还应当赔偿辅助器具费、残疾赔偿金和由其扶养的人所必需的生活费;造成死亡的,还应当赔偿丧葬费、死亡赔偿金和死者生前扶养的人所必需的生活费等费用。造成残疾和死亡的,还应当赔偿精神损害抚慰金。因产品存在缺陷造成受害人财产损失的,侵害人应当恢复原状或者折价赔偿。受害人因此遭受其他重大损失的,侵害人应当赔偿损失。产品的生产者或者销售者明知产品存在缺陷仍然生产、销售,或者在产品投入流通后发现存在缺陷但没有采取有效补救措施,造成他人死亡或者健康严重损害的,被侵权人有权请求相应的惩罚性赔偿。

(5) 产品责任诉讼

因产品责任而发生的纠纷,当事人可以通过协商、调解、仲裁与诉讼等形式解决,其中,诉讼是最有效的方式。

产品质量责任诉讼由侵权行为地或者被告居住地人民法院管辖。这里的侵权行为地包括侵权行为发生地和侵权行为结果地。侵权行为发生地一般是指缺陷产品已被投放市场的地点。侵权行为结果地是指缺陷产品给消费者造成实际损害的地点。原告可以在侵权行为发生地、侵权行为结果地或被告居住所在地中任选一个法院管辖。

在产品责任诉讼中,原告应是因缺陷产品的使用或消费而遭受人身伤害或财产损失的人;被告应是产品的生产者或销售者。到底起诉谁,由消费者自己决定,消费者可以选择对自己方便的生产者作为被告。原告应对缺陷产品给自己造成的人身伤害或财产损失承担举证责任。

受害人因产品存在缺陷遭受损害,要求赔偿的诉讼时效为两年,自当事人知道或者应当知道权利被侵害时起计算。同时,生产者和销售者对自己的产品承担责任的时间为十年,自把产品交付给最初用户时起计算。

3.2 消费者权益保护法律制度

3.2.1 消费者权益保护法概述

1. 消费者的概念及消费的特征

消费者是指为了满足生活消费需要而购买、使用商品或者接受服务的自然人。国际标准化组织把消费者定义为以个人消费为目的而购买或使用商品和服务的个体社会成员。

消费有下列特征：消费的性质专指生活消费，不包括生产消费；消费的方式包括购买、使用商品和接受服务；消费者对商品和服务的消费既包括自己出钱获得的消费，也包括他人出钱获得的消费；消费的主体仅指自然人；消费的客体是商品和服务。这里的商品是指经营者有偿提供的与生活消费有关的商品，包括经过加工、制作的商品和未经过加工、制作的商品；这里的服务是指经营者有偿提供的各种服务，包括金融、保险、交通运输、加工、食、宿、娱乐、提供信息等。应当强调的是，这里的商品和服务不包括法律、行政法规禁止消费的商品和服务，如毒品、枪支弹药、色情服务等。

2. 消费者权益保护法的概念

消费者权益保护法是调整在保护消费者权益过程中发生的经济关系的法律规范的总称。该法适用于生活消费，农民购买、使用直接用于农业生产的生产资料，参照适用《消费者权益保护法》的规定。

3. 消费者权益保护法的原则

（1）经营者应当依法提供商品或者服务。
（2）经营者与消费者进行交易，应当遵循自愿、平等、公平、诚实信用的原则。
（3）国家保护消费者合法权益不受侵犯。
（4）一切组织和个人可以对损害消费者合法权益的行为进行监督。

3.2.2 消费者的权利和经营者的义务

1. 消费者的权利

在消费者权益保护制度中，消费者的权利作为消费者权益在法律上的体现，是各国消费者权益保护法的核心。《消费者权益保护法》第二章专门规定了消费者的权利。

（1）安全保障权

安全保障权是消费者最基本的权利，是指消费者在购买、使用商品和接受服务时所享有的保障其人身、财产安全不受损害的权利。消费者依法有权要求经营者提供的商品和服务符合保障人身、财产安全的要求。

(2) 知情权

知情权是指消费者享有知悉其购买、使用的商品或者接受服务的真实情况的权利。具体地说，消费者有权根据商品或服务的不同情况，要求经营者提供商品的价格、产地、生产者、用途、性能、规格等级、主要成分、生产日期、有效期限、检验合格证明、使用方法说明书、售后服务，或者服务的内容、规格、费用等有关情况。

(3) 自主选择权

自主选择权是指消费者享有自主选择商品或者服务的权利。该权利包括以下几个方面。

① 自主选择经营者。
② 自主选择商品品种或服务方式。
③ 自主决定是否购买商品和接受服务。
④ 在选择商品和服务时，有权进行比较、鉴别和挑选。

(4) 公平交易权

公平交易权是指消费者购买商品或者接受服务时享有获得质量保障、价格合理和计量准确等公平交易条件的权利。

(5) 求偿权

求偿权是指消费者因购买、使用商品或者接受服务而受到人身、财产损害时依法享有请求并获得赔偿的权利。求偿权是弥补消费者所受损害必不可少的救济性权利。

(6) 结社权

结社权是指消费者依法享有成立维护自身合法权益的社会团体的权利。我国《消费者权益保护法》规定消费者享有结社权是基于消费者在市场中处于弱势地位、消费者社团的积极作用和有利于国际合作等方面的考虑。

① 改善消费者在市场交易中的地位。从法律上看，经营者和消费者是平等的，但在实践中，消费者始终处于弱者地位。消费者依法结社可以使消费者能够从分散、弱小走向集中、强大，通过集体的力量来改变自己的弱者地位，从而能够与实力雄厚的经营者相抗衡。

② 成立消费者社会团体具有实际意义。1983年5月，我国最早的消费者组织在河北省新乐县（今新乐市）成立。1984年12月26日，作为全国性消费者组织，中国消费者协会成立。中国加入WTO之后，消费者权益的保护在我国有了更长足的发展，上海市在2004年年初率先将消费者协会更名为"消费者权益保护委员会"。据中国消费者协会官网，截至2021年6月13日，全国县以上消费者协会已达3138个。这些消费者组织在维护消费者合法权益、促进经济发展和维护社会稳定方面起着重要的作用。

③ 有利于国际合作。消费者保护运动20世纪初在美国兴起，20世纪50年代末期，许多国家都成立了国家一级的消费者组织。1960年，国际消费者组织联盟在美国、英国、荷兰、澳大利亚和比利时五个国家的消费者组织发起下宣告成立，在60周年时已有100多个国家和地区的200多个消费者组织成为其会员。1987年9月，中国消费者协会被接纳为该联盟的正式会员。中国消费者协会已同世界上数十个国家和地区的消费者组织建立联系，就促进保护消费者权益的课题交换意见，并努力寻求与海外消费者组织及专门机构进行合作。

(7) 求教获知权

求教获知权是指消费者享有获得有关消费和消费者权益保护方面知识的权利。

(8) 受尊重权

受尊重权是指消费者在购买、使用商品和接受服务时，享有人格尊严、民族风俗习惯得到尊重的权利。人格尊严，是指人的自尊、自重和自爱不允许别人侮辱、诽谤。名誉权是消费者重要的人格权，名誉和尊严是名誉权的客体。名誉是社会对公民的思想品德、信誉、才干等方面的评价；尊严是指个人根据社会所给予的评价对自己在社会中的地位和个人品质等方面的自我评价。侮辱是指用暴力或其他公然方式欺负他人，贬损他人人格的行为。比如经营者强迫消费者当众脱光衣服以查其被盗商品等。诽谤是指捏造事实、造谣污蔑、恶意中伤他人。民族风俗习惯是指各民族在饮食、服饰、居住、婚葬、娱乐、礼节等方面所具有的特定风俗习惯，比如回族人不食猪肉，忌讳猪，印度教人不食牛肉等，这就要求经营者在制售商品、提供服务时要充分考虑这些风俗习惯。

(9) 监督权

监督权是指消费者享有对商品和服务，以及保护消费者权益工作进行监督的权利。监督权行使的方式有检举、控告、批评、建议和投诉五种。

(10) 网络购物"后悔权"

网络购物"后悔权"是指消费者在购买符合《消费者权益保护法》规定的商品后，自收到商品之日起七日内向网络经营者无理由提出撤销合同的权利。该权利的设立在于增强网络经营者商品质量与服务意识并减少非理性的网络购物消费行为，从而调节网络经营者和消费者之间不平等的地位。

2. 经营者的义务

(1) 履行法定或约定的义务

经营者向消费者提供商品或者服务，应当依照《产品质量法》和其他有关法律、法规的规定履行义务。经营者和消费者有约定的，应当按照约定履行义务，但双方的约定不得违背法律、法规的规定。

(2) 听取意见和接受监督

经营者应当听取消费者对其提供的商品或者服务的意见，接受消费者的监督。经营者生产经营的目的就是要满足用户和消费者的需要，创造经济效益和社会效益。消费者至上应成为经营者的经营方针。对于经营者的商品和服务，消费者是最终的评判官，最有发言权。消费者有权对经营者的商品或服务提出意见，不管是正面的还是反面的，经营者都应认真对待。消费者有权对经营者的商品或服务问题进行监督，不管是向经营者直接提出，还是向有关组织、机关提出，经营者都应积极处理。事实上，经营者的经营过程是一个不断听取消费者意见、改进经营质量的过程。目前，一些精明的企业家设立了消费赔偿基金，公布了投诉电话，甚至花钱买意见，这一切都方便了消费者行使其监督权，也为经营者树立了良好的企业形象。

(3) 保障安全

经营者应当保证其提供的商品或服务符合保障人身、财产安全的要求。对可能危及人身、财产安全的商品和服务，应当向消费者做出真实的说明和明确的警示，并说明和标明正确使用商品或接受服务的方法,以及防止危害发生的方法。经营者发现其提供的商品或者服务存在严重缺陷,即使正确使用商品或者接受服务仍然可能对人身、财产安全造成危害的,应当立即向有关行政部门报告并告知消费者,并采取停止销售、警示、召回、无害化处理、销毁、停止生产或者服务等措施。

(4) 提供真实信息

① 经营者不得对提供的商品或服务作引人误解的虚假宣传。

② 经营者对消费者就其提供的商品或者服务的质量和使用方法等内容提出的询问应当做出真实、明确的答复。

③ 商店提供商品应当明码标价。

④ 经营者提供的商品或服务不得有欺诈行为。经营者提供商品或者服务有欺诈行为的,应当按照消费者的要求增加赔偿其受到的损失,增加赔偿的金额为消费者购买商品的价款或接受服务的费用的三倍;增加赔偿的金额不足五百元的,计为五百元。

(5) 标明真实名称和标记

租赁他人柜台或者场地的经营者,应当标明真实名称和标记。这一方面有利于消费者了解经营的真实情况,从而做出合乎真实意愿的消费决定;另一方面有利于国家对经营者的监督管理,便于消费者在其权益受到侵害时,实现求偿权。

(6) 出具购货凭证或服务单据

经营者提供商品或者服务,应当按照国家有关规定或者商业惯例向消费者出具购货凭证或者服务单据;消费者索要购货凭证或者服务单据的,经营者必须出具。其中,购货凭证是商品的销售者向消费者出具的证明商品买卖合同已经履行的书面凭证;服务单据是服务的提供者向消费者出具的证明服务合同已经履行的书面凭证。此外,经营者还应遵守商业惯例,即在长期的市场交易活动中形成的,为有关经营者公认和遵守的商事行为规则。

(7) 保证商品或服务的质量

经营者应当保证在正常使用商品或者接受服务的情况下其所提供的商品或者服务应当具有的质量、性能、用途和有效期限;但消费者在购买该商品或者接受该服务前已经知道其存在瑕疵,且存在该瑕疵不违反法律强制性规定的除外。经营者以广告、产品说明、实物样品或者其他方式表明商品或者服务的质量状况的,应当保证其提供的商品或者服务的实际质量与表明的质量状况相符。

(8) 提供售后服务

经营者提供商品或者服务,按照国家规定或者与消费者的约定,承担包修、包换、包退或者其他责任的,应当按照国家规定或者约定履行,不得故意拖延或者无理拒绝。《部分商品修理更换退货责任规定》(1995年)、《家用汽车产品修理、更换、退货责任规定》(2012年)规定了销售者对部分家用电器、家用机动车等产品的修理、更换和退货的三包责任。《消费者权益保护法》也规定,经营者提供的商品或者服务不符合质量要求的,消费者可以依照国家规定、当事人约定退货,或者要求经营者履行更换、修理等义务。没有国家规定和当事人约定的,消费者可以自收到商品之日起七日内退货;七日后符合法定解除合同条件的,消费者可以及时退货,不符合法定解除合同条件的,可以要求经营者履行更换、修理等义务。经营者履行三包责任时,还应当承担运输等必要费用。

(9) 保证交易的公平性

经营者不得以格式条款、通知、声明、店堂告示等方式,做出排除或者限制消费者权利、减轻或者免除经营者责任、加重消费者责任等对消费者不公平、不合理的规定,不得利用格式条款并借助技术手段强制交易。格式合同、通知、声明、店堂告示等含有前款所列内容的,其内容无效。消费者购买商品或接受服务、与经营者进行交易是基于法律上的合同关系,它要求交易双方当事人平等自愿、公平合法地进行交易。

(10) 尊重消费者的人格权和自由权

经营者不得对消费者进行侮辱、诽谤,不得搜查消费者的身体及其携带的物品,不得侵犯消费者的人身自由。

(11) 禁止泄露消费者个人信息

经营者及其工作人员对收集的消费者个人信息必须严格保密,不得泄露、出售或非法向他人提供。经营者未经消费者同意或者请求,或者消费者明确表示拒绝的,不得向其发送商业性信息。

3.2.3 消费者合法权益的保护

对消费者的合法权益进行保护不仅是维护社会正常经济秩序、促进生产发展的需要,而且是提高人民生活质量、满足人民日益增长的对美好生活的需要。而这一目标的实现是一个系统工程,需要国家、社会团体和消费者个人的共同努力。

1. 消费者权益的国家保护

消费者权益的国家保护是消费者权益保护最重要的形式,它主要表现为国家综合运用立法、行政、司法等手段实现对消费者权益的保护。

(1) 国家通过立法保护消费者的合法权益

通过立法手段实现对消费者权益的保护是当今世界各国共同使用的方法,也是最重要的方法。目前,国外消费者权益保护立法大致分为两类:一类是以美国为代表,这些国家未制定消费者权益保护的基本法,而是通过众多的单行法规,共同构筑起消费者权益保护的法律体系;另一类是以日本、韩国、英国为代表,这些国家不仅制定了消费者权益保护的基本法,还颁布了许多相关的单行法规。我国消费者权益保护立法采用了后一种模式。在现行法律中,《消费者权益保护法》属于这方面的基本法;而其他法律,如《食品安全法》《产品质量法》《标准化法》《药品管理法》等法规,同样发挥着规范生产经营、打击违法犯罪、保护消费者权益的作用。另外,国务院还颁布了一系列相关的行政法规。应该说,我国已经建立起一个比较完善的保护消费者权益的法律、法规体系。

(2) 国家通过行政手段保护消费者合法权益

目前,世界各国一般都设有消费者权益保护机构。这些机构都是政府为管理国民经济而设立的,它们在各自的管辖范围内承担着保护消费者权益的工作。

我国《消费者权益保护法》规定,各级人民政府应当加强领导,组织、协调、监督有关行政部门做好保护消费者合法权益的工作。各级人民政府市场监督管理部门和其他有关行政部门应当依照法律、法规的规定,在各自的职责范围内,采取有效措施,保护消费者合法权益。

① 市场监督管理部门对消费者权益的保护。通过企业登记管理,支持符合国家和社会需要的企业迅速兴办起来,为消费者提供更多的商品和服务,同时对企业进行经常性的监督检查,制止其违法经营行为;通过商标监督管理,打击假冒伪劣,保护名优商品,维护商标信誉;通过广告监督管理,指导消费,防止不法分子利用广告进行虚假宣传;接受消费者的申诉,坚决打击侵害消费者权益的违法行为。

② 技术监督管理部门对消费者权益的保护。通过制定一系列的产品质量标准,进行标准化管理;通过计量监督管理,对产品计量进行监督。

③ 卫生监督管理部门对消费者权益的保护。通过对食品安全和药品进行监督管理,更好地保护消费者的合法权益。

④ 物价管理部门对消费者权益的保护。通过价格改革,使市场价格能够基本上反映商品价值和供求关系,以维护消费者的合法权益;通过采取有效措施,保持物价稳定,安定人民生活,制止价格违法行为来维护消费者的合法权益。

此外,进出口商品检验部门、生态环境保护部门、行政监察部门等国家行政管理部门在消费者权益保护方面也负有一定的职责。

(3) 国家通过司法手段来保护消费者的合法权益

《消费者权益保护法》第三十五条规定:"人民法院应当采取措施,方便消费者提起诉讼。对符合《中华人民共和国民事诉讼法》起诉条件的消费者权益争议,必须受理,及时审理。"只有加强司法工作,才能使已经制定的法律、法规得到切实的执行,否则消费者的合法权益难以得到切实的保护。

2. 消费者权益的社会保护

消费者权益的社会保护主要是指社会监督。所谓社会监督,一般是指社会组织和公民通过各种渠道和方式对经营者和政府执法部门损害消费者合法权益的行为的监督。消费者权益的社会保护主要有以下两个方面。

(1) 社会舆论监督

社会舆论监督是指通过报刊、广播和电视等新闻媒体,依照国家的有关规定,对产品质量或服务进行报道,表扬质量上乘产品的生产者或经营者,披露质量低劣产品的生产者或经营者,以维护消费者的合法权益。

(2) 消费者协会监督

消费者协会是消费者为维护自身权益,按照一定的程序组织起来的社会民间团体。它虽然不是政府机关,但必须依据国家法律、行政法规和政策,独立地开展保护消费者的工作。根据中国消费者协会官网,中国消费者协会和各地消协共受理消费者投诉540多万件,解决率达96.9%,为消费者挽回经济损失约30.6亿元,消费者协会在消费者权益保护方面起着不可替代的作用。

3. 消费者权益的自我保护

自我保护是指消费者依法维护自身合法权益的活动。一个人的衣、食、住、行,无时无刻都离不开消费,其合法权益随时都会被侵害。作为消费者,要切实保护自己的合法权益,必须做到两点:一是要深入学习和了解消费者所拥有的权利;二是在合法权益受到侵害后要正确、及时地保全证据,并向消费者协会或相关国家机关进行投诉,积极维权。

3.2.4 消费争议的解决和法律责任的确定

1. 争议的解决途径

根据《消费者权益保护法》的规定,争议的解决途径有:与经营者协商和解;请求消费者协会或者依法成立其他调解组织(如人民调解委员会)调解;向有关行政部门投诉;根据与经营者达成的仲裁协议提请仲裁机构仲裁;向人民法院提起诉讼。根据《电子商务法》的规定,消费者在电子商务平台购买商品或者接受服务,与平台内经营者发生争议时,电子商务平台经营者应当积极协助消费者维护合法权益。在电子商务争议处理中,电子商务经营者应当向人民法院、仲裁机构或有关机关提供原始合同和交易记录。

2. 损害赔偿责任主体的确定

(1) 由生产者、销售者、服务者承担

① 消费者在购买、使用商品时,其合法权益受到损害的,可以向销售者要求赔偿。销售者赔偿后,属于生产者或者向销售者提供商品的其他销售者的责任的,销售者有权向生产者或者其他销售者追偿。

② 消费者或者其他受害人因商品缺陷造成人身、财产损害的,可以向销售者要求赔偿,也可以向生产者要求赔偿。属于生产者责任的,销售者赔偿后,有权向生产者追偿;属于销售者责任的,生产者赔偿后,有权向销售者追偿。

③ 消费者在接受服务时,其合法权益受到损害的,可以向服务者要求赔偿。

④ 消费者在展览会、租赁柜台购买商品或者接受服务,其合法权益受到损害的,可以向销售者或者服务者要求赔偿。展览会结束或者柜台租赁期满后,也可以向展览会的举办者、柜台的出租者要求赔偿。展览会的举办者、柜台的出租者赔偿后,有权向销售者或者服务者追偿。

(2) 由变更后的组织承担

消费者在购买、使用商品或者接受服务时,其合法权益受到损害,因原组织分立、合并的,可以向变更后承受其权利义务的组织要求赔偿。

(3) 由营业执照的使用人或持有人承担

使用他人营业执照的违法经营者提供商品或者服务,损害消费者合法权益的,消费者可以向其要求赔偿,也可以向营业执照的持有人要求赔偿。

(4) 发虚假广告要承担连带责任

消费者因经营者利用虚假广告或其他虚假宣传方式提供商品或服务,其合法权益受到损害的,可以向经营者要求赔偿。广告经营者、发布者不能提供经营者的真实名称、地址和有效联系方式的,应承担赔偿责任。广告经营者、发布者设计、制作、发布关系消费者生命健康的商品或者服务的虚假广告,造成消费者损害的,应当与提供该商品或者服务的经营者承担连带责任。社会团体或其他组织、个人在关系消费者生命健康的商品或服务的虚假广告或其他虚假宣传中向消费者推荐商品或服务,造成消费者损害的,应当与提供该商品或服务的经营者承担连带责任。

（5）网络交易平台责任

网络交易平台提供者不能提供销售者或者服务者的真实名称、地址和有效联系方式的，消费者也可以向网络交易平台提供者要求赔偿；网络交易平台提供者作出更有利于消费者的承诺的，应当履行承诺。网络交易平台提供者赔偿后，有权向销售者或者服务者追偿。网络交易平台提供者明知或者应知销售者或者服务者利用其平台侵害消费者合法权益，未采取必要措施的，依法与该销售者或者服务者承担连带责任。《电子商务法》规定，电子商务平台经营者知道或者应当知道平台内经营者销售的商品或者提供的服务不符合保障人身、财产安全的要求，或者有其他侵害消费者合法权益行为，未采取必要措施的，依法与该平台内经营者承担连带责任。对关系消费者生命健康的商品或者服务，电子商务平台经营者对平台内经营者的资质资格未尽到审核义务，或者对消费者未尽到安全保障义务，造成消费者损害的，依法承担相应的责任。电子商务平台经营者向消费者承担先行赔偿责任以及赔偿后向平台内经营者的追偿，适用《消费者权益保护法》的有关规定。

3. 法律责任的确定

（1）民事法律责任的确定。经营者提供商品或者服务有下列情形之一的，除《消费者权益保护法》另有规定以外，应当按照《产品质量法》《民法典》《电子商务法》和其他有关法律、法规的规定，承担民事责任。

① 商品存在缺陷的。

② 不具备商品应当具备的使用性能而在出售时未作说明的。

③ 不符合在商品或者其包装上注明采用的商品标准的。

④ 不符合商品说明、实物样式等方式表示的质量状况的。

⑤ 生产国家明令淘汰的商品或者销售失效、变质的商品的。

⑥ 销售的商品数量不足。

⑦ 服务的内容和费用违反约定的。

⑧ 对消费者提出的修理、重做、更换、退货、补足商品数量、退还货款和服务费用或者赔偿损失的要求，故意拖延或者无理拒绝的。

（2）法律、法规规定的其他损害消费者合法权益的情形的责任，具体如下。

① 经营者提供商品或者服务，造成消费者或者其他受害人人身伤害的，应当赔偿医疗费、护理费、交通费、营养费、住院伙食补助费等为治疗和康复支出的合理费用，以及因误工减少的收入。造成残疾的，还应当赔偿辅助器具费、残疾赔偿金和由其扶养的人所必需的生活费；造成死亡的，还应当赔偿丧葬费、死亡赔偿金和死者生前扶养的人所必需的生活费等费用。造成残疾和死亡的，还应当赔偿精神损害抚慰金。因产品存在缺陷造成受害人财产损失的，侵害人应当恢复原状或者折价赔偿。受害人因此遭受其他重大损失的，侵害人应当赔偿损失。产品的生产者或者销售者明知产品存在缺陷仍然生产、销售，或者在产品投入流通后发现存在缺陷但没有采取有效补救措施，造成他人死亡或者健康严重损害的，被侵权人有权请求相应的惩罚性赔偿。

② 经营者侵害消费者的人格尊严或人身自由的，应当停止侵害、恢复名誉、消除影响、

赔礼道歉,并赔偿损失。

③ 经营者有侮辱诽谤、搜查身体、侵犯人身自由等侵害消费者或者其他受害人人身权益的行为,造成严重精神损害的,受害人可以要求精神损害赔偿。

④ 经营者提供商品或者服务,造成消费者财产损害的,应当按照消费者的要求,以修理、重做、更换、退货、补足商品数量、退还货款和服务费用或者赔偿损失等方式承担民事责任。

⑤ 对国家规定或者经营者与消费者约定包修、包换、包退的商品,经营者应当负责修理、更换或者退货;在保修期内两次修理仍不能正常使用的,经营者应当负责更换或者退货;对包修、包换、包退的大件商品,消费者要求经营者修理、更换、退货的,经营者应当承担运输等合理费用。

⑥ 经营者以邮购方式提供商品的,应当依照约定提供;未按照约定提供的,应当按照消费者的要求履行约定或者退回货款,并应当承担消费者必须支付的合理费用。

⑦ 经营者以预收款方式提供商品或者服务的,应当按照约定提供;未按照约定提供的,应当按照消费者的要求履行约定或者退回预付款,并应当承担预付款的利息和消费者必须支付的合理费用。

⑧ 经有关行政部门依法认定为不合格的商品,消费者要求退货的,经营者应当负责退货。

⑨ 经营者提供商品或者服务有欺诈行为的,应当按照消费者的要求增加赔偿其受到的损失,增加赔偿的金额为消费者购买商品的价款或者接受服务的费用的三倍。增加赔偿的金额不足 500 元,为 500 元。《食品安全法》规定,生产不符合食品安全标准的食品或者经营明知是不符合食品安全标准的食品,消费者除要求赔偿损失外,还可以向生产者或者经营者要求支付价款十倍或者损失三倍的赔偿金;增加赔偿的金额不足 1 000 元,为 1 000 元。

案例 3-2

张某在超市购物时,看了几瓶化妆品,觉得不太满意,又放回货架上。在离开超市时,超市的保安人员怀疑张某拿了化妆品没有结账,便拦住张某强行搜身,并打开张某的包进行检查,因没有发现化妆品,保安人员当即向张某道歉,并解释说:"我们商店有规定,因超市采取开架售货方式,免不了要丢东西,因此要求保安人员加强管理,对有偷窃嫌疑的人员保安有权进行搜查,这个规定在商场门口贴了告示。"张某认为商场侵犯了其人身权利和名誉,向人民法院提起诉讼,要求超市赔礼道歉,赔偿损失。

【问题】 超市是否侵犯了张某的权益?超市的保安人员已经对张某道歉,超市是否还应当对张某负赔偿责任?

(3) 行政责任的确定。经营者有下列情形之一的,若《产品质量法》和其他有关法律、法规对处罚方式有规定,则依照这些法律、法规的规定执行;若法律、法规未作规定,则由市场监督管理部门责令改正,可以根据情节单处或者并处警告,没收违法所得,并处以违法所得一倍以上五倍以下的罚款;没有违法所得的,处以 1 万元以下的罚款;情节严重的,责令停业整顿,吊销营业执照。

① 生产、销售的商品不符合保障人身、财产安全要求的。

② 在商品中掺杂、掺假,以假充真,以次充好,或者以不合格商品冒充合格商品的。

③ 生产国家明令淘汰的商品或者销售失效、变质的商品的。

④ 伪造商品的产地,伪造或者冒用他人的厂名、厂址,伪造或者冒用认证标志、名优标志等质量标志的。

⑤ 销售的商品应当检验、检疫而未检验、检疫或者伪造检验、检疫结果的。

⑥ 对商品或者服务作引人误解的虚假宣传的。

⑦ 对消费者提出的修理、重做、更换、退货、补足商品数量、退还货款和服务费用或者赔偿损失等要求,故意拖延或者无理拒绝的。

⑧ 侵犯消费者人格尊严或人身自由的。

⑨ 拒绝、阻碍有关行政部门工作人员依法执行职务,未使用暴力、威胁方法的,由公安机关依照《治安管理处罚法》的规定处罚。

⑩ 法律、法规规定的对损害消费者权益应当予以处罚的其他情形。

经营者对上述处罚决定不服的,可以自收到处罚决定之日起15日内向上一级机关申请复议,对复议决定不服的,可以自收到复议决定书之日起15日内向人民法院提起诉讼;也可以直接向人民法院提起诉讼。

(4) 刑事责任的确定。依据《消费者权益保护法》的有关规定,追究刑事责任的情况主要包括以下几种。

① 经营者提供商品或者服务,造成消费者或者其他受害人人身伤害的,构成犯罪的,依法追究刑事责任。

② 以暴力、威胁等方法阻碍有关行政部门工作人员依法执行职务的,依法追究刑事责任;拒绝、阻碍有关行政部门工作人员依法执行职务,使用暴力、威胁方法,构成犯罪的,依法追究刑事责任。

③ 国家机关工作人员有玩忽职守或者包庇经营者侵害消费者合法权益的行为,情节严重,构成犯罪的,依法追究刑事责任。

案例及分析

李某从超市买了两瓶啤酒,带到自己居住的楼下,请同事张某帮他拿上去。在上楼途中,突然一啤酒瓶爆炸。张某的左眼被飞起的碎片击中,流血不止。经治疗,张某的左眼视力在出院时只有0.3,而且据医生说,视力可能会继续下降。事故发生后,张某要求超市赔偿自己所受的经济损失。超市认为不应负责任,因为经检验,张某所受损害是因酒瓶质量太差引起的,张某应向啤酒厂索赔,超市不负责。

【问题】

(1) 超市是否应承担赔偿责任?为什么?

(2) 假设超市应负责,它应该赔偿张某哪些费用?

(3) 超市在承担赔偿责任后能否向啤酒厂追偿?为什么?

【分析】

(1) 超市应承担赔偿责任。根据我国《产品质量法》第四十一条、第四十四条和《民法典》第一千二百零三条第一款的规定：因产品缺陷造成人身、财产损害的，受害人可以向产品的生产者要求赔偿，也可以向产品的销售者要求赔偿。

（2）超市应当赔偿张某的医疗费、误工费、残疾生活补助费、营养费、交通费、住院伙食补助费、被扶养人生活费和精神损害抚慰金等。

（3）超市在承担赔偿责任后可以向啤酒厂追偿。根据我国《产品质量法》第四十三条和《民法典》第一千二百零三条第二款的规定：因产品缺陷造成人身、财产损害，如果属于产品生产者的责任，产品销售者赔偿后，产品销售者有权向产品生产者追偿。

本章小结

产品质量法是调整国家在产品质量管理过程中形成的产品质量监督管理关系和因产品缺陷问题而引起的生产者、销售者与消费者之间侵权损害赔偿关系的法律规范的总称。我国《产品质量法》的基本原则有：质量第一原则，过错责任与严格责任并举的原则，保护消费者合法权益的原则，补偿性赔偿为主、惩罚性赔偿为辅原则。产品质量的监督管理机构主要是国家市场监督管理总局。国家通过产品质量认证制度和以抽查为主要方式的产品质量检查制度加强产品质量管理。生产者和销售者必须依法履行产品质量义务，否则就须承担产品质量责任。产品质量侵权的构成要件有：①产品存在缺陷；②有损害事实；③产品缺陷和损害事实之间有因果关系。

消费者权益保护法是调整在保护消费者权益过程中发生的经济关系的法律规范的总称。消费者在购买、使用商品和接受服务时享有安全保障权、知悉真情权、求教获知权、自主选择权、公平交易权、求偿权、结社权、受尊重权、监督权和网络购物"后悔权"。经营者不得以格式合同、通知、声明、店堂告示等形式限制消费者的权利。国家采取多种方法保护消费者合法权益。消费者协会是依法成立的对商品和服务进行社会监督的保护消费者合法权益的机构。

消费者可以通过协商、调解、投诉、仲裁、诉讼等形式解决与经营者的纠纷。同时，消费者在因产品质量受到损害时，既可要求生产者赔偿，也可要求销售者赔偿，并承担其他责任。

复习思考题

1. 我国《产品质量法》的适用范围是什么？
2. 我国的产品质量标准有哪些？
3. 什么是无过错责任原则？
4. 我国的《消费者权益保护法》规定消费者有哪些权利？
5. 依据我国的《消费者权益保护法》，经营者承担民事责任的依据有哪些？

实训题

1. 实训项目：霸王条款调查与分析。
2. 实训目的：通过实训使学生进一步了解我国公平交易与《消费者权益保护法》主要法律的规定，弄清目前企业和社会贯彻实施公平交易和《消费者权益保护法》的现状，进而提高公平交易与消费者权益保护的法律意识。
3. 实训内容：要求学生观察并搜集生活中的各种格式条款，并分析其是否属于霸王条款，写出调查报告，说明格式条款的含义、效力以及对消费者的影响，分析霸王条款的危害，并对霸王条款的识别标准作出总结。
4. 实训考核：由教师选出优秀的调查报告在班上交流，并根据学生所撰写的调查报告做出综合测评。

微课：霸王条款

第 4 章 经济组织法律制度

课程思政

市场主体的组织形式对我国高水平对外开放水平和格局有着直接影响,将三资企业法合并为统一的《外商投资法》,有利于我国形成更大范围、更宽领域、更深层次的对外开放格局。

学习要点

※ 公司的设立、变更、终止和清算等制度,有限责任公司和股份有限责任公司的不同和相同之处。

※ 合伙企业法的概念,合伙企业设立的条件,合伙企业的财产,入伙与退伙,合伙企业的解散与清算。

※ 个人独资企业设立的条件、特征及投资人的权利和义务。

※ 外商投资企业的概念、《外商投资法》的基本原则、与原"三资企业"的衔接与过渡安排。

4.1 公司法律制度

4.1.1 公司法律制度概述

1. 公司的概念和特征

公司是指依照国家法律规定的条件和程序设立,并以营利为目的的企业法人,即依照《公司法》在中国境内设立的有限责任公司和股份有限公司。公司是企业的一种组织形式,具有企业所共有的属性。

公司主要有以下法律特征。

(1) 公司是依照公司法律规定设立的经济组织

设立公司,要根据我国有关法律规定,除了符合《公司法》规定的设立条件外,还必须履行公司法律规定的设立程序。我国《公司法》对公司的股东人数、组织机构的地位、性质、职权等都做了明确规定。公司的外部关系和内部关系都必须严格依照《公司法》的规定进行运作。

(2) 公司是以营利为目的的经济组织

以营利为目的是指公司从事的是经营活动,而经营活动的目的是获取利润,并向股东分配红利。

(3) 公司是具有法人资格的经济组织

公司必须是法人,即公司应为具有进行生产经营或其他服务性活动的权利能力和行为能力,依法独立享有民事权利和承担民事义务的组织。《公司法》第三条规定:"公司是企业法人,有独立的法人财产,享有法人财产权。公司以其全部财产对公司的债务承担责任。有限责任公司的股东以其认缴的出资额为限对公司承担责任;股份有限公司的股东以其认购的股份为限对公司承担责任。"我国的公司具有法人地位。

(4) 公司是由法定数额的股东共同出资组成的经济组织

一般而言,公司应由一定数额的股东共同投资设立。公司股东以其出资额形成对公司的股权,在法律上体现为一种股份式的联合。公司股东以其出资额或者所持股份为限,对公司承担责任;公司以其全部财产对公司债务承担责任。

2. 公司的种类

按照不同的划分标准,公司可分为不同的种类。

(1) 以股东对公司债务承担的责任形式为划分标准,可分为无限公司、有限责任公司、两合公司和股份有限公司。无限公司是指全体股东就公司债务负连带无限责任的公司。有限责任公司,是指全体股东对公司的债务,仅以各自的出资额为限承担责任的公司。两合公司是指一部分股东对公司债务负无限责任,另一部分股东负有限责任的公司。股份有限公司是指公司资本划分为若干金额相等的股份,全体股东仅以自己认购的股份为限对公司债务承担责任的公司。我国法律只规定了两种公司形式,即有限责任公司和股份有限公司。

(2) 以一个公司对另一个公司的控制与依附关系为划分标准,可分为母公司与子公司。母公司又称控股公司,是指通过持有其他公司一定比例以上的股份或者协议的方式,能够实际上控制其他公司营业活动的公司。子公司是指虽然在法律上具有法人资格,但其经营活动受母公司实际控制的公司。但在法律上,母公司与子公司仍互相独立,各自具有独立的法人资格。

(3) 以公司内部管辖系统为划分标准,可分为总公司和分公司。总公司是指依法设立并管辖分公司的总机构;分公司是指总公司管辖之下的法人分支机构。分公司不具有独立的法人资格,不具有独立的财产,其权利和义务由总公司享有和承担。但分公司可以在总公司授权的范围内,以自己的名义进行业务活动。

(4) 以公司的国籍为划分标准,可分为本国公司与外国公司。在我国,本国公司是指依照我国《公司法》在我国境内登记设立的公司,包括根据《外商投资法》和《公司法》设立的外商投资企业。外国公司是指依据外国法律在我国境外登记设立的公司。

3. 公司的设立

公司的设立是指公司设立人依照法定条件和程序,为组建公司并取得法人资格而采取和完成的法律行为。

(1) 设立原则

公司设立有四种不同的原则,即自由设立原则、特许设立原则、核准设立原则和准则设立原则。公司的设立原则不同,决定了公司这种市场主体设立的基本程序也不同,实际上也就形成了不同的市场主体准入制度。

自由设立原则是指政府对公司的设立不进行任何干预,公司的设立完全依设立者的主观意愿进行。

特许设立原则是指公司需要经过特别立法或基于国家元首的命令方可设立。

核准设立原则是指公司的设立需要首先经过政府行政机关的审批许可,然后经政府登记机关登记注册方可设立。

准则设立原则是指法律规定公司设立的条件,公司只要符合这些条件,经登记机关依法登记即可成立,而无须政府行政机关的事先审批或核准。

我国《公司法》对设立有限责任公司和股份有限公司基本上采取严格准则设立原则,但对个别公司采用核准设立原则。

(2) 设立方式

公司的设立方式基本上分为两种,即发起设立和募集设立。发起设立是指由发起人认购公司应发行的全部股份而设立公司。募集设立是指由发起人认购公司应发行股份的一部分,其余股份向社会公开募集或向特定对象募集而设立公司。

有限责任公司采取发起设立方式;股份公司的设立既可以采取发起设立方式,也可以采取募集设立方式。

(3) 设立登记

公司设立应当向公司登记机关(市场监督管理机关)提出申请,办理登记。

名称预先核准。根据法律、行政法规规定,设立公司必须报经批准,或公司经营范围中属于法律的、行政法规规定在登记前必须经批准的项目的,应当在报送批准前办理公司名称预先核准,并以公司登记机关核准的公司名称报送批准。

预先核准的公司名称保留期为六个月。预先核准的公司名称在保留期内,不得从事经营活动,不得转让。

在同一登记机关的管辖区内,同一行业的公司不允许有相同或类似的名称。有限公司,必须在公司名称中标明有限责任公司或有限公司字样。股份公司,必须在公司名称中标明股份有限公司或股份公司字样。

企业名称应当使用符合国家规范的汉字,不得使用外国文字、汉语拼音、阿拉伯数字。

4. 公司法的概念和调整对象

公司法是指调整公司的设立、机构的设置、解散等组织关系及公司业务活动的经营关系的法律规范的总称。其调整对象一是公司的组织关系,二是公司的业务经营关系。公司法有广义、狭义之分,广义的公司法泛指有关公司设立、组织机构和经营活动的一切法律,包括公司法、证券法、股票交易法等。狭义的公司法则仅指公司法法典。我国的公司法法典《中华人民共和国公司法》(简称《公司法》)由第八届全国人民代表大会常务委员会第五次会议于1993年12月29日正式审议通过。《中华人民共和国公司法》分别于1999年、2004年、2013年和2018年经过四次修正,于2005年进行修订。第五次修订正在紧锣密鼓地展开,其修订草案二次审议稿已于2023年1月28日结束向社会征求意见。

4.1.2 有限责任公司

1. 有限责任公司的概念和特征

有限责任公司是指依照《公司法》在中国境内设立的,由50个以下股东共同出资,股东以其认缴的出资额对公司承担有限责任,公司以其全部资产对公司的债务承担责任的企业法人。

有限责任公司在股东有限责任、设立程序、股东人数和组织形式等方面有显著特征。

(1) 股东责任的有限性。有限责任公司股东均负有限责任,即股东仅以其认缴的出资额为限对公司承担责任。公司的债务完全以公司独立的资产清偿。

(2) 设立程序的简便性。由于有限责任公司不发行股票,不向社会公开募集资本,决定了它的设立方式只有发起设立,即由股东共同制定章程,认缴出资,最后由指定的代表或委托的代理人向公司登记机关申请设立登记,公司即告成立。

(3) 股东人数的相对稳定性。有限责任公司股东人数的最高限额由法律严格规定,这使得股东人数相对稳定,而不像股份有限公司股东人数是无上限的。股东人数的相对稳定性决定了股东之间的关系较为密切。

(4) 组织形式比较简单。相对于股份有限公司具有董事会和监事会等复杂的组织结构而言,有限责任公司在组织形式上要灵活得多,例如它既可以设立董事会,也可以只设立一名执行董事,行使公司执行机构的职权;可以设立监事会,但对于股东人数较少或者规模较小的有限责任公司,可以设一至两名监事,不设立监事会。

2. 有限责任公司的设立

(1) 有限责任公司的设立条件

① 股东符合法定人数。根据《公司法》的规定,有限责任公司的股东人数必须在50人以下,自然人、法人和国家都可以成为有限责任公司的股东。无论是自然人还是法人,只要设立有限责任公司,就应符合股东50人以下这一条件。

② 有符合公司章程规定的全体股东认缴的出资额。除法律、行政法规以及国务院对公司的注册资本的最低限额另有规定的以外,《公司法》修订时取消了对公司最低注册资本的限制。这意味着,公司设立向所有市场主体放开,注册资本不因公司形式的不同而有不同要求,公司股东(发起人)可以不受注册资本多少的影响自主决定设立公司形式。注册资本一经登记,就不得随意增加或者减少。

③ 股东共同制定公司章程。公司章程是公司设立及开展活动的基本规则,是公司依法确立的公司内外部法律关系及股东权利义务的基本法律文件。公司章程应当载明下列事

项：公司的名称和住所；公司的经营范围；公司注册资本；股东的姓名或者名称；股东的出资方式、出资额和出资时间；公司的机构及其产生办法、职权、议事规则；公司的法定代表人；股东会会议认为需要规定的其他事项。《公司法》第五次修订草案中增设了在公司董事会中设立审计委员会的规定。

④ 有公司名称，建立符合有限责任公司要求的组织机构。公司的名称是公司的称谓，有限责任公司必须在公司名称中标明"有限责任公司"或者"有限公司"的字样。同时，有限责任公司还必须建立与法律规定相一致的组织机构，即设立股东会、董事会或执行董事、监事会或监事。

⑤ 有公司住所。公司住所是指公司主要办事机构所在地。公司住所记载于公司章程，具有法律效力，是公司注册登记的必要事项之一，公司可以建立多处生产、经营场所，但是经公司登记机关登记的公司住所只有一个，并且这个住所应当是在为其登记的公司登记机关的辖区内。确立公司住所的法律意义，主要表现为：便于确定诉讼管辖、便于确定债务履行地和承担其他民事责任的履行地和便于确定公司登记机关和税管机关，有利于行政机关加强对辖区内企业的监管。

(2) 有限责任公司的设立程序

① 制定公司章程。有限责任公司的公司章程由公司全体股东共同订立，经全体股东同意后，所有股东应当在公司章程上签名、盖章。公司章程对公司股东、董事、监事、高级管理人员具有约束力。

② 确立公司机构。即确立公司的股东会、董事会或执行董事、监事会或监事。

③ 股东缴纳出资。股东既可以用货币出资，也可以用实物、知识产权、土地使用权等非货币财产作价出资，对作为出资的非货币财产应当评估作价，核实财产，不得高估或者低估作价。

股东应当足额缴纳公司章程中规定的各自所认缴的出资额。股东以货币出资的，应当将货币出资足额存入有限责任公司在银行开设的账户；以非货币财产出资的，应当依法办理其财产权的转移手续。股东不按照前款规定缴纳出资的，除应当向公司足额缴纳外，还应当向已按期足额缴纳出资的股东承担违约责任。有限责任公司成立后，发现作为设立公司出资的非货币财产的实际价额显著低于公司章程所定价额的，应当由交付该出资的股东补交其差额，公司设立时的其他股东承担连带责任。

④ 设立登记。设立有限责任公司，由全体股东指定的代表或者共同委托的代理人向公司登记机关申请设立登记，提交公司登记申请书、公司章程、全体股东指定代表或者共同委托代理人的证明、企业名称颁发核准通知书和公司住所证明等文件。法律、行政法规规定需要经有关部门审批的，应当在申请设立登记时提交有关批准文件。

公司登记机关对符合《公司法》规定条件的，予以登记，发给公司营业执照。公司营业执照签发的日期为有限责任公司的成立日期。

⑤ 签发出资证明书。有限责任公司成立后，应当向股东签发出资证明书。出资证明书是证明股东出资份额的书面凭证。出资证明书应当载明下列事项：公司名称，公司成立日期，公司注册资本，股东的姓名或者名称，缴纳的出资额和出资日期，出资证明书的编号和核发日期。出资证明书应由公司盖章。

案例 4-1

2023年5月1日,甲、乙、丙、丁四公司经商议签订了一份合同,合同约定:四方共同出资改造甲所属的微波炉厂,并把厂名定为宏达微波炉有限责任公司。注册资本为4 200万元,其中,甲以旧厂房作价1 000万元,并以红星牌微波炉商标折价200万元作为出资;乙以现金550万元,并以微波炉生产技术折价450万元作为出资;丙、丁各以现金1 000万元作为出资。在合同生效后10日内四方资金必须到位,由甲负责办理公司登记手续。2023年5月5日,甲、乙、丙都按合同约定办理了出资手续和财产转移手续,但丁提出,因资金困难,要求退出。甲、乙、丙均表示同意,并重新签订了一份合同,将公司的注册资本改为3 200万元。2023年6月1日,经市场监督管理部门注册登记,宏达微波炉有限责任公司正式成立。

【问题】 甲、乙、丙、丁四方签订的合同约定的出资是否符合法律规定?为什么?对丁的要求,甲、乙、丙是否应当接受?

3. 有限责任公司的组织机构

(1) 有限责任公司的股东会

① 股东会的性质和职权。有限责任公司的股东会是依照《公司法》和公司章程的规定,由全体股东组成,对公司一切重大事项进行决策的权力机构。公司的每个股东,不论其出资多少,都是公司的股东会成员。股东通过股东会行使自己的权利,维护自己的利益,对公司经营管理进行决策。

有限责任公司的股东会行使下列职权:决定公司的经营方针和投资计划;选举和更换非由职工代表担任的董事、监事,决定有关董事、监事的报酬事项;审议批准董事会的报告;审议批准监事会或者监事的报告;审议批准公司的年度财务预算方案、决算方案;审议批准公司的利润分配方案和弥补亏损方案;对公司增加或者减少注册资本做出决议;对发行公司债券做出决议;对公司合并、分立、解散、清算或者变更公司形式做出决议;修改公司章程。

② 股东会的议事规则。有限责任公司股东会会议分为定期会议和临时会议。定期会议应当按照公司章程的规定按时召开,一般一年召开一次。经十分之一以上表决权的股东,三分之一以上的董事,监事会或者不设监事会的公司的监事提议召开临时会议的,应当召开临时会议。召开股东会会议,应当于会议召开15日前通知全体股东;但是,公司章程另有规定或者全体股东另有约定的除外。股东会应当对所议事项的决定做成会议记录,出席会议的股东应当在会议记录上签名。

有限责任公司股东会的首次会议由出资最多的股东召集和主持,以后的股东会会议,设立董事会的,由董事会召集,董事长主持;董事长不能履行职务或者不履行职务的,由副董事长主持;副董事长不能履行职务或者不履行职务的,由半数以上的董事共同推举一名董事主持。有限责任公司不设董事会的,股东会会议由执行董事召集和主持。董事会或者执行董事不能履行或者不履行召集股东会会议职责的,由监事会或者不设监事会的公司的监事召集和主持;监事会或者监事不召集和主持的,代表十分之一以上表决权的股东可以自行召集和主持。

股东会对公司的重大问题做出决议,需由股东进行表决。根据《公司法》的规定,股东会会议由股东按照出资比例行使表决权；但是，公司章程另有规定的除外。对某些涉及股东根本利益的事项的表决，《公司法》做了特别规定，如股东会会议做出修改公司章程，增加或者减少注册资本，公司合并、分立、解散或变更公司形式的决议，必须经代表三分之二以上表决权的股东通过。

(2) 有限责任公司的董事会和经理

① 董事会的设立及职权。有限责任公司的董事会是公司股东会的执行机构，向股东会负责。其成员为三人至十三人；董事会设董事长一人，可以设副董事长。董事长、副董事长的产生办法由公司章程规定。董事长为公司的法定代表人。股东人数较少或者规模较小的有限责任公司，可以设一名执行董事，不设董事会。执行董事可以兼任公司经理，执行董事为公司的法定代表人。

董事任期由公司章程规定，但每届任期不得超过三年。董事任期届满，连选可以连任。董事在任期届满未及时改选，或者董事在任期内辞职导致董事会成员低于法定人数的，在改选出的董事就任前，原董事仍应当依照法律、行政法规和公司章程的规定，履行董事职务。

根据《公司法》的规定，董事会行使下列职权：负责召集股东会，并向股东会报告工作；执行股东会的决议；决定公司的经营计划和投资方案；制订公司的年度财务预算方案、决算方案；制订公司的利润分配方案和弥补亏损方案；制订公司增加或者减少注册资本，以及发行公司债券的方案；拟订公司合并、分立、变更形式、解散的方案；决定公司内部管理机构的设置；聘任或者解聘公司经理；根据经理的提名，聘任或者解聘公司副经理、财务负责人，决定其报酬事项；制定公司的基本管理制度；行使公司章程规定的其他职权。

② 董事会会议。董事会会议由董事长召集和主持；董事长不能履行职务或者不履行职务的，由副董事长召集和主持，副董事长不能履行职务或者不履行职务的，由半数以上董事共同推举一名董事召集和主持。董事会的议事方式和表决程序，除《公司法》有规定的以外，由公司章程规定。董事会应当对所议事项的决定做成会议记录，出席会议的董事应当在会议记录上签名。董事会决议的表决，实行一人一票制。

③ 经理的设立及职权。有限责任公司可以设经理，由董事会决定聘任或者解聘。经理负责公司日常经营管理工作，对董事会负责，并列席董事会会议。

经理行使下列职权：主持公司的生产经营管理工作，组织实施董事会决议；组织实施公司年度经营计划和投资方案；拟订公司内部管理机构设置方案；拟订公司的基本管理制度；制定公司的具体规章；提请聘任或者解聘公司副经理、财务负责人；决定聘任或者解聘除应由董事会聘任或者解聘以外的负责管理人员；行使董事会授予的其他职权。公司章程对经理职权另有规定的，从其规定。

(3) 有限责任公司的监事会或者监事

① 监事会或者监事的设立。有限责任公司监事会是公司的内部监督机构。《公司法》规定，有限责任公司设监事会，其成员不得少于三人。股东人数较少和规模较小的有限责任公司可以设一至两名监事，不设监事会。监事会应当包括股东代表和适当比例的公司职工代表，其中职工代表的比例不得低于三分之一，具体比例由公司章程规定。监事会中的职工代表由公司职工通过职工代表大会、职工大会或者其他形式民主选举产生。监事会设主席一人，由全体监事通过半数选举产生。监事会主席召集和主持监事会会议；监事会主席不能履行职务或者不履行职务的，由半数以上的监事共同推举一名监事召集和主持监事会会

议。董事、高级管理人员不得兼任监事。监事的任期每届为三年,监事任期届满,可以连选连任。

② 监事会或监事的职权。监事会或监事行使下列职权:检查公司财务;对董事、高级管理人员执行公司职务的行为进行监督,对违反法律、行政法规、公司章程或者股东会决议的董事、高级管理人员提出罢免的建议;当董事和经理的行为损害公司的利益时,要求董事和经理予以纠正;提议召开临时股东会会议,在董事会不履行《公司法》规定的召集和主持股东会会议职责时召集和主持股东会会议;向股东会会议提出提案;依照《公司法》第一百五十一条的规定,对董事、高级管理人员提起诉讼;行使公司章程规定的其他职权。另外,监事可以列席董事会会议,并对董事会决议事项提出质询或者建议。监事会、不设监事会的公司的监事发现公司经营情况异常,可以进行调查;必要时,可以聘请会计师事务所等协助其工作,费用由公司承担。

③ 监事会的会议制度。监事会每年度至少召开一次会议,监事可以提议召开临时监事会会议。监事会的议事方式和表决程序,除《公司法》有规定的以外,由公司章程规定。监事会决议应当经半数以上监事表决通过。

从公司各组织机构的职能看,公司的决策权一般由股东会、董事会行使;执行权、经营管理权一般由董事长、董事、经理行使;监事会、监事行使监督权。

4. 一人有限责任公司

(1) 一人有限责任公司的概念

一人有限责任公司是指只有一个自然人股东或者一个法人股东的有限责任公司。

(2) 一人有限责任公司的特别规定

① 一个自然人只能投资设立一个一人有限责任公司。该一人有限责任公司不能投资设立新的一人有限责任公司。

② 一人有限责任公司不设股东会。一人有限责任公司只有一个股东,显然没有设立股东会的必要。尽管如此,一人有限责任公司的股东仍有权利行使《公司法》中规定的一般有限责任公司股东会的所有职权。股东做出《公司法》规定股东会的决定时,应当采取书面的形式,并由股东签名后置备于公司。

(3) 一人有限责任公司的人格否定

一般情况下,一人有限责任公司的股东和其他有限责任公司的股东一样,是以其对公司的出资额为限,对公司的债务承担责任。而根据我国《公司法》第六十三条规定,如果一人有限责任公司的股东不能证明公司财产独立于其自己的财产的,则应当以其全部财产对公司债务承担连带责任。独立的财产是法人拥有独立人格的必要基础,一人有限责任公司由于其股东的单一性,缺少内部的相互制约,因而非常容易产生公司财产与股东财产混同的现象。《公司法》为了防止股东滥用公司的独立法人人格,将公司财产与自己财产混同,以实现非法目的,特别在本条中赋予了一人有限责任公司的股东以证明公司财产独立于自己财产的义务。如果股东不能有效证明这点,则其应当对公司的全部债务承担连带的清偿责任。

《公司法》第五次修订草案中增加了一人股份有限公司的类型,并废除了上述一人有限公司的特别规定。但在正式修正案出台之前,上述修订内容并未确定。

5．国有独资公司

（1）国有独资公司的概念

国有独资公司是指国家单独出资、由国务院或者地方人民政府授权本级人民政府国有资产监督管理机构履行出资人职责的有限责任公司。

（2）国有独资公司的法律特征

① 国有独资公司的章程制定。一般有限责任公司的章程应由股东共同制定；国有独资公司的章程由国有资产监督管理机构制定，或者由董事会制定，报国有资产监督管理机构批准。

② 国有独资公司的董事会代行使股东会的部分职权。国有独资公司不设股东会，由国有资产监督管理机构行使股东会职权。国有资产监督管理机构可以授权公司董事会行使股东会的部分职权，决定公司的重大事项，但公司的合并、分立、解散、增加或者减少注册资本和发行公司债券，必须由国有资产监督管理机构决定；其中，重要的国有独资公司合并、分立、解散、申请破产的，应当由国有资产监督管理机构审核后，报本级人民政府批准。

③ 国有独资公司监事会的组成和职权。根据我国《公司法》第七十条规定，国有独资公司监事会的成员不得少于五人，其中职工代表的比例不得低于三分之一，具体比例由公司章程规定。监事会成员由国有资产监督管理机构委派；但是，监事会成员中的职工代表由公司职工代表大会选举产生。监事会主席由国有资产监督管理机构从监事会成员中指定。

④ 国有独资公司组织机构的特殊规定。根据我国《公司法》第六十七条规定，国有独资公司设立董事会，董事会除享有一般有限责任公司董事会的职权外，还享有《公司法》第六十六条规定的经国家有关部门授权后行使股东会的职权。因此，国有独资公司的董事会比一般有限责任公司董事会的职权要大。国有独资公司的董事会成员为三至十三人，由国家资产监督管理机构委派。董事会成员中应有职工代表，职工代表由公司职工代表大会选举产生。董事长、副董事长由国有资产监督管理机构从董事会成员中选举产生，也不是依公司章程规定而产生。

国有独资公司设经理，由董事会聘任或者解聘。国有独资公司的经理的职权与其他有限责任公司的经理职权相同。经国有资产监督管理机构同意，董事会成员可以兼任经理。《公司法》第六十九条规定，国有独资公司的董事长、副董事长、董事、高级管理人员，未经国有资产监督管理机构同意，不得在其他有限责任公司、股份有限公司或者其他经济组织中兼职。与一般有限责任公司和股份有限公司相比，《公司法》对国有独资公司董事长、副董事长、高级管理人员的兼职规定限制范围比较严格。

4.1.3　有限责任公司股权的转让

1．股权概述

股权是指股东基于股东资格而享有的、从公司获得经济利益并参与公司经营管理的权利。公司的成立取决于股东的出资，股东因投资行为而形成的权利就是股权。股权主要包含以下内容：①发给股票或者其他股权证明请求权；②股份转让权；③股息红利分配请求权;④股东会临时召集请求权或自行召集权;⑤出席股东会并行使表决权;⑥对公司财务的监督检查权和对公司经营的建议与质询权;⑦公司章程和股东会会议记录的查阅权;⑧优先认购新股权;⑨公司剩余财产分配权;⑩权利损害救济权和公司重整申请权。

2. 有限责任公司股权转让的限制

(1) 股东内部的自由转让制度。《公司法》第七十一条规定:"有限责任公司的股东之间可以相互转让其全部或者部分股权。"

(2) 股东向股东以外的第三人转让股权的限制制度。我国《公司法》第七十一条第二款规定:"股东向股东以外的人转让股权,应当经其他股东过半数同意。股东应就其股权转让事项书面通知其他股东征求同意,其他股东自接到书面通知之日起满三十日未答复的,视为同意转让。其他股东半数以上不同意转让的,不同意的股东应当购买该转让的股权;不购买的,视为同意转让。"

(3) 优先购买权制度。《公司法》第七十一条第三款规定:"经股东同意转让的股权,在同等条件下,其他股东有优先购买权。两个以上股东主张行使优先购买权的,协商确定各自的购买比例;协商不成的,按照转让时各自的出资比例行使优先购买权。公司章程对股权转让另有规定的,从其规定。"

(4) 股权强制执行制度。《公司法》第七十二条规定:"人民法院依照法律规定的强制执行程序转让股东的股权时,应当通知公司及全体股东,其他股东在同等条件下有优先购买权;其他股东自人民法院通知之日起满二十日不行使优先购买权的,视为放弃优先购买权。"

(5) 股权转让登记制度。《公司法》第七十三条规定,依法转让股权后,公司应当注销原股东的出资证明书,向新股东签发出资证明书,并相应修改公司章程和股东名册中有关股东及其出资额的记载。

(6) 异议股东的股权回购请求权。《公司法》在坚持一般情况下股东不得要求公司回购的原则下,确立了几个例外情形:①公司连续五年不向股东分配利润,而公司该五年连续盈利,并且符合本法规定的分配利润条件的;②公司合并、分立、转让主要财产的;③公司章程规定的营业期限届满或者章程规定的其他解散事由出现,股东会会议通过决议修改章程使公司存续的。需要指出的是,只有出现上述情况之一,异议股东才可以要求公司回购自己所持的股份。

(7) 股权继承制度。《公司法》规定,自然人股东死亡后,其合法继承人可以继承股东资格;但是,公司章程另有规定的除外。

4.1.4 股份有限公司

1. 股份有限公司的概念和特征

(1) 股份有限公司的概念

股份有限公司是指由一定人数的股东组成,公司资本划分为若干金额相等的股份,股东仅以自己认购的股份为限对公司承担责任,公司以全部资产对公司债务承担责任的企业法人。

(2) 股份有限公司的特征

① 股东责任的有限性。股份有限公司的股东仅以自己持有的股份为限对公司债务承担责任。公司的债务完全以公司独立的资产清偿。

② 股东人数的广泛性。股份有限公司股东的人数只有下限没有上限,且公司可以公开向社会募集资本,股份可以自由转让,这就决定了股份有限公司股东人数的广泛性和不确定性。

③ 股份的等额性。股份有限公司的全部资本划分为若干股份,每股金额相等。公司的股份体现为股票形式,股票可以向社会公开发行,持有公司股票即为公司股东。

④ 股份有限公司的设立程序较为复杂。由于股份有限公司的资本数额较大,股东人数众多,国家对其设立的要求和监督管理也更为严格。与有限责任公司相比,股份有限公司的设立程序较为复杂。

2. 股份有限公司的设立

(1) 股份有限公司的设立条件

① 发起人符合法定人数。根据《公司法》的规定,设立股份有限公司,应当有两人以上两百人以下的发起人,其中须有过半数的发起人在中国境内有住所。《公司法》第五次修订草案中将股份有限公司的发起人人数下限降低至一人,即可以成立一人股份有限公司。

② 有符合公司章程规定的全体发起人认购的股本总额或者募集的实收股本总额。《公司法》将注册资本实缴登记制改为认缴登记制,因此,公司登记时,无须提交验资报告。但是,法律、行政法规对股份有限公司注册资本实缴、注册资本的最低限额有较高规定的,从其规定。

③ 股份发行、筹办事项符合法律规定。

④ 发起人制定公司章程,采用募集设立的经创立大会通过。

⑤ 有公司名称,建立符合股份有限公司要求的组织机构。股份有限公司的名称必须标明"股份有限公司"或者"股份公司"字样。

⑥ 有公司住所。

(2) 股份有限公司的设立程序

股份有限公司的设立可以采取发起设立或者募集设立的方式。发起设立是指由发起人认购公司应发行的全部股份而设立公司;募集设立是指由发起人认购公司应发行股份的一部分,其余部分向社会公开募集或者向特定对象募集而设立公司。

① 发起人制定公司章程。发起人在确立了设立公司的共同合意,并订立了发起人协议后,则开始进行公司的筹建工作。首先由全体发起人制定公司章程。

股份有限公司章程应当载明下列事项:公司的名称和住所,公司的经营范围,公司的设立方式,公司的股份总数、每股金额和注册资本,发起人的姓名或者名称,认购的股份数,出资方式和出资时间,董事会的组成、职权和议事规则,公司法定代表人,监事会的组成、职权和议事规则,公司利润分配办法,公司的解散事由与清算办法,公司的通知和公告办法,股东大会认为需要规定的其他事项。

② 出资和募股。其出资方式与有限责任公司相同。股份有限公司的发起人可以用货币出资,也可以用实物、知识产权、土地使用权等作价出资。对作为出资的非货币财产应当

评估作价，核实财产，不得高估或者低估作价。

以发起方式设立股份有限公司的，发起人应书面认同公司章程规定其认购的股份，并按照公司章程规定缴纳出资。以非货币财产出资的，应当依法办理其财产转移手续。

以募集方式设立股份有限公司的，发起人认购的股份不得少于公司股份总数的35%，但是，法律、行政法规另有规定的，从其规定。其余股份经国务院证券监督管理部门批准后向社会公开募集。发起人向社会公开募集股份时，必须向国务院证券监督管理部门递交募股申请，未经国务院证券监督管理部门批准，发起人不得向社会公开募集股份。国务院证券管理部门对已做出的批准如发现不符合《公司法》规定的，应予撤销；尚未募集股份的，停止募集；已经募集的，认股人可以按照所缴股款并加算银行同期存款利息，要求发起人返还。

在股份有限公司设立过程中，发起人应当承担下列责任：公司不能成立时，对设立行为所产生的债务和费用负连带责任；公司不能成立时，对认股人已缴纳的股款，负返还股款并加算银行同期存款利息的连带责任；在公司设立过程中，由于发起人的过失致使公司利益受到损害的，应当对公司承担赔偿责任。

发起人向社会公开募集股份，必须公告招股说明书，并制作认股书。还应当由依法设立的证券公司承销，并签订承销协议。发起人还应当同银行签订代收股款协议。发行股份的股款缴足后，必须经依法设立的验资机构验资并出具证明。

③ 创立大会的召开。发起人应当自股款缴足之日起三十日内主持召开公司创立大会。创立大会由发起人和认股人组成。发行的股份超过招股说明书规定的截止期限尚未缴足的，或者发行股份的股款缴足后，发起人在三十日内未召开创立大会的，认股人可以按照所缴股款并加算银行同期存款利息，要求发起人返还。发起人应当在创立大会召开十五日前将会议日期通知各认股人或予以公告。创立大会应有代表股份总数过半数的发起人、认股人出席，方可举行。创立大会行使下列职权：审议发起人关于公司筹办情况的报告；通过公司章程；选举董事会成员；选举监事会成员；对公司的设立费用进行审核；对发起人用于抵作股款的财产的作价进行审核；发生不可抗力或者经营条件发生重大变化直接影响公司设立的，可以做出不设立公司的决议。创立大会对上述事项做出决议，必须经出席会议的认股人所持表决权的半数以上通过。

④ 公司登记。采取发起方式设立的，发起人交付全部出资后，应当选举董事会和监事会，由董事会向公司登记机关申请设立登记。采取募集方式设立的，发起人、认股人在创立大会上选举产生公司的董事会和监事会。董事会应于创立大会结束后三十日内，向公司登记机关申请公司设立登记。

对核准登记的申请单位，应当分别颁发有关证照，及时通知法定代表人（负责人）领取证照，并办理法定代表人签字备案手续。

案例 4-2

惠州雄记家电有限责任公司是一家经营电器批发的企业，注册资本100万元。近年来，由于市场不景气，公司资本总额与其实有资产差距悬殊，2023年6月，公司决定减少注册资本。7月，股东会以代表二分之一以上表决权的股东通过决议，将公司注册资本减至40万元，并做出罢免职工代表董事王某的决议；公司自做出减少注册资本决议次日就向公司登记机关办理登记。

【问题】 依据《公司法》,该公司股东会决议有何不当之处?

3. 股份有限公司的组织机构

(1) 股份有限公司的股东大会

① 股东大会的性质和职权。股东大会是公司的权力机构,由股份有限公司全体股东组成。依照《公司法》规定,股东大会行使下列职权:决定公司的经营方针和投资计划;选举和更换非由职工代表担任的董事、监事,决定有关董事、监事的报酬事项;审议批准董事会的报告;审议批准监事会或者监事的报告;审议批准公司的年度财务预算方案、决算方案;审议批准公司的利润分配方案和弥补亏损方案;对公司增加或者减少注册资本做出决议;对发行公司债券做出决议;对公司合并、分立、解散和清算或者变更公司形式做出决议;修改公司章程;行使公司章程规定的其他职权。

② 股东大会的召开。股东大会应当每年召开一次会议。有下列情形之一的,应当在两个月内召开临时股东大会:董事人数不足《公司法》规定的人数或者公司章程规定人数的三分之二时;公司未弥补的亏损达实收股本总额的三分之一时;单独或者合计持有公司百分之十以上股份的股东请求时;董事会认为有必要时;监事会提议召开时;公司章程规定的其他情形。

股东大会会议由董事会召集,董事长主持。董事长不能履行职务或者不履行职务时,由副董事长主持。副董事长不能履行职务或者不履行职务的,由半数以上董事共同推举一名董事主持。董事会不能履行或者不履行召集股东大会会议职责的,监事会应当及时召集和主持;监事会不召集和主持的,连续九十日以上单独或者合计持有公司百分之十以上股份的股东可以自行召集和主持。召开股东大会,应当将会议召开的时间、地点和审议的事项于会议召开二十日前通知各股东。临时股东大会应当于会议召开十五日前通知各股东。

③ 股东大会议事规则。股东出席股东大会,所持每一股份有一票表决权,但是,公司持有的本公司股份没有表决权。股东大会做出决议,必须经出席会议的股东所持表决权过半数通过。但是,股东大会做出修改公司章程、增加或者减少注册资本的决议,以及公司合并、分立、解散或变更公司形式的决议,必须经出席会议的股东所持表决权的三分之二以上表决通过。《公司法》和公司章程规定公司转让、受让重大资产或者对外提供担保等事项必须经股东大会做出决议的,董事会应当及时召集股东大会会议,由股东大会就上述事项进行表决。《公司法》还规定了董事、监事选举的累计投票制。《公司法》第一百零五条规定:"股东大会选举董事或者监事,可以依照公司章程的规定或者股东大会的决议,实行累计投票制。所谓累计投票制是指股东大会选举董事或者监事时,每一股份拥有与应选董事或者监事人数相同的表决权,股东拥有的表决权可以集中使用。"

股东可以委托代理人出席股东大会,代理人应当向公司提交股东授权委托书,并在授权范围内行使表决权。股东大会应当对所议事项的决定做成会议记录,主持人、出席会议的董事应当在会议记录上签名。会议记录应当与出席股东的签名册及代理出席的委托书一并保存。

股东有权查阅公司章程、股东名册、公司债券存根、股东大会会议记录、董事会会议决议、监事会会议决议和财务会计报告,对公司的经营提出建议或者质询。

(2) 股份有限公司的董事会和经理

① 董事会。股份有限公司设董事会,董事会成员为五至十九人。董事会成员中可以有公司职工代表。董事会中的职工代表由公司职工通过职工代表大会、职工大会或者其他形式民主选举产生。董事会对股东大会负责,《公司法》关于有限责任公司董事会任期、职权的规定,也适用于股份有限公司董事会。

董事会设董事长一人,可以设副董事长。董事长和副董事长由董事会以全体董事的过半数选举产生。董事长召集和主持董事会会议,检查董事会决议的实施情况。副董事长协助董事长工作,董事长不能履行职务或者不履行职务的,由副董事长履行职务;副董事长不能履行或者不履行职务的,由半数以上董事共同推举一名董事履行职务。董事会每年度至少召开两次会议,每次会议应当于会议召开十日前通知全体董事和监事。董事会还可以召开临时会议,由代表十分之一以上表决权的股东、三分之一以上的董事或者监事会可以提议召开董事会临时会议。董事会会议应有过半数的董事出席方可举行。董事会做出决议,必须经全体董事过半数通过。董事会决议的表决,实行一人一票制。董事会会议,应由董事本人出席。董事因故不能出席,可以书面委托其他董事代为出席董事会,委托书中应载明授权范围。董事会应当对会议所议事项的决定做成会议记录,出席会议的董事和记录员在会议记录上签名。董事应当对董事会的决议承担责任。董事会的决议违反法律、行政法规或者公司章程,致使公司遭受严重损失的,参与决议的董事对公司负赔偿责任。但经证明在表决时曾表明异议并记载于会议记录的,该董事可以免除责任。

② 经理。股份有限公司设经理,经理由董事会聘任或者解聘。公司董事会可以决定由董事会成员兼任经理。经理对董事会负责,《公司法》关于有限责任公司经理的职权的规定也适用于股份有限公司经理。

(3) 监事会

① 监事会的组成。股份有限公司设监事会,其成员不得少于三人。监事会应当包括股东代表和适当比例的公司职工代表,其中职工代表的比例不得低于三分之一,具体比例由公司章程规定。监事会中的职工代表由公司职工通过职工代表大会、职工大会或者其他形式民主选举产生。监事会设主席一人,可以设副主席。监事会主席和副主席由全体监事过半数选举产生。监事会主席召集和主持监事会会议;监事主席不能履行职务或者不履行职务的,由监事会副主席召集和主持监事会会议;监事会副主席不能履行或者不履行职务的,由半数以上监事共同推举一名监事召集和主持监事会会议。高级管理人员不得兼任监事。

② 监事会的职权。《公司法》关于有限责任公司监事会职权的规定,适用于股份有限公司。监事会行使职权所必需的费用,由公司承担。

③ 监事会的会议制度。监事会每六个月至少召开一次会议。监事可以提议召开临时监事会会议。监事会的议事方式和表决程序除《公司法》有规定的以外,由公司章程规定。监事会决议应当经半数以上监事表决通过。监事会应当对所议事项的决定做成会议记录,出席会议的监事应当在会议记录上签名。

案例 4-3

田某和高某是某饮料股份有限公司的董事。2023 年 3 月,田、高二人又与李某合伙办了一家饮料厂,生产"清爽"牌饮料,与原饮料股份有限公司的产品"凉爽"牌饮料相差无几,口味、选料、工艺基本相同。同年6月,该饮料股份有限公司发现了田某和高某另办饮料厂的行为,经董事会研究决定,罢免了田某和高某的董事职务。同时,要求田某和高某将在经营饮料厂期间所得收入20万元交给公司。田某和高某不同意,辩称:我厂的饮料"清爽"牌与原公司的饮料"凉爽"牌毫不相干,第二职业劳动所得不应交给公司。于是董事会决定,以公司名义向法院起诉,以维护公司的合法权益。

【问题】 田某和高某的行为是否合法?为什么?董事会的行为是否合法?为什么?公司的诉讼请求能否得到法律支持?为什么?

4．上市公司组织机构的特别规定

(1) 上市公司的概念

上市公司是指其股票在证券交易所上市交易的股份有限公司。

(2) 上市公司组织机构的特别规定

① 上市公司在一年内购买、出售重大资产或担保金额超过公司资产总额百分之三十的,应当由股东大会做出决议,并经出席会议的股东所持表决权的三分之二以上通过。

② 独立董事制度。上市公司独立董事是指不在公司担任除董事外的其他职务,并与其所受聘的上市公司及其主要股东不存在可能妨碍其进行独立客观判断的关系的董事。独立董事对上市公司及全体股东负有诚信与勤勉义务。独立董事应当按照相关法律、法规、《中国证券监督管理委员会关于在上市公司建立独立董事制度的指导意见》和公司章程的要求,认真履行职责,维护公司整体利益,尤其要关注中小股东的合法权益不受损害。

③ 董事会秘书。《公司法》第一百二十三条规定:"上市公司设董事会秘书,负责公司股东大会和董事会会议的筹备、文件保管以及公司股东资料的管理,办理信息披露事务等事宜。"上市公司董事会秘书虽然不是公司的董事,但他是公司中不可缺少的重要角色,代表了公司的内在素质和外在形象。

4.1.5 股份有限公司的股份发行和转让

1．股份的概念及形式

股份有限公司的股份是公司资本的组成部分,是计算公司资本最小的均等构成单位。《公司法》第一百二十五条规定:"股份有限公司的资本划分为股份,每一股的金额相等。公司的股份采取股票的形式。股票是公司签发的证明股东所持股份的凭证。"

2．股份的性质和特征

(1) 股份金额性。股份是股份有限公司资本的组成部分,每股股份包含一定的金额。

(2) 股份平等性。每股金额一律相等。

(3) 股份不可分性。股份作为公司资本的最小单位和均等单位,其每股金额一律相等,无法再予以分割。

(4) 股份有限性。股东仅就其所认股份对公司负责,其对公司的责任,仅以缴纳的股份

金额为限。

(5) 股份可转让性。股份有限公司的股份可以自由转让,除《公司法》有特殊规定以外,公司不能以章程或其他任何方式禁止或限制股份的转让。

(6) 股份证券性。股份必须通过股票这种有价证券表现出来。股票是表明股东权利的有价证券。

(7) 股份权利性。认股人因为认股缴纳股款而取得股东的地位,所以股份的多少显示股东地位的高低。

3. 股份的发行

(1) 股份发行的含义。股份有限公司的设立可以采取发起设立或者募集设立的方式。所谓股份的发行是指发起设立时不公开认足全部股份或第一次发行的股份,以及募集设立时向外招募认股,以达到设立公司的目的的行为。股份发行还包括公司资本达到一定数额以上,为增加资本的目的而公开发行股票的行为。

(2) 股份发行的原则。我国《公司法》规定了股份发行的基本原则,即必须坚持"三公""三同"原则。"三公"原则是指股份发行必须公开、公平、公正;"三同"原则是指股份发行必须坚持"同股同利,同股同权,每一股份的股东权益必须相等"。《公司法》第一百二十六条还规定:"同次发行的同种类股票,每股的发行条件和价格应当相同;任何单位或者个人所认购的股份,每股应当支付相同价额。"

(3) 股份发行的价格。根据股份面值与发行价格的关系,股份发行价格可以分为以下两种类型。一种是平价发行,是指股票发行的价格与股票的票面价格相等;另一种是溢价发行,是指股票发行价格高于股票面额。如果公司经营业绩好,信誉高,其股票发行价格自然可以高于股票面额。《公司法》只允许平价发行和溢价发行,而不允许以低于票面金额的价格发行股票。

(4) 新股发行。新股发行是发行股份的一种形式,是指股份有限公司成立后,再度发行股份的行为。根据《证券法》第十三条规定,公司发行新股必须符合下列条件:①具备健全且运行良好的组织机构;②具有持续盈利能力,财务状况良好;③最近三年财务会计文件无虚假记载,无其他重大违法行为;④经国务院批准的国务院证券监督管理机构规定的其他条件。

(5) 股份的转让。《公司法》第一百三十七条规定,股东持有的股份可以依法转让。股东转让其股份,应当在依法设立的证券交易场所进行或者按照国务院规定的其他方式进行。记名股票,由股东以背书方式或者法律、行政法规规定的其他方式转让;转让后由公司将受让人的姓名或者名称及住所记载于股东名册。股东大会召开前二十日内或者公司决定分配股利的基准日前五日内,不得进行股东名册的变更登记。无记名股票的转让,由股东将该股票交付给受让人后即发生转让的效力。

4.1.6 公司董事、监事、高级管理人员的资格和义务

董事、监事、高级管理人员在公司内部处于重要的地位,对公司的正常运营和发展,起着举足轻重的作用。因此,《公司法》对这些人员在公司中的法律地位和职责都做了明确的

规定。

(1) 董事、监事、高级管理人员的任职资格。根据《公司法》规定,有限责任公司、股份有限公司的董事、监事和高级管理人员由自然人担任。其中,董事、监事可以是公司的股东,也可以不是公司的股东。公司的经理可以由公司的董事兼任,也可以另行聘任。

(2) 董事、监事、高级管理人员的任职资格限制。根据《公司法》规定,有下列情形之一的,不得担任公司的董事、监事和高级管理人员。

① 无民事行为能力或者被限制民事行为能力。

② 因贪污、贿赂、侵占财产、挪用财产罪或者破坏社会主义市场经济秩序,被判处刑罚,执行期满未逾五年,或者因犯罪被剥夺政治权利,执行期满未逾五年。

③ 担任破产清算的公司、企业的董事或者厂长、经理,对该公司、企业的破产负有个人责任的,自该公司、企业破产清算完结之日起未逾三年。

④ 担任因违法被吊销营业执照、责令关闭的公司、企业的法定代表人,并负有个人责任的,自该公司、企业被吊销营业执照之日起未逾三年。

⑤ 个人所负数额较大的债务到期未清偿。

董事、监事、高级管理人员在任职期间出现上述所列情形的,公司应当解除其职务。

(3) 董事、监事、高级管理人员的职责。董事、监事、高级管理人员应当遵守法律、行政法规和公司章程的规定,对公司负有忠实义务和勤勉义务。不得利用职权收受贿赂或者其他非法收入,不得侵占公司的财产。根据《公司法》的规定,董事、高级管理人员必须承担以下职责。

① 不得挪用公司资金。

② 不得将公司资金以其个人名义或者以其他个人名义开立账户存储。

③ 不得违反公司章程的规定,未经股东会、股东大会或者董事会同意,将公司资金借贷给他人或者以公司财产为他人提供担保。

④ 不得违反公司章程的规定或者未经股东会、股东大会同意,与公司订立合同或者进行交易。

⑤ 未经股东会或者股东大会同意,利用职务便利为自己或者他人牟取属于公司的商业机会,自营或者为他人经营与所任职公司同类的业务。

⑥ 接受他人与公司交易的佣金归为己有。

⑦ 擅自披露公司秘密。

⑧ 违反公司忠实义务的其他行为。

董事、高级管理人员从事上述营业或者活动的,所得收入应当归公司所有;董事、高级管理人员执行公司职务时违反法律、行政法规或者公司章程的规定,给公司造成损害的,应当承担赔偿责任。董事、高级管理人员违反法律、行政法规或者公司章程的规定,损害股东利益的,股东可以向人民法院提起诉讼。

4.1.7 公司财务会计

1. 财务会计报告

公司应当依照法律、行政法规和国务院财政主管部门的规定建立本公司的财务、会计制度。公司应当在每一个会计年度终了时制作财务会计报告,并依法经会计师事务所审查。财务会计报告应当依照法律、行政法规和国务院财政部门的规定制作。

有限责任公司应当按照公司章程规定的期限将财务会计报告送交各股东。股份有限公司的财务会计报告应当在召开股东大会年会的二十日前置备于本公司,供股东查阅。公开发行股票的股份有限公司必须公告其财务会计报告。

2．利润分配

(1) 利润分配的顺序

公司利润是指公司在一定时期内从事经营活动的财务成果,包括营业利润、投资净收益,以及营业外收支净额。

公司利润的分配有一定的顺序,表现如下:

① 弥补以前年度的亏损,但最长不得超过五年;

② 缴纳所得税税额;

③ 法定公积金不足弥补以前年度亏损的,弥补亏损;

④ 依法提取法定公积金;

⑤ 提取任意公积金;

⑥ 向股东分配利润。

公司提取的法定公积金为当年利润的10%。当公司法定公积金累计额达到公司注册资本的50%以上时,可以不再提取。法定公积金优先用于弥补公司的亏损。公司提取法定公积金后提取任意公积金的,须经股东会或者股东大会决议。有限责任公司依照股东实缴的出资比例分取红利,但是,全体股东约定不按照出资比例分取红利的,也可以约定按认缴的出资比例分配红利。股份有限公司依照股东持有的股份比例进行分配,但公司章程规定不按持股比例分配的除外。

股东会、股东大会或者董事会违反规定,在公司弥补亏损和提取法定公积金之前向股东分配利润的,股东必须将违反规定分配的利润退还公司。公司持有的本公司股份不得分配利润。

(2) 公积金的提取和使用

公积金是公司为预防亏损、增加财力、扩大营业规模,依照法律和公司章程的规定或股东大会决议,从公司盈余或公司资本收益中提取的一种储备金。

公积金用于弥补公司的亏损、扩大公司生产经营规模或者转为增加公司资本。但是,资本公积金不得用于弥补公司的亏损。公司为了实现增加资本的目的,可以将公积金的一部分转为资本。但用法定公积金转增资本时,法律规定公司所留存该项公积金不得少于注册资本的百分之二十五。

4.1.8 公司的合并、分立、解散和清算

1．公司的合并、分立

(1) 公司合并

公司合并是指两个或者两个以上的公司依照法定程序变更为一个公司的法律行为。公

司合并可以采取吸收合并和新设合并两种形式。一个公司吸收其他公司为吸收合并,被吸收的公司解散。两个以上公司合并设立一个新的公司为新设合并,合并后原各方解散。

公司合并应当由合并各方签订合并协议,并编制资产负债表及财产清单。公司应当自做出合并决议之日起十日内通知债权人,并于三十日内在报纸上公告。债权人自接到通知书之日起三十日内,未接到通知书的自公告之日起四十五日内,可以要求公司清偿债务或者提供相应的担保。公司合并时,合并各方的债权、债务,应当由合并后存续的公司或者新设的公司承继。

(2) 公司分立

公司分立是指一个公司依照法定程序分为两个或两个以上公司的法律行为。

公司分立应当编制资产负债表及财产清单。公司应当自做出分立决议之日起十日内通知债权人,并于三十日内在报纸上公告。公司分立前的债务由分立后的公司承担连带责任。但是,公司在分立前与债权人就债务清偿达成书面协议另有约定的除外。

(3) 公司注册资本的增减

有限责任公司增加注册资本时,股东认缴新增资本的出资,按照《公司法》设立有限责任公司缴纳出资的有关规定执行。股份有限公司为增加注册资本发行新股时,股东认购新股应当按照《公司法》设立股份有限公司缴纳股款的有关规定执行。

公司需要减少注册资本时,必须编制资产负债表及财产清单。公司应当自做出减少注册资本决议之日起十日内通知债权人,并于三十日内在报纸上公告。债权人自接到通知书之日起四十五日内,有权要求公司清偿债务或者提供相应的担保。

2. 公司的解散、清算

(1) 公司的解散

根据《公司法》的规定,公司因下列原因解散:①公司章程规定的营业期限届满或者公司章程规定的其他解散事由出现;②股东会或者股东大会决议解散;③因公司合并或者分立需要解散;④依法被吊销营业执照、责令关闭或者被撤销;⑤人民法院依照《公司法》第一百八十二条的规定予以解散。公司有①中情形的,可以通过修改公司章程而存续。公司经营管理发生严重困难,继续存续会使股东利益受到重大损失,通过其他途径不得解决的,持有公司全部股东表决权百分之十以上的股东,可以请求人民法院解散公司。

(2) 公司的清算

公司自愿解散的,应当在解散事由出现起十五日内成立清算组,有限责任公司的清算组由股东组成,股份有限公司的清算组由董事或者股东大会确定人员组成。逾期不成立清算组进行清算的,债权人可以申请人民法院指定有关人员组成清算组进行清算。公司被依法宣告破产的,由人民法院依照有关法律的规定,组织股东、有关机关及有关专业人员成立清算组进行破产清算。公司因违反法律、行政法规的规定被依法责令关闭的,由有关主管机关组织股东、有关机关及有关专业人员成立清算组进行清算。

清算组在清算期间行使下列职权:①清理公司财产,分别编制资产负债表和财产清单;②通知或者公告债权人;③处理与清算有关的公司未了结的业务;④清缴所欠税款以及清算过程产生的税款;⑤清理债权、债务;⑥处理公司清偿债务后的剩余财产;⑦代表公司参与民事诉讼活动。清算组成员应当忠于职守,依法履行清算义务。清算组成员不得利用职权收受贿赂或者进行其他非法收入活动,不得侵占公司财产。清算组成员因故意或者重大过失给公司或者债权人造成损失的,应当承担赔偿责任。

清算组应当自成立之日起十日内通知债权人,并于六十日内在报纸上公告。债权人应当自接到通知书之日起三十日内,未接到通知书的自公告之日起四十五日内,向清算组申报其债权。债权人申报其债权,应当说明债权的有关事项,并提供证明材料。清算组应当对债权进行登记。在申报债权期间,清算组不得对债权人进行清算。

清算组在清理公司财产、编制资产负债表和财产清单后,应当制订清算方案,并报股东会、股东大会或者人民法院确认。公司财产在分别支付清算费用、职工工资和社会保险费用和法定补偿金,缴纳所欠税款,清偿公司债务后的剩余财产,根据《公司法》第三十四条的规定,有限责任公司应当按照实缴出资比例分配,但全体股东另有约定的除外,股份有限公司按照股东持有的股份比例分配。公司财产在未按规定清偿前,不得分配给股东。清算期间,公司存续,但不得开展与清算无关的经营活动。清算组在清算中发现公司财产不足以清偿债务的,应当依法向人民法院申请宣告破产,公司经人民法院裁定宣告破产后,清算组应当将清算事务移交给人民法院。公司清算结束后,清算组应当制作清算报告,报股东会、股东大会或者人民法院确认,并报送公司登记机关,申请注销登记,公告公司终止。

4.1.9 公司及股东救济制度

公司是法律上拟制人,其决策是由代表公司的股东、董事、监事等具有特定身份的自然人作出的。对公司股权具有控制地位的股东有可能会作出损害公司和其他小股东利益的决策。因此,《公司法》对这类行为在累积投票制、公司决议错误、股东派生诉讼、公司人格否认和公司僵局五个方面进行了规制。

1. 累积投票制

(1) 概念

《公司法》第一百零五条规定,累积投票制是指股东大会选举董事或者监事时,每一股份拥有与应选董事或者监事人数相同的表决权,股东拥有的表决可以集中使用。累积投票制是为了使中小股东获得更多的投票权重,以实现抗衡大股东的目的。比如,某公司要选5名监事,公司股份共10 000股,股东共10人,其中1名股东持有5 100股,其拥有公司51%股份;而其他9名股东合计持有4 900股,只占有公司49%的股份。如果按普通投票制,每一股占一个表决权,则占公司51%股份的大股东一个人就可以使其推荐的5名监事全部当选,其他股东则无论如何投票都改变不了大股东的决定。如果采取累积投票制,公司表决权的总数就扩大了5倍,一共50 000票。其中大股东总计拥有的票数为25 500票,其他9名小股东合计拥有24 500票。在投票时,小股东可以将24 500票集中投票给一个或几个监事候选人,因此至少可以使自己推荐的2名监事当选,而大股东也最多只能让自己推荐的3名监事当选。这样,股东的投票权就相对均衡了。

(2) 适用

累积投票制一般根据公司章程或股东大会决议适用,但对上市公司则强制适用。《上市公司治理准则》第三十一条规定,控股股东控股比例在30%以上的上市公司,应当采用累积投票制。累积投票制只在公司选举董事或监事,且应选人数不少于2人时才适用。

(3) 未适用时的救济

控股股东利用自己股东优势,对应当适用累积投票制而未适用的,其他股东可以向人民法院提起诉讼,要求撤销股东(大)会决议。

2. 公司决议错误

(1) 概念

公司决议错误是指公司股东会或者股东大会、董事会会议的召集程序、表决方式违反法律、行政法规或者公司章程,或者其决议的内容违反法律、行政法规或者公司章程的情形。

(2) 法律效力

① 决议内容违法的无效或可撤销。公司股东会或者股东大会、董事会的决议内容违反法律、行政法规的无效。公司股东会或者股东大会、董事会的决议内容违反公司章程的并非无效,而是可撤销。

② 决议程序违法的可撤销。股东会或者股东大会、董事会的会议召集程序、表决方式违反法律、行政法规或者公司章程,决议可撤销。

(3) 法律后果

① 无效确认诉讼或撤销诉讼。内容违反法律、行政法规或者公司章程的决议,会议召集程序、表决方式违反法律、行政法规或者公司章程的决议,股东可以向法院起诉,要求宣告无效或撤销决议。股东提起撤销之诉的期间为六十日,股东提起无效确认之诉的期间为三年,自决议作出之日起计算。公司对股东提起的无效确认诉讼或撤销诉讼,可以要求股东提供相应担保。无效的或者被撤销的民事法律行为自始没有法律约束力。

② 登记回转。公司根据股东会或者股东大会、董事会决议已办理股权变更、公司章程变更或者其他变更等登记的,人民法院宣告该决议无效或者撤销该决议后,公司应当向公司登记机关申请撤销变更登记,恢复原状。

3. 股东派生诉讼

(1) 概念

股东派生诉讼是指公司的正当权益受到侵害,而公司或者其董事会、监事会怠于或拒绝追究侵害人的责任,股东为了公司的利益以自己的名义替代公司对侵害人提起的诉讼。因此,其又称股东代表诉讼。

(2) 条件

① 公司受损的事实。公司受损有高管违法侵权型和第三人侵权型两种。高管违法侵权型是指公司的法定代表人、董事、监事、经理等公司高级管理人员执行公司职务违反公司法律、行政法规或者公司章程的规定,而给公司造成损失,应当赔偿公司而拒不赔偿的情形。第三人侵权型是指公司之外的他人因违约或者侵权行为损害公司利益,给公司造成损失的情形。

② 股东资格。有限责任公司的股东、股份有限公司连续一百八十日以上单独或者合计持有公司1%以上股份的股东,才具有提起股东派生诉讼的权利。

③ 前置程序。符合条件的股东在提起股东派生诉讼之前，必须首先向公司的监事会或者监事书面提出请求，或监事有前述令公司受损的行为，则向董事会或者执行董事书面提出请求，要求其向法院提起诉讼。

④ 期间条件。公司的监事会、不设监事会的监事，或者董事会、不设董事会的执行董事在股东向其书面提出向法院提起诉讼的请求后三十日内未提起诉讼，或者拒绝起诉，或者情况紧急、不立即提起诉讼将会使公司利益受到难以弥补的损害的，股东则有权直接以自己名义直接向法院起诉。

(3) 诉讼结果

股东提起派生诉讼，公司可以要求股东提供担保。诉讼所获得的利益并不由提起诉讼的股东享有，而是由公司享有。起诉的股东如果败诉，还将自行承担相关诉讼费用，并应当承担因诉讼给公司因涉诉所造成的损失。

4. 公司人格否认

(1) 概念

公司人格否认是指公司股东滥用其公司的法人独立地位和股东的有限责任来逃避债务，严重损害债权人利益时，债权人可以不顾公司的法人资格，直接请求相关股东对公司债务承担连带责任的法律制度。

(2) 法律后果

公司法人否认，并非否定公司的法律人格，而只是否定股东的有限责任，让负有管理责任的股东与公司对公司的债务承担连带责任。《公司法》规定，公司股东应当遵守法律、行政法规和公司章程，依法行使股东权利，不得滥用股东权利损害公司或者其他股东的利益；不得滥用公司法人独立地位和股东有限责任损害公司债权人的利益；否则，应当对公司债务承担连带责任。

5. 公司僵局

(1) 概念

公司僵局是指由于公司的管理决策机构内部因经营管理发生争议，无法达成妥协而进入僵持状态，导致公司决策机构不能按照法定程序作出决策，从而使公司陷入无法正常运转，甚至瘫痪的状况。公司僵局可能发生在股东之间、董事之间、股东与董事之间、股东与监事之间、董事与监事之间、高层管理人员之间等。

(2) 解决

根据《公司法》的规定，公司僵局在不同情形下法定的解决方式不同，非控股股东可以行使股份强售权或公司解散请求权。股东行使股份强售权的情形如下。

① 公司连续五年不向股东分配利润，而公司该五年连续盈利，并且符合《公司法》规定的分配利润条件的。

② 股东不认同公司合并、分立的决议。

③ 股东不认同公司转让主要财产的。

④ 公司章程规定的营业期限届满或者章程规定的其他解散事由出现，股东会会议通过

决议修改章程使公司存续的。

自股东会会议决议通过之日起六十日内，股东与公司不能达成股权收购协议的，股东可以自股东会会议决议通过之日起九十日内向人民法院提起诉讼，请求法院判决公司收购其股权。

公司经营管理发生严重困难，继续存续会使股东利益受到重大损失，通过其他途径不能解决的，持有公司全部股东表决权10%以上的股东，可以请求人民法院解散公司。

4.1.10 违反《公司法》的法律责任

1. 公司发起人、股东的法律责任

（1）公司的发起人、股东虚假出资，未交付或者未按期交付作为出资的货币或者非货币财产的，由公司登记机关责令改正，处以虚假出资金额百分之五以上百分之十五以下的罚款。

（2）公司的发起人、股东在公司成立后，抽逃其出资的，由公司登记机关责令改正，处以所抽逃出资金额百分之五以上百分之十五以下的罚款。

（3）未依法登记为有限责任公司或者股份有限公司，而冒用有限责任公司或者股份有限公司名义的，或者未依法登记为有限责任公司或者股份有限公司的分公司，而冒用有限责任公司或者股份有限公司的分公司名义的，由公司登记机关责令改正或者予以取缔，并处以十万元以下的罚款。

案例 4-4

陈大与朱三是晨柱公司的股东，各自认缴公司注册资本10万元和20万元，分别实缴了5万元。2023年5月2日，朱三代表公司与雪亮公司订立铝板定制加工合同一份，欠下货款40万元。雪亮公司将晨柱公司和陈大、朱三一起告到法院，要求他们偿还货款。

【问题】 陈大和朱三是否应当偿还公司的货款？

2. 公司的法律责任

（1）违反《公司法》规定，办理公司登记时虚报注册资本、提交虚假证明文件或者采取其他欺诈手段隐瞒重要事实取得公司登记的，责令其改正，对虚报注册资本的公司，处以虚报注册资本金额百分之五以上百分之十五以下的罚款；对提交虚假证明文件或者采取其他欺诈手段隐瞒重要事实的公司，处以五万元以上五十万元以下的罚款；情节严重的，撤销公司登记或者吊销营业执照。

（2）公司违反《公司法》规定，在法定的会计账簿以外另立会计账簿的，由县级以上人民政府财政部门责令改正，处以五万元以上五十万元以下的罚款。公司在依法向有关主管部门提供的财务会计报告等材料上做虚假记载或者隐瞒重要事实的，由有关主管部门对直接责任的主管人员和其他直接责任人员处以三万元以上三十万元以下的罚款。

（3）公司不按照《公司法》规定提取法定公积金的，由县级以上人民政府财政部门责令

如数补足应当提取的金额,可对公司处以二十万元以下的罚款。

(4) 公司在清算期间开展与清算无关的经营活动的,由公司登记机关予以警告,没收违法所得。清算组不依照本法规定向公司登记机关报送清算报告,或者报送清算报告隐瞒了重要事实或者有重大遗漏的,由公司登记机关责令改正。清算组成员利用职权徇私舞弊、牟取非法收入或者侵占公司财产的,由公司登记机关责令退还公司财产,没收违法所得,并可以处以违法所得一倍以上五倍以下的罚款。

(5) 公司在合并、分立、减少注册资本或者进行清算时,不按照《公司法》规定通知或者公告债权人的,责令改正,并对公司处以一万元以上十万元以下的罚款。公司在进行清算时,隐匿财产,对资产负债表或者财产清单做虚假记载或者未清偿债务前分配公司财产的,责令改正,并对公司处以隐匿财产或者未清偿债务前分配公司财产金额百分之五以上百分之十以下的罚款。对直接负责的主管人员和其他直接责任人员处以一万元以上十万元以下的罚款。

(6) 公司成立后无正当理由超过六个月未开业的,或者开业后自行停业连续六个月以上的,由公司登记机关吊销其公司营业执照。公司登记事项发生变更时,未按照《公司法》规定办理有关变更登记的,责令限期登记,逾期不登记的,处以一万元以上十万元以下的罚款。

(7) 外国公司违反《公司法》规定,擅自在中国境内设立分支机构的,责令改正或者关闭,并处以五万元以上二十万元以下的罚款。

(8) 利用公司名义从事危害国家安全、社会公共利益的严重违法行为的,吊销营业执照。

公司违反《公司法》规定,应当承担民事赔偿责任和缴纳罚款、罚金的,其财产不足以支付时,先承担民事赔偿责任。

3. 有关主管部门和机构的法律责任

(1) 公司登记机关对不符合《公司法》规定条件的登记申请予以登记,或者对符合《公司法》规定条件的登记申请不予登记的,对直接负责的主管人员和其他直接责任人员,依法给予行政处分。

(2) 公司登记机关的上级部门强令公司登记机关对不符合《公司法》规定条件的登记申请予以登记的,或者对符合《公司法》规定条件的登记申请不予登记的,或者对违法登记进行包庇的,对直接负责的主管人员和其他直接责任人员依法给予行政处分。

(3) 承担资产评估、验资或者验证的机构提供虚假材料的,由公司登记机关没收违法所得,处以违法所得一倍以上五倍以下的罚款,并由有关主管部门依法责令该机构停业,吊销直接责任人员的资格证书,吊销营业执照。

(4) 承担资产评估、验资或者验证的机构因过失提供有重大遗漏的报告的,由公司登记机关责令改正,情节较重的,处以所得收入一倍以上五倍以下的罚款,并由有关主管部门依法责令该机构停业,吊销直接责任人员的资格证书,吊销营业执照。

(5) 承担资产评估、验资或者验证的机构因其出具的评估结果、验资或者验证证明不实,给公司债权人造成损失的,除能够证明自己没有过错的以外,在其评估或者证明不实的金额范围内承担赔偿责任。

违反《公司法》规定,构成犯罪的,依法追究刑事责任。

4.2 合伙企业法律制度

4.2.1 合伙企业法概述

1. 合伙企业的概念

从法律行为的角度看,合伙是指两个以上的民事主体共同出资、共同经营、共负盈亏的协议;从组织的角度看,合伙是指两个以上的民事主体共同出资、共同经营、共负盈亏的企业组织形态。

合伙企业是指由两个或两个以上自然人、法人和其他组织订立合伙协议,共同出资、共同经营、共享收益、共担风险的营利型经济组织。合伙企业包括普通合伙企业和有限合伙企业两种类型。普通合伙企业的所有合伙人对合伙企业的债务都承担无限连带责任;有限合伙企业则包括普通合伙人和有限合伙人。普通合伙人对合伙企业债务承担无限连带责任;有限合伙人则只以其认缴的出资额为限对合伙企业债务承担责任。

2. 合伙企业的特征

(1) 合伙企业由各合伙人组成,合伙人的人数不得少于两人。

(2) 合伙企业的成立以合伙人订立的合伙协议为基础,没有合伙协议,合伙企业不能成立。

(3) 合伙企业的内部关系是合伙关系,即全体合伙人共同出资、共同经营、共享收益、共担风险。

(4) 合伙人对合伙企业的债务承担无限连带责任,当合伙企业的财产不足以清偿其债务时,合伙人应当以自己的个人财产承担该不足部分的清偿责任。

(5) 合伙企业不具有法人资格。

3. 合伙企业法的概念

合伙企业法是指调整有关合伙企业的设立及合伙企业内部、外部关系的法律规范的总称。目前调整合伙企业的主要法律是1997年2月23日第八届全国人民代表大会常务委员会第二十四次会议通过的《合伙企业法》和同年11月19日国务院发布的《合伙企业登记管理办法》。《合伙企业法》于2006年8月27日第十届全国人民代表大会常务委员会第二十三次会议进行了修订,于2007年6月1日起施行。

4.2.2 普通合伙企业的设立

1. 普通合伙企业设立的条件

(1) 有两个以上合伙人,并且都是依法承担无限责任。合伙人为自然人的,应当具有完全民事行为能力且能承担无限责任,限制民事行为能力人不得作为合伙人,无行为能力人当然更不得作为合伙人,所以只有18周岁以上的人和已满16周岁未满18周岁但以自己的劳动收入作为主要生活来源的人,才能作为合伙人。

法律、行政法规禁止从事营利性活动的人,不得成为合伙企业的合伙人,具体包括国家公务员、法官、检察官及警察等。

根据修订后的《合伙企业法》的规定:除自然人外,法人和其他组织均可以成为合伙企业的合伙人。自然人之间可以设立合伙企业,法人或其他组织之间也可以设立合伙企业。这是《合伙企业法》的重大修订之一。

《合伙企业法》第三条规定:"国有独资公司、国有企业、上市公司以及公益性的事业单位、社会团体不得成为普通合伙人。"根据该条规定,国有独资公司、国有企业、上市公司以及公益性的事业单位、社会团体不能成为普通合伙企业的合伙人,但法律并未限制其成为有限合伙企业的合伙人,这就意味着这些单位可以成为有限合伙企业的合伙人。

(2) 有书面合伙协议。合伙协议是各合伙人通过协商达成的、确定相互间的权利义务关系的、具有法律约束力的协议。合伙协议应当载明下列事项:①合伙企业的名称和主要经营场所的地点;②合伙目的和合伙企业的经营范围;③合伙人的姓名及其住所;④合伙人的出资方式、数额和缴付出资的期限;⑤利润分配和亏损分担的办法;⑥合伙企业事务的执行;⑦入伙与退伙;⑧合伙企业的解散与清算;⑨违约责任。

合伙协议可以载明合伙企业的经营期限和合伙人争议的解决方式。合伙协议经全体合伙人签名、盖章后生效。合伙人依照合伙协议享有权利,承担责任。经全体合伙人协商一致,可以修改或者补充合伙协议。

(3) 有各合伙人实际缴付的出资。合伙人可以用货币、实物、土地使用权、知识产权或者其他财产权利出资。上述出资应当是合伙人的合法财产及财产权利。对货币以外的出资需要评估作价的,可以由全体合伙人协商确定,也可以由全体合伙人委托法定评估机构进行评估。经全体合伙人协商一致,合伙人也可以用劳务出资,其评估办法由全体合伙人协商确定。合伙人应当按照合伙协议约定的出资方式、数额和缴付出资的期限履行出资义务。各合伙人按照合伙协议实际缴付的出资为限对合伙企业出资。

(4) 有合伙企业的名称。合伙企业在其名称中不得使用"有限"或者"有限责任"字样。

(5) 有经营场所和从事合伙经营的必要条件。

2. 合伙企业设立的程序

(1) 申请

设立合伙企业,应当由全体合伙人指定的代表或者共同委托的代理人向企业登记机关(市场监督管理机关)申请设立登记。申请设立合伙企业,应当向企业登记机关提交下列文件:①全体合伙人签署的设立登记申请书;②全体合伙人的身份证明;③全体合伙人指定的代表或者共同委托的代理人的委托书;④合伙协议;⑤出资权属证明;⑥经营场所证明;⑦国务院市场监督管理部门规定提交的其他文件。

法律、行政法规规定设立合伙企业须报审批的,还应当提交有关批准文件。合伙协议约定或者全体合伙人决定,委托一名或者数名合伙人执行合伙企业事务的,还应当提交全体合伙人的委托书。

(2) 登记

企业登记机关应当自收到申请人提交的全部文件之日起二十日内,做出核准登记或者不予登记的决定。核准登记的发给营业执照,合伙企业的营业执照签发日期,为合伙企业的成立日期。

4.2.3 合伙企业的财产

1. 合伙企业财产的概念与性质

根据《合伙企业法》的规定,合伙企业存续期间,合伙人的出资和所有以合伙企业名义取得的收益均为合伙企业的财产。

由于合伙企业不具有法人资格,因此合伙企业本身仅仅具有相对独立的财产权,合伙企业财产属于合伙人共有。

合伙企业的财产由全体合伙人依照《合伙企业法》共同管理和使用。合伙企业进行清算前,合伙人不得请求分割合伙企业的财产,但法律另有规定的除外。合伙人在合伙企业清算前私自转移或者处分合伙企业财产的,合伙企业不得以此对抗善意第三人。

2. 合伙企业的财产转让

合伙企业存续期间,合伙人向合伙人以外的人转让其在合伙企业中的全部或者部分财产份额时,须经其他合伙人一致同意。合伙人之间转让在合伙企业中的全部或者部分财产份额时,应当通知其他合伙人。

合伙人依法转让其财产份额的,在同等条件下,其他合伙人有优先受让的权利。经全体合伙人同意,合伙人以外的人依法受让合伙企业财产份额的,经修改合伙协议即成为合伙企业的合伙人,依照修改后的合伙协议享有权利,承担责任。

合伙人以其在合伙企业中的财产份额出质的,须经其他合伙人一致同意。否则,其行为无效,或者作为退伙处理;由此给其他合伙人造成损失的,依法承担赔偿责任。

4.2.4 合伙事务的执行

1. 合伙事务的执行方式

合伙人对合伙事务的执行享有同等的权利,合伙人可以采用不同的方式执行合伙事务。依据《合伙企业法》规定,合伙企业事务执行有四种形式:①全体合伙人共同执行合伙企业事务。即按照合伙协议的约定,各个合伙人都直接参与经营,处理合伙企业的事务,对外代表合伙企业。②委托一名或数名合伙人执行合伙企业事务。这是在全体合伙人共同执行合伙事务基础上引申而来的,是全体合伙人通过合伙协议约定或做出决定,委托一名或数名合伙人执行合伙企业事务,对外代表合伙企业。③各个合伙人分别执行。④经全体合伙人一致同意,聘任合伙企业以外的人担任合伙企业的经营管理人员。需要注意的是,对于合伙事务执行人的权利限制不得对抗善意第三人。

委托一个或者数个合伙人执行合伙事务的,其他合伙人不再执行合伙事务。不执行合伙事务的合伙人有权监督执行事务的合伙人执行合伙事务的情况。有权随时了解合伙事务和合伙财产的一切情况,包括有权查阅账簿和其他文件。

对于不执行合伙事务的合伙人,可以对其他执行合伙事务的合伙人所执行的事务提出异议。提出异议时,应暂停该事务的执行。如果发生争议,可以由全体合伙人共同决定。被委托执行合伙事务的合伙人不按照合伙协议或全体合伙人的决定执行事务的,其他合伙人可以决定撤销该委托。

2. 合伙企业利润分配与亏损分担

合伙企业的利润分配与损失分担,依法按合伙协议约定的企业损益分配比例办理;合伙协议未约定合伙企业损益分配比例的,由各合伙人平均分配和分担。但合伙协议不得约定将全部利润分配给部分合伙人或者由部分合伙人承担全部责任。

3. 合伙事务的表决

合伙人的表决规则、权数由合伙协议自由约定,无约定的,每一个合伙人有一个投票权。一般的合伙事务的决定,经全体合伙人过半数同意即可通过。

对下列重要的合伙事务,需经全体合伙人一致同意才能决定:①改变合伙企业的名称;②改变合伙企业的经营范围、主要经营场所的地点;③处分合伙企业的不动产;④转让或者处分合伙企业的知识产权和其他财产权利;⑤以合伙企业名义为他人提供担保;⑥聘任合伙人以外的人担任合伙企业的经营管理人员;⑦修改或者补充合伙协议、新合伙人入伙、自我交易、合伙份额出质等事项。

4. 合伙人的义务

各合伙人,无论是否执行合伙事务,均对合伙企业负有忠实义务,不得从事损害合伙企业利益的活动。

(1) 合伙人不得自营或者同他人合作经营与本合伙企业相竞争的业务;否则,该交易所获收益归合伙企业所有,造成合伙企业损失的,应负赔偿责任。

(2) 合伙人不得同本合伙企业进行交易,除合伙协议另有约定或者经全体合伙人同意外;否则,自我交易所获收益归合伙企业所有,造成合伙企业损失的,应负赔偿责任。

4.2.5 普通合伙企业与第三人的关系

1. 合伙企业与善意第三人的关系

《合伙企业法》第三十七条规定:"合伙企业对合伙人执行合伙事务以及对外代表合伙企业权利的限制,不得对抗善意第三人。"善意第三人是指与合伙企业进行法律行为的人,其主观上不知合伙企业内部对合伙人执行合伙事务的权利限制,包括善意取得合伙财产和善意与合伙企业设定其他法律关系的人。

2. 合伙企业与债务人的关系

合伙企业对其债务,应先以其全部财产进行清偿。合伙企业不能清偿到期债务的,合伙人承担无限连带责任。合伙人由于承担无限连带责任,清偿数额超过其应当承担的数额,有权向其他合伙人追偿。

3. 合伙企业与债权人的关系

根据《合伙企业法》的规定:合伙人发生与合伙企业无关的债务,相关债权人不得以其债权抵消其对合伙企业的债务;也不得代位行使合伙人在合伙企业中的权利。

合伙人的自有财产不足以清偿其与合伙企业无关的债务的,该合伙人可以以其从合伙企业中分取的收益用于清偿;债权人也可以依法请求人民法院强制执行该合伙人在合伙企业中的财产份额用于清偿。

修改后的《合伙企业法》规定:强制执行该合伙人的财产份额时,应当通知全体合伙人,其他合伙人有优先受让权;不购买又不同意转让给他人的,应当办理退伙结算,或者办理削减该合伙人相应财产份额的结算。

4.2.6 入伙与退伙

1. 入伙

入伙是指在合伙企业存续期间,合伙人以外的第三人加入合伙企业,从而取得合伙人资格的行为。

新合伙人入伙时,应当经全体合伙人同意,并依法订立书面入伙协议。订立入伙协议时,原合伙人应当向新合伙人告知原合伙企业的经营状况和财务状况。入伙的新合伙人与原合伙人享有同等权利,承担同等责任。入伙协议另有约定的,从其约定。入伙的新合伙人对入伙前合伙企业的债务承担连带责任。

2. 退伙

退伙是指合伙人退出合伙企业,从而丧失合伙人资格的行为。退伙分为两种:一是自愿退伙;二是法定退伙。

(1) 自愿退伙

自愿退伙是指合伙人自愿退出合伙企业。

合伙协议约定合伙企业经营期限,有下列情形之一的,合伙人可以退伙:①合伙协议约定的退伙事由出现;②经全体合伙人同意退伙;③发生合伙人难以继续参加合伙企业的事由;④其他合伙人严重违反合伙协议约定的义务。

合伙协议未约定合伙企业的经营期限,合伙人在不给合伙企业事务执行造成不利影响的情况下,可以退伙,但应当提前三十日通知其他合伙人。

合伙人违反法律规定,擅自退伙的,应当赔偿由此给其他合伙人造成的损失。

(2) 法定退伙

法定退伙是指合伙人基于法定的事由而退伙。法定退伙分为当然退伙和除名退伙。合伙人有下列情形之一的,当然退伙:①自然人合伙人死亡或者被依法宣告死亡;②法人或其他组织合伙人依法被吊销营业执照、责令关闭、撤销,或被宣告破产的;③个人丧失偿债能力;④法定或合伙协议约定的合伙人资格丧失的;⑤被人民法院强制执行在合伙企业中的全部财产份额。当然退伙以实际发生之日为退伙生效日。

原《合伙企业法》规定,合伙人被依法宣告为无民事行为能力的人也当然退伙,但新修订的《合伙企业法》对此做了更加合理的规定。合伙人被认定为无民事行为能力的人或者限制民事行为能力的人,经其他合伙人一致同意,可以依法转为有限合伙人,普通合伙企业转为有限合伙企业;如不能一致同意的,该合伙人退伙。

合伙人有下列情形之一的,经其他合伙人一致同意,可以做出决议将其除名:①未履行出资义务;②因故意或者重大过失给合伙企业造成损失;③执行合伙企业事务时有不正当行为;④合伙协议约定的其他事由。对合伙人的除名决议应当书面通知被除名人。被除名人自接到除名通知之日起,除名生效,被除名人退伙。被除名人对除名决议有异议的,可以在接到除名通知之日起三十日内,向人民法院起诉。

合伙人退伙的,其他合伙人应当与该退伙人按照退伙时的合伙企业的财产状况进行结算,退还退伙人的财产份额。退伙时有未了结的合伙企业事务的,待了结后进行结算。退伙人在合伙企业中财产份额的退还办法,由合伙协议约定或者由全体合伙人决定,可以退还货币,也可以退还实物。

退伙人对其退伙前已发生的合伙企业债务,与其他合伙人一起承担连带责任。合伙人退伙时,合伙企业财产少于合伙企业债务的,退伙人应当按照合伙协议约定的比例分担亏损;合伙协议未约定亏损分担比例的,由各合伙人平均分担亏损。

4.2.7 特殊的普通合伙企业

1. 特殊的普通合伙企业的概念

特殊的普通合伙企业是指以专门知识和技能为客户提供有偿服务的专业服务机构,这些服务机构可以设立为特殊的普通合伙企业。例如,律师事务所、会计师事务所、医师事务所、设计师事务所等。特殊的普通合伙企业名称中应当标明"特殊普通合伙"字样。

非企业专业服务机构依据有关法律规定采取合伙制的,其合伙人承担责任的形式可以适用于特殊的普通合伙企业的合伙人承担责任的规定。

2. 特殊的普通合伙企业的特殊规定

特殊的普通合伙企业本质上还是普通合伙企业,因而,其合伙人原则上都要对合伙企业债务承担无限连带责任。但是,也有不同于普通合伙企业的特殊之处。

(1) 在执业活动中因为故意或者重大过失造成的合伙企业债务,若单个合伙人执行合伙事务的,该执行人承担无限责任;若数个合伙人执行合伙事务的,这些执行人要承担无限连带责任;其他合伙人对该责任仅仅承担有限责任。

这与普通合伙企业是不同的,在普通合伙企业中,合伙人即使是基于故意或者重大过失而给合伙企业造成债务,在对外责任的承担上依然是由全体合伙人承担无限连带责任,尽管对内其他合伙人可以追索有过错的合伙人;而在特殊的普通合伙企业中,出现由于个别合伙人的故意或者重大过失而导致合伙企业债务时,没有过错的其他合伙人是不需要承担对外责任的,债权人也只能追索有过错的合伙人。

当然,若特殊的普通合伙企业的合伙人并非因为故意或者重大过失而导致合伙企业的债务,此种情形下与普通合伙企业一样,应当由全体合伙人承担无限连带责任。

(2) 当以合伙企业的财产承担对外责任后,有过错的合伙人应当按照合伙协议的约定对给合伙企业造成的损失承担赔偿责任。

(3) 执业风险基金与职业保险。特殊的普通合伙企业应当建立执业风险基金、办理职业保险。执业风险基金用于偿付合伙人执业活动造成的债务。执业风险基金应当单独立户管理,具体管理办法由国务院规定。

4.2.8 有限合伙企业

1. 有限合伙企业的概念

1997年的《合伙企业法》不包括有限合伙,2006年修订中增加了有限合伙这一合伙企业类型。有限合伙企业是指由普通合伙人和有限合伙人组成,普通合伙人对合伙企业债务承担无限连带责任,有限合伙人以其认缴的出资额为限对合伙企业债务承担责任的合伙企业。其中,至少要有一个普通合伙人,也至少有一个有限合伙人,否则就不能成为有限合伙。

在有限合伙企业中,有限合伙人与普通合伙人的共同点是共同承担合伙企业的盈亏责任,也就是说,有限合伙人的收益属于不固定的利润收入,视合伙企业的利润情况分配,有亏损则分担。有限合伙人对合伙债务仅以出资额为限承担有限责任。有限责任意味着有限合伙人之间、有限合伙人与普通合伙人之间均不存在连带责任。

2. 有限合伙企业的设立

《合伙企业法》第六十一条规定:有限合伙企业由二个以上五十个以下合伙人设立;法律另有规定的除外。有限合伙企业的合伙人由有限合伙人和普通合伙人组成,且至少应当有一个普通合伙人和一个有限合伙人。普通合伙人对合伙企业债务承担无限连带责任,有限合伙人以其认缴的出资额为限对合伙企业债务承担责任。

有限合伙企业的名称中应当标明"有限合伙"的字样,以区别于普通合伙企业。

有限合伙企业的合伙协议的内容除需要记载普通合伙企业协议应当记载的事项外,还应当载明下列事项:①普通合伙人和有限合伙人的姓名或者名称、住所;②执行事务合伙人应具备的条件和选择程序;③执行事务合伙人权限与违约处理办法;④执行事务合伙人的除名条件和更换程序;⑤有限合伙人入伙、退伙的条件、程序,以及相关责任;⑥有限合伙人和普通合伙人相互转变程序。

有限合伙人只能以货币、实物、知识产权、土地使用权等财产权出资,而不能以劳务出资,这是有限合伙人与普通合伙人在出资上的唯一区别。有限合伙人不能以劳务出资,是因为其承担有限责任,一定要有出资的资本信用。有限合伙人应按期足额缴纳出资,否则,对合伙企业承担补缴责任,对其他合伙人承担违约责任。有限合伙人的姓名、认缴出资额必须登记。由于有出资,就有信用的存在,所以有限合伙人丧失个人偿债能力的,并不当然退伙。

原则上有限合伙人可以单独决定出质份额,除非合伙协议另有约定。有限合伙人将其份额转让给合伙人以外的第三人的,应提前三十日通知其他合伙人。

3. 有限合伙事务的执行

有限合伙人与普通合伙人的不同点在于:有限合伙企业的事务完全由普通合伙人执行,有限合伙人不参与合伙企业的经营管理,也不得对外代表有限合伙企业。

有限合伙人的下列行为,不视为执行合伙事务:①参与决定普通合伙人入伙、退伙;②对企业的经营管理提出建议;③参与选择承办有限合伙企业审计业务的会计师事务所;④获取经审计的有限合伙企业财务会计报告;⑤对涉及自身利益的情况,查阅有限合伙企业财务会计账簿等财务资料;⑥在有限合伙企业中的利益受到侵害时,向有责任的合伙人主张权利或者提起诉讼;⑦执行事务合伙人怠于行使权利时,督促其行使权利或者为了本企业的利益以自己的名义提起诉讼;⑧依法为本企业提供担保。

有限合伙人对合伙企业没有执行权与代表权,但第三人有理由相信其为普通合伙人,且与其交易的,对于该笔交易,有限合伙人承担与其普通合伙人相同的责任;有限合伙人擅自代表合伙企业与第三人交易,致使企业或其他合伙人损失的,应负赔偿责任。

4. 有限合伙人的特殊规定

有限合伙企业的合伙协议可以约定,将全部利润分配给部分合伙人,而普通合伙企业协议不得约定将全部利润分配给部分合伙人,也不得由部分合伙人承担全部亏损。

有限合伙人可以同本有限合伙企业进行交易,但合伙协议另有约定的除外。而普通合伙企业,除合伙协议另有约定或者经全体合伙人同意外,合伙人不得同本合伙企业进行交易。

有限合伙人可以自营或者同他人合作经营与本有限合伙企业相竞争的业务,但合伙协议另有约定的除外。而普通合伙企业,除合伙协议另有约定或经全体合伙人一致同意外,合伙人不得自营或者同他人合作经营与本合伙企业相竞争的业务。

有限合伙人可以将其在有限合伙企业中的财产份额出质,但合伙协议另有约定的除外。而普通合伙人必须经其他合伙人一致同意才可以将其在合伙企业中的财产出让。

有限合伙人可以按照合伙协议的约定向合伙人以外的人转让其在有限合伙企业中的财产份额,只需要提前三十日通知其他合伙人。而普通合伙人除合伙协议另有约定外,合伙人向合伙人以外的人转让其在合伙企业中的全部或者部分财产份额时,须经其他合伙人一致同意。

5. 有限合伙人与普通合伙人的转换

除合伙协议另有约定外,普通合伙人转变为有限合伙人,或者有限合伙人转变为普通合伙人,应当经全体合伙人一致同意。有限合伙人转变为普通合伙人的,对其作为有限合伙人期间有限合伙企业发生的债务承担无限连带责任。普通合伙人转变为有限合伙人的,对其作为普通合伙人期间合伙企业发生的债务承担无限连带责任。

有限合伙企业仅剩有限合伙人的,应当解散;有限合伙企业仅剩普通合伙人的,转为普通合伙企业。

4.2.9 合伙企业的解散和清算

1. 合伙企业的解散

合伙企业有下列情形之一的,应当解散:①合伙协议约定的经营期限届满,合伙人决定不再经营;②合伙协议约定的解散事由出现;③全体合伙人决定解散;④合伙人已不具备法定人数满三十天;⑤合伙协议约定的合伙目的已经实现或者无法实现;⑥依法被吊销营业执照、责令关闭或者被撤销;⑦违反法律、行政法规规定等其他原因。

2. 合伙企业的清算

合伙企业解散后应当进行清算,并通知或公告债权人。合伙企业解散,清算人由全体合伙人担任;未能由全体合伙人担任清算人的,经全体合伙人过半数同意,可以自合伙企业解散后十五日内指定一名或者数名合伙人,或者委托第三人担任清算人。十五日内未确定清算人的,合伙人或者其他利害关系人可以向人民法院申请指定清算人。

清算人在清算期间执行下列事务:①清理合伙企业财产,分别编制资产负债表和财产清单;②处理与清算有关的合伙企业未了结的事务;③清缴所欠税款;④清理债权、债务;⑤处理合伙企业清偿债务后的剩余财产;⑥代表合伙企业参与民事诉讼活动。

合伙企业财产在支付清算费用后,按下列顺序清偿:①合伙企业所欠招用职工的工资和劳动保险费用;②合伙企业所欠税款;③合伙企业的债务;④返还合伙人的出资。合伙企业财产按上述顺序清偿后仍有剩余的,按照合伙人约定或法律规定的比例进行分配。

清算结束,应当编制清算报告,经全体合伙人签名、盖章后,在十五日内向企业登记机关报送清算报告,办理合伙企业注销登记。合伙企业注销后,原普通合伙人对合伙企业存续期间的债务仍应承担连带责任。合伙企业不能清偿到期债务的,债权人可以依法向人民法院提出破产清算申请,也可以要求普通合伙人清偿。合伙企业依法被宣告破产的,普通合伙人对合伙企业债务仍应承担无限连带责任。

案例 4-5

张三、李四、赵五欲合伙从事建筑材料销售业务,经商量达成一致意见,并在合伙协议书上签名、盖章后,寻找场地,置办设施,并将该合伙商店取名为"宏远建材城"。后来,张三因该合伙企业经营状况不佳,决定退出该合伙企业,并按规定通知了李四与赵五。这期间,李四以该合伙建材城名义与某铝管厂签订了代销铝管的合同。孙某自以为有经营之道,要求加入该合伙企业,提出只负责销售,并需要给其一定的利润提成,其他合伙人口头表示认可。从此孙某便以该合伙企业的名义到处活动。张三在办理退伙事宜时,因合伙企业与某铝管厂代销铝管的合同刚签订不久,故未将此合同有关事宜进行结算。张三退伙后,即去外地经商。该合伙企业在后来的经营过程中,因违法经营问题严重,被市场监管部门依法吊销营业执照,导致该合伙企业解散。铝管厂得知该合伙企业解散的消息后,即向法院起诉,请求该合伙企业偿还代销铝管的货款。

【问题】 张三对合伙企业的债务是否还应承担责任?在该案中,新合伙人孙某入伙是否有效?

4.3 个人独资企业法律制度

4.3.1 个人独资企业法概述

1. 个人独资企业的概念

个人独资企业是指依法在中国境内设立,由一个自然人投资,财产为投资人个人所有,投资人以其个人财产对企业债务承担无限责任的经营实体。

2. 个人独资企业的特征

(1) 投资人为一个具有中国国籍的自然人。
(2) 投资者以个人财产出资的,则以投资者个人的财产对企业债务承担无限责任,投资者以其家庭共有财产作为个人出资的,应当依法以家庭共有财产对企业债务承担无限责任。
(3) 个人独资企业的财产为投资者一人所有,投资者对企业的财产享有完全的所有权。
(4) 企业需要依法成立。

3. 个人独资企业法的概念

个人独资企业法是指确立个人独资企业的法律地位,调整个人独资企业关系的法律规范的总称。为了规范个人独资企业的行为,保护个人独资企业投资人和债权人的合法权益,维护社会经济秩序,促进社会主义市场经济的发展,第九届全国人民代表大会第十一次会议于1999年8月30日通过了《中华人民共和国个人独资企业法》(以下简称《个人独资企业法》),并于2000年1月1日起施行。

4.3.2 个人独资企业的设立与变更

1. 个人独资企业的设立

(1) 个人独资企业的设立条件
① 投资人为一个自然人,且只能是中国公民。投资人应当具有完全民事行为能力。法律、行政法规禁止从事营利性活动的人,不得作为投资人申请设立个人独资企业。
② 有合法的企业名称。个人独资企业的名称中不得使用"有限""有限责任"等字样。

③ 有投资人申报的出资。《个人独资企业法》对设立个人独资企业的出资额没有限制。设立个人独资企业可以用货币出资,也可以用实物、土地使用权、知识产权或者其他财产权利出资。以家庭共有财产作为个人出资的,应当在设立申请中予以注明。

④ 有固定的生产经营场所和必要的生产经营条件。

⑤ 有必要的从业人员。

(2) 个人独资企业设立的程序

申请设立个人独资企业,应当由投资人或者其委托的代理人向个人独资企业所在地的登记机关提交设立申请书、投资人身份证、生产经营场所使用证明等文件。委托代理人申请设立登记时,应当出具投资人的委托书和代理人的合法证明。

个人独资企业不得从事法律、行政法规禁止经营的业务;从事法律、行政法规规定须报经有关部门审批的业务,应当在申请设立登记时提交有关部门的批准文件。

登记机关应在收到申请文件之日起十五日内,对符合《个人独资企业法》规定条件的,予以登记,发给营业执照。个人独资企业的营业执照签发日期,为个人独资企业成立日期。

个人独资企业设立分支机构,应由投资人或其委托的代理人向分支机构所在地的登记机关申请登记,并需要领取营业执照。分支机构的民事责任由设立该分支机构的个人独资企业承担。

2. 个人独资企业的变更

个人独资企业存续期间登记事项发生变更的,应当在做出变更决定之日起的十五日内依法向登记机关申请办理变更登记。

4.3.3 个人独资企业的权利与义务

1. 个人独资企业的权利

个人独资企业可以依法申请贷款,取得土地使用权,并享有法律、行政法规规定的其他权利,依法享有自主经营权。

任何单位和个人不得违反法律、行政法规的规定,以任何方式强制个人独资企业提供财力、物力、人力;对于违法强制提供财力、物力、人力的行为,个人独资企业有权拒绝。

2. 个人独资企业的义务

个人独资企业应当依法设置会计账簿,进行会计核算。个人独资企业雇用职工的,应当依法与职工签订劳动合同,保障职工的劳动安全,按时、足额发放职工工资。个人独资企业应当按照国家规定参加社会保险,为职工缴纳社会保险费。

4.3.4 个人独资企业的解散和清算

1. 个人独资企业的解散

《个人独资企业法》规定,个人独资企业有下列情形之一的,应当解散。

(1) 投资人决定解散。
(2) 投资人死亡或者被宣告死亡,无继承人或者继承人决定放弃继承。
(3) 被依法吊销营业执照。
(4) 法律、行政法规规定的其他情形。

2. 个人独资企业的清算

个人独资企业解散,由投资人自行清算或者由债权人申请人民法院指定清算人进行清算。投资人自行清算的,应当在清算前十五日内书面通知债权人;无法通知的,应当予以公告。债权人应当在接到通知之日起三十日内,未接到通知的应当在公告之日起六十日内,向投资人申报其债权。

个人独资企业解散后,原投资人对个人独资企业存续期间的债务仍应承担偿还责任,但债权人在五年内未向债务人提出偿债请求的,该责任消灭。

个人独资企业解散的,财产应当按照下列顺序清偿:所欠职工工资和社会保险费用;所欠税款;其他债务。清算期间,个人独资企业不得开展与清算目的无关的经营活动。在按上述规定清偿债务前,投资人不得转移、隐匿财产。个人独资企业财产不足以清偿债务的,投资人应当以其个人的其他财产予以清偿。

个人独资企业清算结束后,投资人或者人民法院指定的清算人应当编制清算报告,并于十五日内到登记机关办理注销登记。

4.3.5 违反《个人独资企业法》的法律责任

1. 投资人违法行为应承担的法律责任

(1) 投资人提交虚假文件或采取其他欺骗手段,取得企业登记的,责令改正,处以五千元以下的罚款;情节严重的,并处吊销营业执照。

(2) 个人独资企业使用的名称与其在登记机关登记的名称不相符合的,责令限期改正,处以两千元以下的罚款。

(3) 涂改、出租、转让营业执照的,责令改正,没收违法所得,处以三千元以下的罚款;情节严重的,吊销营业执照。伪造营业执照的,责令停业,没收违法所得,处以五千元以下的罚款。构成犯罪的,依法追究刑事责任。

(4) 个人独资企业成立后无正当理由超过六个月未开业的,或者开业后自行停业连续六个月以上的,吊销营业执照。

(5) 违反法律规定,未领取营业执照,以个人独资企业名义从事经营活动的,责令停止经营活动,处以三千元以下的罚款。个人独资企业登记事项发生变更时,未按《个人独资企业法》规定办理有关变更登记的,责令限期办理变更登记;逾期不办理的,处以两千元以下的罚款。

(6) 个人独资企业违反《个人独资企业法》的规定,侵犯职工合法权益,未保障职工劳动安全,不缴纳社会保险费用的,按照有关法律、行政法规规定予以处罚,并追究有关责任人员的责任。

(7) 个人独资企业及其投资人在清算前或清算期间隐匿或转移财产,逃避债务的,依法追回其财产,并按照有关规定予以处罚;构成犯罪的,依法追究刑事责任。

(8) 投资人违反《个人独资企业法》的规定,应当承担民事赔偿责任和缴纳罚款、罚金,其财产不足以支付的,或者被判处没收财产的,应当先承担民事赔偿责任。

2. 管理人员违法行为应承担的法律责任

(1) 投资人委托或者聘用的人员管理个人独资企业事务时违反双方订立的合同,给投资人造成损害的,承担民事赔偿责任。

(2) 投资人委托或者聘用的人员违反《个人独资企业法》第二十条的规定,侵犯个人独资企业财产权益的,责令退还侵占的财产;给企业造成损失的,依法承担赔偿责任;有违法所得的,没收违法所得;构成犯罪的,依法追究刑事责任。

3. 企业登记机关及上级部门有关人员违法行为的法律责任

(1) 违反法律、行政法规的规定强制个人独资企业提供财力、物力、人力的,按照有关法律、行政法规予以处罚,并追究有关责任人员的责任。

(2) 登记机关对不符合法定条件的个人独资企业予以登记,或者对符合法定条件的企业不予登记的,对直接责任人员依法给予行政处分;构成犯罪的,依法追究刑事责任。

(3) 登记机关上级部门的有关主管人员强令登记机关对不符合法定条件的企业予以登记,或者对符合法定条件的企业不予登记的,或者对登记机关的违法登记行为进行包庇的,对直接责任人员依法给予行政处分;构成犯罪的,依法追究刑事责任。

(4) 登记机关对符合法定条件的申请不予登记或者超过法定时限不予答复的,当事人可依法申请行政复议或提起行政诉讼。

案例 4-6

张欣大学毕业后在家待业三年,始终未能找到合适的工作。2022 年 1 月,他成立了一家个人独资的小商品批发店。但因三年来只做过几份临时工,张欣手里只有 3 000 元积蓄,开店要租房、买货架等,钱远远不够。父母为了支持儿子,拿出 7 000 元积蓄送给了张欣。此后,张欣找到了一个比较满意的店面,以每月 1 000 元的价格租了下来,留下 1 000 元做装修之用,然后到当地市场监督管理局以个人名义申报 8 000 元的出资额,市场监督管理局经过依法审查,向其颁发了营业执照。小商品批发店很快就开业了,但因张欣根本不懂经营,又没有进行市场调查,仅凭个人喜好进货,经营不到 2 年,就拖欠了厂家货款 10 000 元、欠甲、乙、丙各 2 000 元、欠房租 6 000 元。各债权人不断上门讨债,张欣感到实在经营不下去了,于是对各债权人说:"我现在正好还剩价值 8 000 元的货,我在营业执照上登记的也是 8 000 元,反正就这些了,你们拿去顶账好了,还不上的就不还了。"各债权人一致认为张欣应该欠多少就还多少,而不能以登记的出资额为限。张欣认为登记出资额就是为确定承担责任能力的,因此 8 000 元以外还不上的就可以不还了。债权人甲知道当初张欣开办企业时,张欣的父母出资 7 000 元的事,因此提出,该批发店是以家庭共有财产出资的,应当由张欣及其父母共同承担责任,张欣还不上就应由父母还。张欣认为 7 000 元是父母送给自己的,因此不是家庭共同出资,并且也未做家庭出资的登记,所以仅是其个人出资。双方争执不下,各债权人共同将张欣诉至法院。

【问题】 试分析各方观点的正误,说明其法律依据。

4.4 外商投资企业法律制度

4.4.1 外商投资及外商投资企业的概念

《中华人民共和国外商投资法》(简称《外商投资法》)已由中华人民共和国第十三届全国人民代表大会第二次会议于 2019 年 3 月 15 日通过,自 2020 年 1 月 1 日起施行。自《外商投资法》施行后,原《中外合资经营企业法》《外资企业法》《中外合作经营企业法》同时废止。2019 年 12 月 12 日国务院第 74 次常务会议通过《中华人民共和国外商投资法实施条例》(简称《实施条例》),并于 2020 年 1 月 1 日起施行。

1. 外商投资的概念

外商投资是指外国的自然人、企业或者其他组织等外国投资者直接或者间接在中国境内进行的投资活动,包括下列情形。

(1) 直接投资就是外国投资者单独或者与其他投资者共同在中国境内设立企业。

(2) 外国投资者取得中国境内企业的股份、股权、财产份额或者其他类似权益。

(3) 外国投资者单独或者与其他投资者共同在中国境内投资新建项目。

(4) 法律、行政法规或者国务院规定的其他方式的投资。

2. 外商投资企业的概念

外商投资企业是指全部或者部分由外国投资者投资,依照中国法律在中国境内经登记注册设立的企业。以前的"三资企业",即中外合资经营企业、中外合作经营企业和外商独资企业都属于外商投资企业,外国投资者通过股权收购等方式在中国境内登记设立的企业也属于外商投资企业。但是香港特别行政区、澳门特别行政区和台湾地区的投资者在中国境内投资设立的企业不是外商投资企业,如台胞投资的企业适用《台湾同胞投资保护法》,但在许多制度上参照适用外商投资企业的法律规定。

4.4.2 外商投资企业法及基本原则

1. 外商投资企业法

外商投资企业法是指调整外商投资企业在设立、管理、投资保护、运营、收益分配和终止过程中形成的社会关系的法律规范的总称。在《外商投资法》颁布之前,我国存在三种主要的外商投资企业形式,被称为"三资企业",分别为中外合资经营企业、中外合作经营企业和外商独资企业。但《外商投资法》生效后，三资企业须在2025年1月1日之前逐步变更形式为统一的外商投资企业，采用《公司法》《合伙企业法》所规定的企业组织形式，以消除原三资企业所享有的超国民待遇问题。

2. 外商投资企业法的基本原则

(1) 鼓励外商投资原则

《外商投资法》第一条就规定了制定该法是为了扩大对外开放，积极促进外商投资。鼓励外商投资原则的主要表现有：①扩大外商投资方式，不仅鼓励直接投资，开办企业，而且鼓励间接投资，参股中国境内企业；②中国实行高水平投资自由化便利化政策，建立和完善外商投资促进机制，营造稳定、透明、可预期和公平竞争的市场环境。

(2) 准入前国民待遇加负面清单管理原则

我国对外商投资实行准入前国民待遇加负面清单管理制度。所谓准入前国民待遇，是指在投资准入阶段我国给予外国投资者及其投资不低于本国投资者及其投资的待遇。政府及其有关部门在政府资金安排、土地供应、税费减免、资质许可、标准制定、项目申报、人力资源政策等方面，应当依法平等对待外商投资企业和内资企业。政府及其有关部门制定的支持企业发展的政策应当依法公开；对政策实施中需要由企业申请办理的事项，政府及其有关部门应当公开申请办理的条件、流程、时限等，并在审核中依法平等对待外商投资企业和内资企业。外商投资企业依法和内资企业平等参与国家标准、行业标准、地方标准和团体标准的制定、修订工作。国家制定的强制性标准对外商投资企业和内资企业平等适用，不得专门针对外商投资企业适用高于强制性标准的技术要求。

所谓外商投资准入负面清单，是指在特定领域我国对外商投资实施准入特别管理措施，禁止或者限制外商资本进入。负面清单规定禁止投资的领域，外国投资者不得投资。外商投资准入负面清单规定限制投资的领域，外国投资者进行投资应当符合负面清单规定的条件。负面清单由国务院投资主管部门会同国务院商务主管部门等有关部门提出，报国务院发布或者报国务院批准后由国务院投资主管部门、商务主管部门发布。国家根据进一步扩大对外开放和经济社会发展需要，适时调整负面清单。国家对负面清单之外的外商投资，给予国民待遇，按照内外资一致的原则实施管理。外商投资准入特别管理措施（负面清单）(2021年版)见表4-1。

(3) 遵守中国法律原则

遵守中国法律原则是指在中国境内的外商投资企业，应当遵守中国法律、法规，不得危害中国国家安全、损害社会公共利益。中国境内的外商投资企业，实质上是依据中国法律设立的企业，在中国境内经营，只能遵照中国法律，主要表现如下：

① 需要办理投资项目核准、备案的外商投资企业，按照国家有关规定执行。

② 依法需要取得许可的行业、领域进行投资的外商投资者，应依法办理相关许可手续。

③ 外商投资企业的组织形式、组织机构及其活动准则，适用《公司法》《合伙企业法》等法律的规定。

④ 外商投资企业开展生产经营活动，应当遵守法律、行政法规有关劳动保护、社会保险的规定，依照法律、行政法规和国家有关规定办理税收、会计、外汇等事宜，并接受相关主管部门依法实施的监督检查。

表 4-1　外商投资准入特别管理措施

(负面清单)(2021 年版)

序号	特别管理措施
一、农、林、牧、渔业	
1	小麦新品种选育和种子生产的中方股比不低于34%、玉米新品种选育和种子生产须由中方控股。
2	禁止投资中国稀有和特有的珍贵优良品种的研发、养殖、种植以及相关繁殖材料的生产(包括种植业、畜牧业、水产业的优良基因)。
3	禁止投资农作物、种畜禽、水产苗种转基因品种选育及其转基因种子(苗)生产。
4	禁止投资中国管辖海域及内陆水域水产品捕捞。
二、采矿业	
5	禁止投资稀土、放射性矿产、钨勘查、开采及选矿。
三、制造业	
6	出版物印刷须由中方控股。
7	禁止投资中药饮片的蒸、炒、炙、煅等炮制技术的应用及中成药保密处方产品的生产。
四、电力、热力、燃气及水生产和供应业	
8	核电站的建设、经营须由中方控股。
五、批发和零售业	
9	禁止投资烟叶、卷烟、复烤烟叶及其他烟草制品的批发、零售。
六、交通运输、仓储和邮政业	
10	国内水上运输公司须由中方控股。
11	公共航空运输公司须由中方控股,且一家外商及其关联企业投资比例不得超过25%,法定代表人须由中国籍公民担任。通用航空公司的法定代表人须由中国籍公民担任,其中农、林、渔业通用航空公司限于合资,其他通用航空公司限于中方控股。
12	民用机场的建设、经营须由中方相对控股。外方不得参与建设、运营机场塔台。
13	禁止投资邮政公司、信件的国内快递业务。
七、信息传输、软件和信息技术服务业	
14	电信公司:限于中国入世承诺开放的电信业务,增值电信业务的外资股比不超过50%(电子商务、国内多方通信、存储转发类、呼叫中心除外),基础电信业务须由中方控股。
15	禁止投资互联网新闻信息服务、网络出版服务、网络视听节目服务、互联网文化经营(音乐除外)、互联网公众发布信息服务(上述服务中,中国入世承诺中已开放的内容除外)。
八、租赁和商务服务业	
16	禁止投资中国法律事务(提供有关中国法律环境影响的信息除外),不得成为国内律师事务所合伙人。
17	市场调查限于合资,其中广播电视收听、收视调查须由中方控股。
18	禁止投资社会调查。
九、科学研究和技术服务业	
19	禁止投资人体干细胞、基因诊断与治疗技术开发和应用。
20	禁止投资人文社会科学研究机构。
21	禁止投资大地测量、海洋测绘、测绘航空摄影、地面移动测量、行政区域界线测绘,地形图、世界政区地图、全国政区地图、省级以下政区地图、全国性教学地图、地方性教学地图、真三维地图和导航电子地图编制,区域性的地质填图、矿产地质、地球物理、地球化学、水文地质、环境地质、地质灾害、遥感地质等调查(矿业权人在其矿业权范围内开展工作不受此特别管理措施限制)。

续表

序号	特别管理措施
十、教育	
22	学前、普通高中和高等教育机构限于中外合作办学,须由中方主导(校长或者主要行政负责人应当具有中国国籍,理事会、董事会或者联合管理委员会的中方组成人员不得少于1/2)。
23	禁止投资义务教育机构、宗教教育机构。
十一、卫生和社会工作	
24	医疗机构限于合资。
十二、文化、体育和娱乐业	
25	禁止投资新闻机构(包括但不限于通讯社)。
26	禁止投资图书、报纸、期刊、音像制品和电子出版物的编辑、出版、制作业务。
27	禁止投资各级广播电台(站)、电视台(站)、广播电视频道(率)、广播电视传输覆盖网(发射台、转播台、广播电视卫星、卫星上行站、卫星收转站、微波站、监测台及有线广播电视传输覆盖网等),禁止从事广播电视视频点播业务和卫星电视广播地面接收设施安装服务。
28	禁止投资广播电视节目制作经营(含引进业务)公司。
29	禁止投资电影制作公司、发行公司、院线公司以及电影引进业务。
30	禁止投资文物拍卖的拍卖公司、文物商店和国有文物博物馆。
31	禁止投资文艺表演团体。

⑤ 外国投资者并购中国境内企业或者以其他方式参与经营者集中的,应当依照《反垄断法》的规定接受经营者集中审查。

⑥ 外国投资者或者外商投资企业应当通过企业登记系统以及企业信用信息公示系统向商务主管部门报送投资信息。

(4) 保护投资原则

保护投资原则是指国家依法保护外国投资者在中国境内的投资、收益和其他合法权益。

① 国家对外国投资者的投资不实行征收。在特殊情况下,国家为了公共利益的需要,可以依照法律规定对外国投资者的投资实行征收或者征用,但应当依照法定程序进行,并及时给予公平、合理的补偿。

② 外国投资者在中国境内的出资、利润、资本收益、资产处置所得、知识产权许可使用费、依法获得的补偿或者赔偿、清算所得等,可以依法以人民币或者外汇自由汇入、汇出。

③ 国家保护外国投资者和外商投资企业的知识产权,保护知识产权权利人和相关权利人的合法权益;对知识产权侵权行为,严格依法追究法律责任。

④ 行政机关及其工作人员对于履行职责过程中知悉的外国投资者、外商投资企业的商业秘密,应当依法予以保密,不得泄露或者非法向他人提供。

⑤ 各级人民政府及其有关部门制定涉及外商投资的规范性文件,应当符合法律、法规的规定;没有法律、行政法规依据的,不得减损外商投资企业的合法权益或者增加其义务,不得设置市场准入和退出条件,不得干预外商投资企业的正常生产经营活动。

⑥ 地方各级人民政府及其有关部门应当履行向外国投资者、外商投资企业依法作出的政策承诺以及依法订立的各类合同。因国家利益、社会公共利益需要改变政策承诺、合同约定的,应当依照法定权限和程序进行,并依法对外国投资者、外商投资企业因此受到的损失

予以补偿。

⑦ 外商投资企业可以依法成立和自愿参加商会、协会。商会、协会依照法律、法规和章程的规定开展相关活动,维护会员的合法权益。

4.4.3 外商投资企业的促进制度

促进外商投资是《外商投资法》的基本目的之一。除了实施国民待遇原则之外,《外商投资法》还在立法、政策、保证公平竞争以及政府服务等各个方面都建立了促进外商投资的制度。

(1) 立法上听取外商投资企业的意见和建议

《外商投资法实施条例》第七条规定,制定与外商投资有关的行政法规、规章、规范性文件,或者政府及其有关部门起草与外商投资有关的法律、地方性法规,应当根据实际情况,采取书面征求意见以及召开座谈会、论证会、听证会等多种形式,听取外商投资企业和有关商会、协会等方面的意见和建议;对反映集中或者涉及外商投资企业重大权利义务问题的意见和建议,应当通过适当方式反馈采纳的情况。与外商投资有关的规范性文件应当依法及时公布,未经公布的不得作为行政管理依据。

(2) 制定和实施优惠政策

① 试点性政策。国家在部分地区实行的外商投资试验性政策措施,经实践证明可行的,根据实际情况在其他地区或者全国范围内推广。

② 制定鼓励外商投资产业目录。国家根据国民经济和社会发展需要,制定鼓励外商投资产业目录,列明鼓励和引导外国投资者投资的特定行业、领域、地区。

③ 外商投资企业依法享受财政、税收、金融、用地等方面的优惠政策。外商投资企业可以依照法律、行政法规或者国务院的规定,享受财政、税收、金融、用地等方面的优惠待遇。外国投资者以其在中国境内的投资收益在中国境内扩大投资的,依法享受相应的优惠待遇。县级以上地方人民政府可以根据法律、行政法规、地方性法规的规定,在法定权限内制定费用减免、用地指标保障、公共服务提供等方面的外商投资促进和便利化政策措施。

(3) 健全外商投资服务体系

各级人民政府应当按照政府主导、多方参与的原则,建立健全外商投资服务体系,不断提升外商投资服务能力和水平。政府及其有关部门应当通过政府网站、全国一体化在线政务服务平台集中列明有关外商投资的法律、法规、规章、规范性文件、政策措施和投资项目信息,并通过多种途径和方式加强宣传、解读,为外国投资者和外商投资企业提供咨询、指导等服务。

(4) 保证公平竞争环境

《外商投资法实施条例》第十五条规定,政府及其有关部门不得阻挠和限制外商投资企业自由进入本地区和本行业的政府采购市场。政府采购的采购人、采购代理机构不得在政府采购信息发布、供应商条件确定和资格审查、评标标准等方面,对外商投资企业实行差别待遇或者歧视待遇,不得以所有制形式、组织形式、股权结构、投资者国别、产品或者服务品牌以及其他不合理的条件对供应商予以限定,不得对外商投资企业在中国境内生产的产品、提供的服务和内资企业区别对待。

4.4.4 违反《外商投资法》的法律责任

1. 外商投资企业的行政责任

外国企业投资于负面清单规定禁止投资的领域的,由有关主管部门责令停止投资活动,限期处分股份、资产或者采取其他必要措施,恢复到实施投资前的状态;有违法所得的,没收违法所得。投资负面清单规定的限制性准入特别管理措施的,由有关主管部门责令限期改正,采取必要措施满足准入特别管理措施的要求;逾期不改正的,依照前款规定处理。由有关主管部门责令停止投资活动,限期处分股份、资产或者采取其他必要措施,恢复到实施投资前的状态;有违法所得的,没收违法所得。

外商投资企业未按照外商投资信息报告制度的要求报送投资信息的,由商务主管部门责令限期改正;逾期不改正的,处十万元以上五十万元以下的罚款。

2. 政府和有关部门及其工作人员的法律责任

(1) 政府和有关部门及其工作人员有下列情形之一的,依法依规追究责任:①制定或者实施有关政策不依法平等对待外商投资企业和内资企业;②违法限制外商投资企业平等参与标准制定、修订工作,或者专门针对外商投资企业适用高于强制性标准的技术要求;③违法限制外国投资者汇入、汇出资金;④不履行向外国投资者、外商投资企业依法作出的政策承诺以及依法订立的各类合同,超出法定权限作出政策承诺,或者政策承诺的内容不符合法律、法规规定。

(2) 政府采购的采购人、采购代理机构以不合理的条件对外商投资企业实行差别待遇或者歧视待遇的,依照政府采购法及其实施条例的规定追究其法律责任;影响或者可能影响中标、成交结果的,依照政府采购法及其实施条例的规定处理。

政府采购监督管理部门对外商投资企业的投诉逾期未作处理的,对直接负责的主管人员和其他直接责任人员依法给予处分。

(3) 行政机关及其工作人员利用行政手段强制或者变相强制外国投资者、外商投资企业转让技术的,对直接负责的主管人员和其他直接责任人员依法给予处分。

4.4.5 外商投资企业与"三资企业"的衔接和过渡

根据《中外合资经营企业法》《外资企业法》《中外合作经营企业法》设立的外商投资企业(以下称现有外商投资企业),与根据《公司法》《合伙企业法》设立的外商投资企业在组织形式、组织机构等方面有较大的区别。因此,《外商投资法实施条例》对现有外商投资企业向公司和合伙企业的变更作出过渡性安排和制度衔接。在《外商投资法》施行后五年内,现有外商投资企业可以依照《公司法》《合伙企业法》等法律的规定调整其组织形式、组织机构等,并依法办理变更登记,也可以继续保留原企业组织形式、组织机构。现有外商投资企业的组织形式、组织机构等依法调整后,原合营、合作各方在合同中约定的股权或者权益转让办法、收益分配办法、剩余财产分配办法等,可以继续按照约定办理。

但是过渡期满后,自 2025 年 1 月 1 日起,对未依法调整组织形式、组织机构等并办理变更登记的,现有外商投资企业,市场监督管理部门不予办理其申请的其他登记事项,并将相关情形予以公示。

案例及分析

某有限责任公司由甲、乙、丙、丁四人共同出资申请设立并获登记。该公司注册资本为 100 万元,其中甲、乙、丙均以现金出资,各为 25 万元,丁以有关的机器设备出资,作价 25 万元。公司在经营过程中发现丁出资的机器设备的实际价值只有 16 万元,于是责令丁补交其出资。丁无力补交。丙据此要求抽回其出资。丙的要求未获公司准许。后来丙与戊商定由丙将其出资转让给戊,但甲、乙、丁均不同意。丙要求甲、乙、丁三人购买其出资,但甲、乙、丁表示无力购买。最后,诉至法院。

【问题】
(1) 丁无力补交的出资如何处理?
(2) 丙是否可以抽回其出资?
(3) 丙的出资能否转让给戊?

【分析】《公司法》第二十三条规定:"股东符合法定人数。"第三十条规定:"有限责任公司成立以后,发现作为出资的实物、工业产权、非专利技术、土地使用权的实际价额显著低于公司章程所定价额的,应当由交付该出资的股东补交其差额,公司设立时的其他股东对其承担连带责任。"第三十五条规定:"股东在出资以后不得抽回其出资。"第七十一条规定:"股东之间可以相互转让其全部出资或部分出资。股东向股东以外的人转让其出资时,必须经全体股东过半数同意;不同意转让的股东应当购买该转让的出资,如果不购买该转让的出资,视为同意转让。"

本案中丁无力补交的出资,应由甲、乙、丙三人负责连带补交责任,即甲、乙、丙中任何一人都有补交全部差额的义务。有限责任公司是独立法人,具有独立的法人财产权,有限责任公司的资本是公司法定财产,在法律上属于公司独立所有,它不同于公司股东的其他财产。股东一旦将其个人财产投入公司,形成公司资本,股东便丧失这部分财产的实际控制权,不得抽回。所以丙不得抽回资金。本案甲、乙、丁虽不同意丙将其出资转让给戊,但甲、乙、丁又都不购买该转让的出资,所以丙有权将其出资转让给戊。

本章小结

公司是指依照《公司法》的规定设立,并以营利为目的的企业法人。公司按照不同的标准,有不同的分类。依照我国《公司法》的规定,在我国只能设立有限责任公司和股份有限公司。

有限责任公司具有股东责任的有限性、设立程序的简便性和股东人数的相对稳定性等特点。有限责任公司的设立必须符合法律规定的条件和程序。有限责任公司的组织机构为股东会、董事会和经理、监事会,并分别行使其法定的职权。规模较小、股东人数较少的有限责任公司可以不设董事会和监事会。国有独资公司不设股东会,其公司的部分职权由董事会行使。有限责任公司的董事、监事每届任期为三年,可连选连任。但是公司的董事、经理和财务负责人不得兼任监事。

股份有限公司具有股东责任有限性、股东人数广泛性、股份的等额性、设立程序的复杂性等特征。同样,股份有限公司的设立也必须符合法定条件和程序。股份有限公司的设立可分别采取发起设立和募集设立方式,但无论以哪种方式设立,其公司都必须设立股东大会、董事会、经理和监事会,并分别行使法定职权。董事和监事的任期和资格与有限责任公司相同,但董事会的人员组成比有限责任公司多一些。且每年至少要召开两次会议。无论是有限责任公司还是股份有限公司都必须实行严格的财务会计报告制度。公司的合并、分立、解散等事项都必须遵守法律规定。如果违反了《公司法》,相关组织或个人都要承担法律责任。

合伙企业是指在中国境内设立的由各合伙人订立合伙协议,共同出资,合伙经营,共享收益,共担风险,并对企业债务承担无限连带责任的营利性组织。设立合伙企业必须符合法定条件,我国现行《合伙企业法》对合伙中的入伙、退伙,合伙企业的财产构成及其转让,合伙企业的解散与清算等都做出了明确的法律规定。

个人独资企业是指依法在中国境内设立,由一个自然人投资,财产为投资个人所有,投资人以其个人财产对企业债务承担无限责任的经营实体。现行《个人独资企业法》从个人独资企业的设立、变更、权利与义务,企业的解散与清算及法律责任等诸多方面都做了较为详细的规定。

外商投资企业是指全部或者部分由外国投资者投资,依照中国法律在中国境内经登记注册设立的企业。以前的"三资企业",即中外合资经营企业、中外合作经营企业和外商独资企业都属于外商投资企业。我国《外商投资法》对外商投资企业设定了鼓励外商投资、准入前国民待遇加负面清单管理、遵守中国法律和保护投资等原则,并在立法、政策、保证公平竞争以及政府服务等各个方面都建立了促进外商投资的制度。《外商投资法》鼓励现有外商投资企业在2025年1月1日之前依照《公司法》《合伙企业法》等法律的规定调整其组织形式、组织机构等,并依法办理变更登

 复习思考题

1. 公司的概念及特征是什么?
2. 有限责任公司和股份有限责任公司有何异同?
3. 简述合伙企业入伙和退伙的情形。
4. 简述个人独资企业的设立条件。
5. 简述《外商投资法》基本原则。

实训题

1. 实训项目：大学生创业对经济实体形式的选择。

2. 实训目的：通过本项实训，促使学生了解和掌握我国法律中有关公司、合伙企业、个人独资企业、外商投资企业、个体工商户等不同经济组织实体的相关法律制度，根据其法律特征、创业资金、团队及管理能力等因素，选择正确的创业组织实体形式。

3. 实训内容：教师将学生分成数组，设定大学生创业的项目、资金、团队、管理能力等诸多条件，由各组学生讨论选择创业组织的实体形式，并说明理由，需特别强调其中的法律理由。

4. 实训考核：教师根据学生的选择和理由说明情况，作出相应评分。

微课：创业经济实体选择

第 5 章 企业破产法律制度

课程思政

企业破产法律制度是市场优胜劣汰规律的直接反映,也是我国建设社会主义市场经济的要求,其有利于充分发挥市场在资源配置中的决定性作用。

学习要点

※ 了解企业破产的概念、破产债权人的权利。
※ 理解企业破产中的重整与和解程序。
※ 掌握企业破产的界限、债权申报、破产财产和破产清算。
※ 运用所学知识正确分析企业破产对社会、企业、债权人所产生的影响。
※ 能够正确运用《企业破产法》的相关知识解决企业破产中的法律问题。

5.1 企业破产法概述

企业破产法是衡量一个国家是否实行市场经济的重要标准之一,像大自然中的淘汰法则一样,市场经济中的企业也有生有死,当一个企业法人不能清偿到期债务时,就应通过破产制度,进入重整、和解和清算等法定程序,依法保护当事人的利益。在市场经济条件下,企业破产是市场经济中的一种正常现象,企业因出现各种债权债务关系,不可避免地会出现破产现象,人民法院只要依法受理破产案件,使债务人依法进入破产程序,就能充分发挥企业破产法的功能和作用,从而实现"规范企业破产程序、公平清理债权债务、保护债权人和债务人的合法权益和维护社会主义市场经济秩序"的立法目的。

5.1.1 企业破产的内涵

1. 企业破产的概念

企业破产是指当企业法人的全部资产不能清偿到期债务,并且资产不足以清偿全部债务或者明显缺乏清偿能力的,将债务人全部资产依法定程序公平清偿全体债权人的法律制度。

2．企业破产的特征

（1）企业破产是在特定情况下启动的一种偿债制度。

（2）企业破产是一种特殊的偿债手段，通过企业法人主体资格的消灭来实现其债务清偿。

（3）企业破产的设立目的在于使全体债权人的债权得到公平清偿。

（4）企业破产是在人民法院监督和指挥下完成的债务清偿程序。

3．企业破产的作用

（1）对于债权人。通过破产程序，可以使他们的债权请求得到公正的处理，尽最大可能使债权人的合法权益得到保护。

（2）对于债务人。通过破产程序可以起到两个作用：一是淘汰落后；二是起死回生。

（3）对于社会。可以减少落后企业对社会资源的浪费，建立优胜劣汰机制，把有限的社会资源转移到效益好的企业，从而实现资源优化配置，促进经济发展。

5.1.2　企业破产法的概念与适用范围

1．企业破产法的概念

企业破产法是指调整破产企业的债权人、债务人、破产财产管理人、人民法院及和其他参加人之间，在企业破产、和解、重整等活动中发生的社会关系的法律规范的总称。

2．企业破产法的适用范围

企业破产法的适用范围就是相关主体的破产能力问题。破产能力是指债务人能够适用破产程序解决债务清偿问题的资格。企业破产法适用于所有的法人企业和其他法律规定的企业法人以外的组织。

（1）所有的企业法人。根据《企业破产法》第二条的规定，企业法人不能清偿到期债务，并且资产不足以清偿全部债务或者明显缺乏清偿能力的，依照本法规定清理债务。该法的适用范围为企业法人，即适用于所有的企业法人，包括全民所有制企业和集体所有制企业，外商投资企业和私营企业，上市公司和非上市公司，有限责任公司和股份有限公司等。

（2）其他法律规定企业法人以外的组织。根据《企业破产法》第一百三十五条的规定，其他法律规定企业法人以外的组织的清算，属于破产清算的，参照适用本法规定的程序。由此可见，合伙企业、个人独资企业等非法人企业组织的破产，也适用本法的规定。

5.2　破产申请与受理

5.2.1　破产界限

破产界限也称为破产原因，它是人民法院据以宣告债务人破产的标准和事由，是指债务人处于一种什么样的客观状况下,当事人得以提出破产申请,人民法院据此启动破产程序的法律事实。

关于企业法人的破产原因,《企业破产法》第二条规定了企业法人的破产界限的两种情形,即:

(1) 不能清偿到期债务,并且资产不足以清偿全部债务;
(2) 不能清偿到期债务,并且明显缺乏清偿能力的。

5.2.2 破产申请的提出

1. 破产申请人

破产申请是指破产申请人向人民法院提出要求宣告债务人破产的诉讼行为。企业法人破产程序的启动,首要条件是要有破产申请人,按照《企业破产法》的规定,债务人、债权人和清算负责人都可以向人民法院提出破产申请。破产申请人包括以下三类。

(1) 债务人。债务人达到破产界限时,可以向人民法院提出重整、和解或者破产清算申请。对债务人提出破产申请的,还应当向人民法院提交财产状况说明、债务清册、债权清册、有关财务会计报告、职工安置预案以及职工工资的支付和社会保险费用的缴纳情况。

(2) 债权人。债务人不能清偿到期债务,债权人可以向人民法院提出对债务人进行重整或者破产清算的申请。对债权人申请债务人破产的,债务人应当自收到人民法院受理裁定送达之日起十五日内向人民法院提交财产状况说明、债务清册、债权清册、有关财务会计报告以及职工工资的支付和社会保险费用的缴纳情况。如果债务人确实不具备破产原因所要求的其他事实,人民法院受理破产申请后至破产宣告前经审查发现后,可以裁定驳回申请。

(3) 清算负责人。企业法人已解散但未清算或者未清算完毕,资产不足以清偿债务的,依法负有清算责任的人应当向人民法院申请破产清算。

2. 破产案件的管辖

破产案件由债务人住所地人民法院管辖,债务人住所地是指企业主要办事机构所在地。

5.2.3 破产申请的受理

破产申请的受理是指人民法院在收到破产申请后,认为申请符合法定条件而予以接受,并由此启动破产程序的法律行为。法院裁定受理破产申请是破产程序启动的标志。

1. 申请和受理

(1) 申请。债权人提出破产申请的,人民法院应当自收到申请之日起五日内通知债务人。债务人对申请有异议的,应当自收到人民法院通知之日起七日内向人民法院提出。人民法院应当自异议期满之日起十日内裁定是否受理。除前款规定的情形外,人民法院应当自收到破产申请之日起十五日内裁定是否受理。

(2) 受理。人民法院应当自裁定受理破产申请之日起二十五日内通知已知债权人,并予以公告。自人民法院受理破产申请的裁定送达债务人之日起至破产程序终结之日,债务人的有关人员(如企业的法定代表人;经人民法院决定,可以包括企业的财务管理人员和其他经营管理人员)承担下列义务。

① 妥善保管其占有和管理的财产、印章和账簿、文书等资料。
② 根据人民法院、管理人的要求进行工作,并如实回答询问。
③ 列席债权人会议并如实回答债权人的询问。
④ 未经人民法院许可,不得离开住所地。
⑤ 不得新任其他企业的董事、监事、高级管理人员。

人民法院裁定不受理破产申请的,应当自裁定做出之日起五日内送达申请人并说明理由。申请人对裁定不服的,可以自裁定送达之日起十日内向上一级人民法院提起上诉。人民法院受理破产申请后至破产宣告前,经审查发现债务人不符合破产界限规定情形的,可以裁定驳回申请。申请人对裁定不服的,可以自裁定送达之日起十日内向上一级人民法院提起上诉。

2. 管理人

(1) 管理人的概念

管理人是指在破产程序进行过程中负责对债务人或破产人的财产进行管理、处分、业务经营以及拟订和执行破产方案的专门机构。

(2) 管理人产生的时间

人民法院裁定受理破产申请的,应当同时指定管理人。这一规定使债务人财产从破产程序一开始就置于专门管理人的管理和控制之下,有效地避免因债务人以某种不当目的或非法手段处置财产,损害债权人清偿利益的事情发生,从而保障债权人最大限度的清偿权益。

(3) 管理人的组成及报酬

① 管理人的组成。《企业破产法》第二十四条规定,可以担任管理人的有:由有关部门、机构的人员组成的清算组;依法设立的律师事务所、会计师事务所、破产清算事务所等社会中介机构;人民法院根据债务人的实际情况,可以在征询有关社会中介机构的意见后,指定该机构具备相关专业知识并取得执业资格的人员担任管理人。

② 管理人的报酬。确定管理人报酬的办法,由最高人民法院规定,债权人会议对管理人的报酬有异议的,有权向人民法院提出。

(4) 管理人的职责

① 接管债务人的财产、印章和账簿、文书等资料。
② 调查债务人财产状况,制作财产状况报告。
③ 决定债务人的内部管理事务。
④ 决定债务人的日常开支和其他必要开支。
⑤ 在第一次债权人会议召开之前,决定继续或者停止债务人的营业。
⑥ 管理和处分债务人的财产。
⑦ 代表债务人参加诉讼、仲裁或者其他法律程序。

⑧ 提议召开债权人会议。

⑨ 人民法院认为管理人应当履行的其他职责。

《企业破产法》对管理人的职责另有规定的,适用其规定。

(5) 破产受理裁定的法律效力

① 债务人对个别债权人的债务清偿无效。

② 债务人的债务人或者财产持有人应当向管理人清偿债务或者交付财产,债务人的债务人或者财产持有人故意违反前款规定向债务人清偿债务或者交付财产,使债权人受到损失的,不免除其清偿债务或者交付财产的义务。

③ 管理人对破产申请受理前成立而债务人和对方当事人均未履行完毕的合同有权决定解除或者继续履行,并通知对方当事人。管理人自破产申请受理之日起两个月内未通知对方当事人,或者自收到对方当事人催告之日起三十日内未答复的,视为解除合同。管理人决定继续履行合同的,对方当事人应当履行;但是,对方当事人有权要求管理人提供担保。管理人不提供担保的,视为解除合同。管理人或者债务人依照本法规定解除合同的,对方当事人以因合同解除所产生的损害赔偿请求权申报债权。

④ 人民法院受理破产申请后,有关债务人财产的保全措施应当解除,执行程序应当中止。

⑤ 人民法院受理破产申请后,已经开始而尚未终结的有关债务人的民事诉讼或者仲裁应当中止;在管理人接管债务人的财产后,该诉讼或者仲裁继续进行。

⑥ 人民法院受理破产申请后,有关债务人的民事诉讼,只能向受理破产申请的人民法院提起。

5.3 债权申报及债权人会议

5.3.1 债权申报

债权申报是指债务人的债权人在接到人民法院的破产申请受理裁定通知或公告后,在法定期限内向人民法院指定的机关申请登记债权,以取得破产债权人地位的行为。

1. 申报期限

人民法院受理破产申请后,应当确定债权人申报债权的期限。债权申报期限自人民法院发布受理破产申请公告之日起计算,最短不得少于三十日,最长不得超过三个月。在人民法院确定的债权申报期限内,债权人未申报债权的,可以在破产财产最后分配前补充申报;但是,此前已进行的分配,不再对其补充分配。为审查和确认补充申报债权的费用,由补充申报人承担。

2. 申报要求

(1) 未到期的债权,在破产申请受理时视为到期。附利息的债权自破产申请受理时起停止计息。

(2) 附条件、附期限的债权和诉讼、仲裁未决的债权,债权人可以申报。

(3) 债务人所欠职工的工资和医疗、伤残补助、抚恤费用,所欠的应当划入职工个人账户的基本养老保险、基本医疗保险费用,以及法律、行政法规规定应当支付给职工的补偿金,不必申报,由管理人调查后列出清单并予以公示。职工对清单记载有异议的,可以要求管理人更正;管理人不予更正的,职工可以向人民法院提起诉讼。

(4) 债权人申报债权时,应当书面说明债权的数额和有无财产担保,并提交有关证据。申报的债权是连带债权的,应当说明。

(5) 连带债权人可以由其中一人代表全体连带债权人申报债权,也可以共同申报债权。

(6) 债务人的保证人或者其他连带债务人已经代替债务人清偿债务的,以其对债务人的求偿权申报债权。债务人的保证人或者其他连带债务人尚未代替债务人清偿债务的,以其对债务人的将来求偿权申报债权。但是,债权人已经向管理人申报全部债权的除外。

(7) 连带债务人数人被裁定适用《企业破产法》规定的程序的,其债权人有权就全部债权分别在各破产案件中申报债权。

(8) 管理人或者债务人依照本法规定解除合同的,对方当事人以因合同解除所产生的损害赔偿请求权申报债权。

(9) 债务人是委托合同的委托人,被裁定适用本法规定的程序,受托人不知该事实,继续处理委托事务的,受托人以由此产生的请求权申报债权。

(10) 债务人是票据的出票人,被裁定适用本法规定的程序,该票据的付款人继续付款或者承兑的,付款人以由此产生的请求权申报债权。

3. 债权申报的主体

债权人应当在人民法院确定的债权申报期限内向管理人申报债权。管理人收到债权申报材料后,应当登记造册,对申报的债权进行审查,并编制债权表。债权表和债权申报材料由管理人保存,供利害关系人查阅,依法编制的债权表,应当提交第一次债权人会议核查。

5.3.2 债权人会议

1. 债权人会议的组成

债权人会议是指在破产程序中,由依法申报债权的债权人组成,以维护债权人共同利益为目的,并在法院监督下对有关破产事宜表达债权人意思的临时性机构。依法申报债权的债权人为债权人会议的成员,有权参加债权人会议,享有表决权。债权人会议设主席一人,由人民法院从有表决权的债权人中指定。债权人会议主席主持债权人会议。债权尚未确定的债权人,除人民法院能够为其行使表决权而临时确定债权额的外,不得行使表决权。对债务人的特定财产享有担保权的债权人,未放弃优先受偿权利的,对于和解协议和破产财产的分配方案的决议不享有表决权。

2. 债权人会议的职权

债权人会议行使下列职权:①核查债权;②申请人民法院更换管理人,审查管理人的费用和报酬;③监督管理人;④选任和更换债权人委员会成员;⑤决定继续或者停止债务人的营业;⑥通过重整计划;⑦通过和解协议;⑧通过债务人财产的管理方案;⑨通过破产财产的变价方案;⑩通过破产财产的分配方案;⑪人民法院认为应当由债权人会议行使的其他职权。

债权人会议应当对所议事项的决议做成会议记录。

3. 债权人会议的召集与决议

(1) 债权人会议的召集。第一次债权人会议由人民法院召集,自债权申报期限届满之日起十五日内召开。以后的债权人会议,在人民法院认为必要时,或者管理人、债权人委员会、占债权总额四分之一以上的债权人向债权人会议主席提议时召开。召开债权人会议,管理人应当提前十五日通知已知的债权人。

(2) 债权人会议的决议。债权人会议的决议,由出席会议的有表决权的债权人过半数通过,并且其所代表的债权额占无财产担保债权总额的二分之一以上。但是,《企业破产法》另有规定的除外。债权人认为债权人会议的决议违反法律规定,损害其利益的,可以自债权人会议做出决议之日起十五日内,请求人民法院裁定撤销该决议,责令债权人会议依法重新做出决议。债权人会议的决议,对于全体债权人均有约束力。

5.3.3 债权人委员会

1. 债权人委员会的组成

债权人会议可以决定设立债权人委员会,债权人委员会由债权人会议选任的债权人代表和一名债务人的职工代表或者工会代表组成。债权人委员会成员不得超过九人,债权人委员会成员应当经人民法院书面决定认可。

2. 债权人委员会的职权

债权人委员会行使下列职权:①监督债务人财产的管理和处分;②监督破产财产分配;③提议召开债权人会议;④债权人会议委托的其他职权。

债权人委员会执行职务时,有权要求管理人、债务人的有关人员对其职权范围内的事务做出说明或者提供有关文件。

管理人、债务人的有关人员违反本法规定拒绝接受监督的,债权人委员会有权就监督事项请求人民法院做出决定;人民法院应当在五日内做出决定。

5.4 重整

5.4.1 重整的概念

重整是对已经达到破产界限但又有再生希望的债务人,在人民法院的主持和利害关系人的协商下,对债务人进行生产经营上的整顿和债权债务关系上的清理,以期摆脱财务困境,使其获得重生的特殊法律程序。

5.4.2 重整申请的提出

债务人或者债权人可以依照《企业破产法》的规定,直接向人民法院申请对债务人进行重整。债权人申请对债务人进行破产清算的,在人民法院受理破产申请后、宣告债务人破产前,债务人或者出资额占债务人注册资本十分之一以上的出资人,可以向人民法院申请重整。

5.4.3 重整期间

1. 重整期间的时间界定

人民法院经审查认为重整申请符合《企业破产法》规定的,应当裁定债务人重整,并予以公告。自人民法院裁定债务人重整之日起至重整程序终止,为重整期间。

2. 重整期间的相关内容

(1) 在重整期间,经债务人申请,人民法院批准,债务人可以在管理人的监督下自行管理财产和营业事务。依法已接管债务人财产和营业事务的管理人应当向债务人移交财产和营业事务,管理人的职权由债务人行使。

(2) 管理人负责管理财产和营业事务的,可以聘任债务人的经营管理人员负责营业事务。

(3) 在重整期间,对债务人的特定财产享有的担保权暂停行使。但是,担保物有损坏或者价值明显减少的可能,足以危害担保权人权利的,担保权人可以向人民法院请求恢复行使担保权。

(4) 在重整期间,债务人或者管理人为继续营业而借款的,可以为该借款设定担保。

(5) 债务人合法占有的他人财产,该财产的权利人在重整期间要求取回的,应当符合事先约定的条件。

(6) 在重整期间,债务人的出资人不得请求投资收益分配。债务人的董事、监事、高级管理人员不得向第三人转让其持有的债务人的股权,但是,经人民法院同意的除外。

5.4.4 重整计划的制订与批准

1. 重整计划的制订

重整计划是指以维持债务人继续营业、清理其债权债务关系,以达到谋求其重生为目的的多方协议。重整计划草案采用"谁管理财产和营业事务谁制订"的原则,可由债务人或者管理人制订,这样可以让更加了解债务人企业状况的人制订出切实可行的方案,最大限度地维护全体债权人的利益。债务人或者管理人应当自人民法院裁定债务人重整之日起六个月内,同时向人民法院和债权人会议提交重整计划草案。上述规定的期限届满,经债务人或者管理人请求,有正当理由的,人民法院可以裁定延期三个月。

2. 债权人会议的分组

在重整程序中,对重整计划的分组表决是《企业破产法》的一个亮点,由于债权的性质和债权数额的不同,使不同的债权人对自己利益的要求有所不同,而债务人也可以根据不同的债权性质和数额做出切合债权人实际需要和要求的计划方案,实行不同性质债权的分组表决能最大限度地保护各个债权人的利益,并且加大了重整计划方案的可行性和科学性。

根据债权的性质不同,将债权人会议原则上分为四个组分别进行表决。

(1)对债务人的特定财产享有担保权的债权。这一类债权人的债权数额一般比较大,以金融机构居多,而需要注意的是,是否重整和破产不影响其债权的全面实现,因此不要奢求这一类债权人能大数额地免除债务。

(2)职工的劳动债权。这一类债权主要包括债务人所欠职工的工资和医疗、伤残补助、抚恤费用,所欠的应当划入职工个人账户的基本养老保险、基本医疗保险费用,以及法律、行政法规规定应当支付给职工的补偿金。

(3)债务人所欠税款。

(4)普通债权。人民法院在必要时可以决定在普通债权组中设小额债权组对重整计划草案进行表决。

3. 重整方案的通过

重整计划草案获债权人会议通过,需要同时满足以下两个条件:①出席会议的同一个表决组的债权人过半数同意;②同意重整计划草案的债权人所代表的债权额占该组债权总额的三分之二以上。能同时满足以上两个条件,重整计划草案即可获得该小组的通过。

5.4.5 重整计划的效力与执行

(1)重整计划的效力。经人民法院裁定批准的重整计划,对债务人和全体债权人均有约束力。债权人未依法申报债权的,在重整计划执行期间不得行使权利,在重整计划执行完毕后,可以按照重整计划规定的同类债权的清偿条件行使权利。债权人对债务人的保证人和其他连带债务人所享有的权利,不受重整计划的影响。

(2)重整计划由债务人负责执行。人民法院裁定批准重整计划后,已接管财产和营业事务的管理人应当向债务人移交财产和营业事务。自人民法院裁定批准重整计划之日起,在重整计划规定的监督期内,由管理人监督重整计划的执行。在监督期内,债务人应当向管理人报告重整计划的执行情况和债务人财务状况。监督期届满时,管理人应当向人民法院提交监督报告,自监督报告提交之日起,管理人的监督职责终止。管理人向人民法院提交的监督报告,重整计划的利害关系人有权查阅。

5.4.6 重整计划的终止

(1)在重整期间,有下列情形之一的,经管理人或者利害关系人请求,人民法院应当裁定终止重整程序,并宣告债务人破产。

① 债务人的经营状况和财产状况继续恶化,缺乏挽救的可能性。

② 债务人有欺诈、恶意减少债务人财产或者其他显著不利于债权人的行为。

③ 由于债务人的行为致使管理人无法执行职务。

(2) 债务人或者管理人未按期提出重整计划草案的,人民法院应当裁定终止重整程序,并宣告债务人破产。

(3) 重整计划草案未获得通过且未依法获得批准,或者已通过的重整计划未获得批准的,人民法院应当裁定终止重整程序,并宣告债务人破产。

(4) 债务人不能执行或者不执行重整计划的,人民法院经管理人或者利害关系人请求,应当裁定终止重整计划的执行,并宣告债务人破产。

5.5 和解

5.5.1 和解的概念

在破产程序终结前,债务人与债权人之间就延期、分期偿还债务或者减免债务问题达成协议,以终止破产程序,防止债务人破产的制度。

5.5.2 和解的程序

1. 提出和解申请

债务人可以依照《企业破产法》的规定,直接向人民法院申请和解;也可以在人民法院受理破产申请后、宣告债务人破产前,向人民法院申请和解。债务人申请和解,应当提出和解协议草案。

2. 和解协议的通过

(1) 债权人会议通过和解协议的决议,由出席会议的有表决权的债权人过半数同意,并且其所代表的债权额占无财产担保债权总额的三分之二以上。债权人会议通过和解协议的,由人民法院裁定认可,终止和解程序,并予以公告。管理人应当向债务人移交财产和营业事务,并向人民法院提交执行职务的报告。

(2) 和解协议草案经债权人会议表决未获得通过,或者已经债权人会议通过的和解协议未获得人民法院认可的,人民法院应当裁定终止和解程序,并宣告债务人破产。

3. 和解协议的效力

(1) 经人民法院裁定认可的和解协议,对债务人和全体和解债权人均有约束力。

(2) 和解债权人未依法在规定期限内申报债权的,在和解协议执行期间不得行使权利。在和解协议执行完毕后,可以按照和解协议规定的清偿条件行使权利。

(3) 和解债权人对债务人的保证人和其他连带债务人所享有的权利,不受和解协议的影响。

(4) 债务人应当按照和解协议规定的条件清偿债务。

4. 和解协议的终结

债务人不能执行或者不执行和解协议的,人民法院经和解债权人请求,应当裁定终止和解协议的执行,并宣告债务人破产。

人民法院裁定终止和解协议执行的,和解债权人在和解协议中做出的债权调整的承诺失去效力。和解债权人因执行和解协议所受的清偿仍然有效,和解债权未受清偿的部分作为破产债权。该债权人只有在其他债权人同自己所受的清偿达到同一比例时,才能继续接受分配。

人民法院受理破产申请后,债务人与全体债权人就债权债务的处理自行达成协议的,可以请求人民法院裁定认可,并终结破产程序。按照和解协议减免的债务,自和解协议执行完毕时起,债务人不再承担清偿责任。

5.6 破产宣告和破产清算

5.6.1 破产宣告

破产宣告是指人民法院依据当事人的申请或法定职权对确实具备了破产宣告条件的债务人,以裁定形式依法宣告其破产的法律行为。债务人被宣告破产后,债务人称为破产人,债务人财产称为破产财产,人民法院受理破产申请时对债务人享有的债权称为破产债权。人民法院依法宣告债务人破产的,应当自裁定做出之日起五日内送达债务人和管理人,自裁定做出之日起十日内通知已知债权人,并予以公告。

破产宣告前,有下列情形之一的,人民法院应当裁定终结破产程序,并予以公告。

(1) 第三人为债务人提供足额担保或者为债务人清偿全部到期债务的。

(2) 债务人已清偿全部到期债务的。

5.6.2 破产财产与破产债权

1. 破产财产

破产财产即债务人财产,是指在破产宣告后,依法定程序对债权人的债权进行清偿的破产企业的财产。根据《企业破产法》第三十条的规定,破产申请受理时属于债务人的全部财产,以及破产申请受理后至破产程序终结前债务人取得的财产,为债务人财产。

(1) 破产程序前债务人处理破产财产的撤销权

破产撤销权是指管理人对债务人在破产案件受理前的法定期间,实施有害于全体债权人利益的行为,有申请法院撤销并追回财产的权利。人民法院受理破产申请前一年内,涉及债务人财产的下列行为,管理人有权请求人民法院予以撤销:①无偿转让财产的;②以明显不合理的价格进行交易的;③对没有财产担保的债务提供财产担保的;④对未到期的债务提前清偿的;⑤放弃债权的。

人民法院受理破产申请前六个月内,债务人达到破产界限的,仍对个别债权人进行清偿的,管理人有权请求人民法院予以撤销。但是,个别清偿使债务人财产受益的除外。

(2) 破产程序前债务人处理破产财产的无效行为

涉及债务人财产的下列行为无效:①为逃避债务而隐匿、转移财产的;②虚构债务或者承认不真实的债务的。

案例 5-1

某机电有限责任公司,因经营管理不善严重亏损,不能清偿到期债务,于 2022 年 10 月向人民法院申请宣告破产。法院当日受理了此案。经调查查明有下列情况。

(1) 某建筑设备公司租赁该机电公司铲车两辆,租金 12 万元。

(2) 破产案件受理前,广商贸易公司对该机电公司有 20 万元债权,但同时又负有 15 万元债务,该 15 万元债务尚未到清偿期。

(3) 该机电公司欠某建设银行 600 万元,用自建仓库作为抵押,该仓库现值 400 万元,建设银行未放弃优先受偿权。

(4) 某啤酒厂对该机电公司有 50 万元债权,于 2023 年 1 月到期,但该机电公司于 2021 年 12 月提前清偿该债务。

【问题】

(1) 建筑设备公司租赁的设备应该如何处理?为什么?

(2) 广商贸易公司对该机电公司的债务尚未到期,可否主张抵销权?为什么?

(3) 建设银行可否就 600 万元债权在债权人会议中享有全部的表决权?为什么?

(4) 该机电公司对某啤酒厂的提前清偿行为是否可以撤销?为什么?

2. 破产债权

人民法院受理破产申请时对债务人享有的债权称为破产债权,对破产人的特定财产享有担保权的权利人,对该特定财产享有优先受偿的权利。对特定财产享有优先受偿权利的债权人行使优先受偿权利未能完全受偿的,其未受偿的债权作为普通债权;放弃优先受偿权利的,其债权作为普通债权。

根据《企业破产法》第四十条的规定,债权人在破产申请受理前对债务人负有债务的,可以向管理人主张抵销。但是,有下列情形之一的,不得抵销。

(1) 债务人的债务人在破产申请受理后取得他人对债务人的债权的。

(2) 债权人已知债务人有不能清偿到期债务或者破产申请的事实,对债务人负担债务的;但是,债权人因为法律规定或者有破产申请一年前所发生的原因而负担债务的除外。

(3) 债务人的债务人已知债务人有不能清偿到期债务或者破产申请的事实,对债务人取得债权的;但是,债务人的债务人因为法律规定或者有破产申请一年前所发生的原因而取得债权的除外。

5.6.3 破产费用和共益债务

1. 破产费用

破产费用是指人民法院受理破产申请后,为保障破产程序的顺利进行而必须支付的常规性费用,且需要从债务人财产中优先支付的费用。

人民法院受理破产申请后发生的下列费用,为破产费用。
(1) 破产案件的诉讼费用。
(2) 管理、变价和分配债务人财产的费用。
(3) 管理人执行职务的费用、报酬和聘用工作人员的费用。

2. 共益债务

共益债务是指人民法院受理破产申请后,为保障全体债权人的共同利益及破产程序顺利进行而支出的不确定费用。

人民法院受理破产申请后发生的下列债务,为共益债务。
(1) 因管理人或者债务人请求对方当事人履行双方均未履行完毕的合同所产生的债务。
(2) 债务人财产受无因管理所产生的债务。
(3) 因债务人不当得利所产生的债务。
(4) 为债务人继续营业而应支付的劳动报酬和社会保险费用以及由此产生的其他债务。
(5) 管理人或者相关人员执行职务致人损害所产生的债务。
(6) 债务人财产致人损害所产生的债务。

3. 破产费用和共益债务的清偿原则

通过以上分析,破产费用是在破产程序进行和债务人财产管理过程中产生的常规性和程序性支出,这些费用不支出的话,破产程序就无法正常进行。而共益债务是为了债权人共同利益而产生的费用,是不确定费用的支出。为此,在企业破产实务中,应严格把关,防止破产费用和共益债务的混同,最大限度地保障债权人等利害关系人的利益。

当债务人财产不足以同时清偿破产费用和共益债务时有三个清偿原则。

(1) 债务人财产不足以清偿所有破产费用和共益债务的,先行清偿破产费用,有剩余再清偿共益债务。

(2) 当债务人财产不足以清偿破产费用时,就在破产费用的各项中按比例清偿。债务人财产不足以清偿破产费用的,管理人应当提请人民法院终结破产程序。人民法院应当自收到请求之日起十五日内裁定终结破产程序,并予以公告。

(3) 当债务人财产足以清偿破产费用,但剩下的不足以清偿全部的共益债务时,按清偿破产费用后剩下的费用在共益债务各项中按比例清偿。

5.6.4 破产财产的变价和分配

1. 破产财产的变价

（1）变价方案。管理人应当及时拟订破产财产变价方案，并提交债权人会议讨论或由人民法院依法裁定，适时变价出售破产财产。适时变价的内涵包括两个方面：一是指及时进行；二是指在"及时"的前提下，管理人应选择能使破产财产获得较高变价收入的时机对破产财产变价。

（2）变价方式。破产财产的变价方式应遵循以下原则：①变价出售破产财产应当通过拍卖进行，但是，债权人会议另有决议的除外；②按照追求破产财产价值最大化的原则，视具体情况可以将破产企业全部或者部分变价出售，其中，无形资产和其他财产可以单独变价出售；③对属于国家规定限制流通的物品，应当依照国家有关规定的方式变价。

2. 破产财产的分配

破产财产在优先清偿破产费用和共益债务后，依照下列顺序清偿。

第一顺序：破产人所欠职工的工资和医疗、伤残补助、抚恤费用，所欠的应当划入职工个人账户的基本养老保险、基本医疗保险费用，以及法律、行政法规规定应当支付给职工的补偿金。

第二顺序：破产人欠缴的除前项规定以外的社会保险费用和破产人所欠税款。

第三顺序：普通破产债权。

前一顺序的债权全额偿还之前，后一顺序的债权不予分配。破产财产不足以清偿同一顺序的清偿要求的，按照比例分配。

破产企业的董事、监事和高级管理人员的工资按照该企业职工的平均工资计算。破产财产的分配应当以货币分配方式进行。但是，债权人会议另有决议的除外。

案例 5-2

2023 年 3 月 12 日，甲市一家企业被人民法院依法宣告破产。管理人查明，该企业在法院受理破产时经营管理的财产价值为 150 万元，未到期的净债权价值为 50 万元，已作为担保物的财产价值为 20 万元。在人民法院受理该企业破产前的半年内，该企业为逃避债务而隐匿财产、虚构债务作价 60 万元，后被管理人追回，为此管理人花去费用 10 万元。该企业还拖欠税款 10 万元，两个月未给职工发放工资，全厂职工每月工资总额为 30 万元。债权人乙、丙、丁均为普通债权人，其中，债权人乙登记债权 100 万元，债权人丙登记债权 75 万元。由于管理人决定终止该企业所签的合同，为此给债权人丁造成 25 万元的经济损失。经统计，该破产企业的普通债权数额共为 1 600 万元。

【问题】

（1）上述破产企业的破产财产有多少？

（2）上述破产企业的破产费用有多少？

（3）乙、丙、丁各能获得多少万元的清偿？

5.6.5 破产财产分配额的提存

破产财产分配额的提存是指管理人在执行破产财产分配时,由于债权人的原因而无法向其交付标的物时,管理人应当依法提存给付标的物而消灭债务的制度。

(1) 对于附生效条件或者解除条件的债权,管理人应当将其分配额提存。管理人依法提存的分配额,在最后分配公告日,生效条件未成就或者解除条件成就的,应当分配给其他债权人;在最后分配公告日,生效条件成就或者解除条件未成就的,应当交付给债权人。

(2) 债权人未受领的破产财产分配额,管理人应当提存。债权人自最后分配公告之日起满两个月仍不领取的,视为放弃受领分配的权利,管理人或者人民法院应当将提存的分配额分配给其他债权人。

(3) 破产财产分配时,对于诉讼或者仲裁未决的债权,管理人应当将其分配额提存。自破产程序终结之日起满两年仍不能受领分配的,人民法院应当将提存的分配额分配给其他债权人。

5.6.6 破产程序的终结

破产程序的终结是指破产程序开始后,发生法律规定的使破产程序继续进行已无必要的原因,经管理人申请,人民法院做出裁定终结破产程序的法律事实。破产程序可因不同原因而终结。

(1) 和解、重整程序的终结。归纳起来,因和解、重整程序的开始而引发的破产程序的终结有两种情形:一是和解协议、重整方案成功而终结破产程序,此时,企业得以继续经营;二是因和解协议、重整方案的目的未得以实现而致企业进入破产清算分配程序,待破产财产分配程序完成后,破产程序也随之终结。

(2) 破产人无财产可供分配的终结。破产人无财产可供分配,是指破产财产不足以清偿破产费用和共益债务的情形。在此情况下,如果继续程序,不仅不必要,而且会产生其他费用。因此,根据《企业破产法》第四十三条的规定,破产财产不足以支付破产费用时,人民法院应当宣告破产程序终结。

(3) 破产财产分配已完毕的终结。破产财产分配完毕是破产程序终结的基本原因,它是指管理人依据破产分配方案,将已变价的破产财产或者不需要变价的破产财产全部分配给各请求权人。管理人在最后分配完成后,应当及时向人民法院提交破产财产分配报告,并提请人民法院裁定终结破产程序。

人民法院应当自收到管理人终结破产程序的请求之日起十五日内做出是否终结破产程序的裁定。裁定终结的,应当予以公告。管理人应当自破产程序终结之日起十日内,持人民法院终结破产程序的裁定,向破产人的原登记机关办理注销登记。自破产程序终结之日起两年内,发现有应当追回或应当供分配的其他财产的,债权人可以请求人民法院按照破产财产分配方案进行追加分配,但财产数量不足以支付分配费用的,不再进行追加分配,由人民法院将其上交国库。

5.6.7 法律责任

(1) 企业董事、监事或者高级管理人员违反忠实义务、勤勉义务,致使所在企业破产的,依法承担民事责任。有前述规定情形的人员,自破产程序终结之日起三年内不得担任任何企业的董事、监事、高级管理人员。

(2) 有义务列席债权人会议的债务人的有关人员,经人民法院传唤,无正当理由拒不列席债权人会议的,人民法院可以拘传,并依法处以罚款。债务人的有关人员违反本法规定,拒不陈述、回答,或者作虚假陈述、回答的,人民法院可以依法处以罚款。

(3) 债务人违反《企业破产法》的规定,拒不向人民法院提交或者提交不真实的财产状况说明、债务清册、债权清册、有关财务会计报告,以及职工工资的支付情况和社会保险费用的缴纳情况的,人民法院可以对直接责任人员依法处以罚款。债务人违反《企业破产法》的规定,拒不向管理人移交财产、印章和账簿、文书等资料的,或者伪造、销毁有关财产证据材料而使财产状况不明的,人民法院可以对直接责任人员依法处以罚款。

(4) 债务人有《企业破产法》第三十一条、第三十二条、第三十三条规定的行为,损害债权人利益的,债务人的法定代表人和其他直接责任人员依法承担赔偿责任。

(5) 债务人的有关人员违反《企业破产法》的规定,擅自离开住所地的,人民法院可以予以训诫、拘留,可以依法并处罚款。

(6) 管理人未依照《企业破产法》的规定勤勉尽责,忠实执行职务的,人民法院可以依法处以罚款;给债权人、债务人或者第三人造成损失的,依法承担赔偿责任。

(7) 违反《企业破产法》规定,构成犯罪的,依法追究刑事责任。

案例及分析

天马有限责任公司(简称天马公司)向法院申请破产。经查,天马公司主要办事机构在 B 县,该公司在宣告破产时经营管理的全部财产变现价值为 100 万元,欠当地工商银行分行贷款 80 万元,其中 30 万元贷款是用天马公司的设备作抵押,欠甲公司贷款 100 万元(无担保),欠东平公司贷款 50 万元,其中 20 万元是用天马公司的房屋作担保。

【问题】

(1) 天马公司破产申请案件应归哪一级人民法院管辖?为什么?

(2) 人民法院是否应当受理天马公司的破产申请?为什么?

(3) 天马公司依照清偿程序后,最终各债权人分配的资产具体数额应为多少?

【分析】

(1) 根据《企业破产法》规定,企业破产案件由债务人所在地人民法院管辖,债务人所在地是指企业主要办事机构所在地。因此,本案中,天马公司的破产申请应归 B 县人民法院管辖。

(2) 应当受理,因为债务人申请破产时更加强调不能清偿到期债务这一原因,同时考虑其他情形,如当债务申请破产时,除了不能清偿到期债务外,还要提供资产不足于清偿全部债务的相关材料。

(3)《企业破产法》规定,对破产人的特定财产享有担保权的权利人,对该特定财产享有优先受偿权。即破产企业财产将优先清偿企业担保权人,职工工资和其他福利仅能从未担保财产中清偿。因此,本案中,应优先偿还工商银行设备作抵押的 30 万元和东平公司用房屋作担保的 20 万元,其余债权人根据破产财产按比例分配,其中工商银行未设担保部分将从破产财产中获得约 13.89 万元,加上之前设担保的 30 万元,共获得 43.89 万元。甲公司由于未设担保,可从破产财产中获得约 27.78 万元。东平公司由于设担保 20 万元,未设担保部分可从破产财产中获得约 8.33 万元,则东平公司共获得 28.33 万元。

本章小结

本章扼要地阐述了《企业破产法》的基本内涵、破产申请与受理、债权人会议、重整与和解程序、破产宣告与清算等内容。

企业破产法是衡量一个国家是否实行市场经济的重要标准之一,像大自然中的优胜劣汰法则一样,市场经济中的企业也有生有死,当一个企业法人不能清偿到期债务时,就应通过破产制度,进入重整、和解或清算等法定程序,依法保护当事人的利益。

在市场经济条件下,企业破产是市场经济中的一种正常现象,企业因出现各种债权债务关系,不可避免地会出现破产现象,人民法院只要依法受理破产案件,使债务人依法进入破产程序,就能充分发挥《企业破产法》的功能和作用,从而实现"规范企业破产程序、公平清理债权债务、保护债权人和债务人的合法权益和维护社会主义市场经济秩序"的立法目的。

复习思考题

1. 简述破产申请的主体,试述我国破产法的适用范围。
2. 简述破产费用与共益债务的异同。
3. 人民法院受理破产申请前一年内,涉及债务人财产的哪些行为,管理人有权请求人民法院予以撤销?
4. 简述我国破产法关于重整计划的表决规定。
5. 简述债权人会议对和解协议的表决规则。
6. 简述企业破产财产的分配顺序。

实训题

1. 实训项目:制订企业破产重整计划。
2. 实训目的:通过实训,使学生进一步了解企业破产法律制度的理论,熟悉和掌握企业破产重整的具体规定,提高企业申请破产重整的操作技能。

3. 实训内容。

(1) 对学生进行分组,根据各组事先分配的任务,运用合法性和可行性原则,学习如何申请企业破产和按照债权人各方的意见制订破产重整计划草案。

(2) 邀请法官来校为学生讲解企业破产和破产重整的全部过程,并提出破产重整过程中应注意的事项。

4. 实训考核:由教师根据学生所制订的破产重整计划的合法性、完整性、合理性做出相应的打分。

第 6 章 合同法律制度

课程思政

合同法是社会主义市场经济活动中的基本法律制度,诚信原则是合同法的基础,也是社会主义核心价值观之一,党的二十大要求弘扬诚信文化,遵循合同法则是建立诚信长效机制的起点。

学习要点

※ 合同的概念、分类,合同法的调整对象和基本原则。
※ 合同的订立程序及合同的主要条款与形式。
※ 合同的效力及其生效要件,合同无效和被撤销的法律后果。
※ 合同履行的概念、原则和合同履行中的抗辩权,合同的代位权和撤销权。
※ 合同担保的概念及其权利义务的终止。
※ 违约责任的概念、条件、承担的方式及违约责任的免除。

6.1 合同与合同法概述

6.1.1 合同的概念与分类

1. 合同的概念

《中华人民共和国合同法》从 2021 年 1 月 1 日起废止,取而代之的是《中华人民共和国民法典》(简称《民法典》)。《民法典》将原《合同法》的有关规定分散到总则编和合同编中。本章有关合同的法律制度是基于《民法典》的内容所进行的介绍。

《民法典》规定:"合同是民事主体之间设立、变更或终止民事法律关系的协议。"合同具有如下法律特征:①合同主体的法律地位是平等的;②合体的主体是自然人、法人和非法人组织;③合同是以设立、变更、终止民事法律关系,即民事权利义务关系为目的的民事法律行为;④合同是当事人意思表示一致而达成的协议。

2. 合同的分类

依据不同标准可以对合同进行不同的分类。

(1) 以双方是否互负义务为标准,分为双务合同和单务合同。大多数合同均为双方互负义务的双务合同,赠与合同为典型的单务合同。

(2) 以当事人权利的获得是否以支付对价为标准,分为有偿合同和无偿合同。有偿合同是指当事人获得权利或利益需要支付相应对价的合同,如买卖合同、租赁合同等。无偿合同是指当事人获得权利或利益无须支付相应对价的合同,如赠与合同。有偿合同大多数是双务合同,但不是绝对的,如有息借贷合同既属于有偿合同也属于单务合同。

(3) 以法律、法规是否对其名称做出明确规定为标准,分为典型合同和非典型合同。典型合同是指法律上规定有确定名称与规则的合同,如《民法典》规定了买卖合同,供电、水、气、热力合同,赠与合同,借款合同,保证合同,租赁合同,融资租赁合同,保理合同,承揽合同,建设工程合同,运输合同,技术合同,保管合同,仓储合同,委托合同,物业服务合同,行纪合同,中介合同,合伙合同共19类合同。非典型合同是指法律上尚未规定有确定名称与规则的合同,如劳务交换合同。非典型合同只要不违反法律的禁止性规定或公序良俗,同样具有法律效力。

(4) 以法律、法规是否特别要求具备特定形式和手续为标准,分为要式合同和不要式合同。要式合同是合同成立时必须采用特定形式或手续的合同,如商标转让合同属于要式合同,须经国家知识产权总局登记才能生效。而不要式合同是无须采用特定形式或手续就可成立的合同,如即时结清的买卖合同,虽未规定具体形式,但只要能够有证据证明即为有效合同。

(5) 以是否需要交付标的物才能成立为标准,分为诺成合同和实践合同。诺成合同与实践合同的主要区别是其成立与生效的时间不同,如买卖合同、仓储合同属于诺成合同,只要双方当事人意思表示一致,合同即告成立;自然人之间的借款合同属于实践合同,除双方意思表示一致外,需要贷方提供贷款时合同才能成立生效。

(6) 以合同是否具有从属性为标准,分为主合同和从合同。当两个以上的合同相互关联时,其中一个合同的存在是另一个合同存在的前提,那么起决定性作用的合同即为主合同,自身不能独立存在的合同就是从合同。如借款合同是主合同,为借款合同而设立的保证合同是从合同。

6.1.2 合同法概述

1. 合同法的概念

合同法是调整合同关系的法律规范的总称。

2020年5月28日第十三届全国人民代表大会第三次会议通过了《民法典》,从2021年1月1日起实施,同时《中华人民共和国合同法》废止。《民法典》的总则编和第三编是目前调整合同法律关系的主要法律规范。

2. 合同法的调整范围

(1) 平等主体之间的民事关系。

(2) 法人、非法人组织之间的经济贸易关系。

(3) 其他法律对合同另有规定的,依照其规定;其他法律对合同没有明文规定的,适用《民法典》合同编的一般规定。其中涉及婚姻、收养、监护等有关身份关系的协议,适用有关身份关系的法律规定,如《民法典》的婚姻家庭编,可以根据性质参照适用《民法典》总则和合同编的规定。

3. 合同法的基本原则

《民法典》在总则部分规定了合同法的六项基本原则。

(1) 平等原则

合同法调整的范围是平等主体之间的社会关系。因此民事行为的双方或多方民事主体之间的法律地位是平等的;一旦违背平等原则,则可能导致法律行为无效或被撤销。比如利用经济上的优势地位制定的格式条款,排除自己的义务而加重对方的责任,就违背了平等原则,在法律上则无效。

(2) 自愿原则

自愿原则是指民事主体按照自己的意思设立、变更、终止民事法律关系。自愿原则是从民法平等原则衍生出来的原则。基于民事主体平等的地位,任何一方民事主体按照自己的真实意思从事民事法律活动,不受任何其他民事主体强制、胁迫或者欺诈。否则,该民事行为无效或者可被撤销。所以以虚假意思实施的民事行为无效,基于重大误解、欺诈、胁迫实施的民事行为都可以被撤销。

(3) 公平原则

公平原则是指民事主体从事民事行为,双方之间的权利义务应当相当,不能明显有利于一方而不利于另一方。如果违背了公平原则,则可能导致民事行为被撤销或者被变更。比如利用一方处于危困状态,缺乏判断能力等情形订立的合同,构成显失公平,受损害方有权请求人民法院或者仲裁机构予以撤销。如《民法典》合同编第五百八十五条规定,约定的违约金过分高于造成的损失的,当事人可以请求法院或者仲裁机构予以适当减少。

(4) 诚实信用原则

诚实信用原则被称为民法的帝王原则,它是整个民法体系的基础。没有诚信就无法构建合法的民事行为,也就没有民法。失去诚信原则,民法大厦将轰然倒塌。诚信原则最典型的体现是在合同法中,从合同的磋商到合同的订立、履行,甚至合同履行完毕之后,随时都体现着诚信原则的效力。违反诚信原则,民事法律行为无效。以虚假意思表示或者恶意串通损害他人其合法权益的民事行为,均没有法律效力。

(5) 合法原则

民事行为具有法律效力的首要条件是民事行为符合法律的规定,违背法律强制性规定的民事行为不受法律保护。但在法律强制性规定中,需要区分是效力性强制规定还是程序性强制规定。对于只违背程序性强制条件的民事行为,并不必然产生法律民事行为无效的后果。比如,商标转让合同应由商标局核准的规定只能视作是一种程序性的强制规定,而非效力性的规定。

（6）公序良俗原则

公序良俗包括公共秩序和善良风俗，这是《民法典》新增的一项基本原则，对公序良俗的违反，同样构成合同无效的条件。违反公序良俗，一般是指没有违反法律规定，但是违反了公共秩序，违反了社会基本道德准则、社会主义道德风尚、良好的传统美德等情形。比如，当事人达成的上市公司在证券发行过程中对发行人股权的隐名代持协议，因违反证券市场的公共秩序性规则，因而无效。

6.2 合同的订立

6.2.1 合同的订立程序

《民法典》规定：当事人订立合同，采取要约、承诺或者其他方式。即合同的订立一般包括要约和承诺两个阶段。

1. 要约

要约是指希望和他人订立合同的意思表示。发出要约的当事人称为要约人，要约所指向的对方当事人称为受要约人。

（1）要约应具备的条件

① 内容具体确定。即表达出订立合同的意思，并包括一经承诺合同即足以成立的必需条款。若要约内容含糊不清或不具备合同必需条款，即使受要约人承诺，也会使合同无法成立。

② 表明经受要约人承诺，要约人即受该意思表示约束。

③ 要约必须向相对人发出。要约必须是要约人向相对人发出的意思表示。相对人一般为特定人，但在特殊情况下，对不特定人作出的意思表示亦可能构成要约。

（2）要约邀请

要约邀请是希望他人向自己发出要约的意思表示。与要约不同，要约邀请不属于订立合同的行为，要约邀请是合同的准备阶段，没有法律约束力，如寄送的价目表、拍卖公告、招标公告、招股说明书、商业广告、债券募集办法、基金招募说明书等都属于要约邀请。但商业广告和宣传的内容符合要约的规定，则视为要约。

案例 6-1

在一次全国农机产品展销订货会上，某农机公司将一份已拟好的加盖公司印章的订货单交与大会订货部门，由订货部门帮其联系卖方。该订货单注明购买某型号的农用拖拉机8台，价格为每台14万元，交货方式为卖方送货上门，运费由卖方支付，买方于收货后1个月内验收并委托银行付款。某农机厂得知此消息后，与订货部门签订了该农机公司的订货合同。随后按合同约定向农机公司供货，但货到后，农机公司却拒收，农机公司称其订货单仅为订货意向，具体事项还需要对方确认后磋商。农机厂遂向人民法院起诉，要求农机公司履约。

【问题】 该案例中订货单是要约还是要约邀请？为什么？

(3) 要约生效时间

以对话方式作出的意思表示，相对人知道其内容时生效。以非对话方式作出的意思表示，到达相对人时生效。采用数据电文形式订立合同，收件人指定特定系统接收数据电文的，该数据电文进入该特定系统的时间，视为到达时间；未指定特定系统的，相对人知道或者应当知道该数据电文进入其系统时生效。当事人对采用数据电文的意思表示的生效时间另有约定的，按照其约定。

(4) 要约的撤回、撤销与失效

要约撤回是指要约发出后、生效前，要约人阻止要约生效的意思表示。撤回要约的通知应当在要约到达受要约人之前，或者与要约同时到达受要约人时有效。

要约撤销是指要约人在要约生效后、受要约人承诺前，使要约丧失法律效力的意思表示。撤销要约的意思表示以对话方式作出的，该意思表示的内容应当在受要约人作出承诺之前为受要约人所知道才有效。撤销要约的通知以非对话方式作出的，应当在受要约人作出承诺之前到达受要约人时有效。但有下列情形之一的，要约不得撤销。

① 要约人确定了承诺期限或者以其他形式明示要约不可撤销。

② 受要约人有理由认为要约是不可撤销的，并已经为履行合同作了合理的准备工作。

要约失效是指要约丧失法律效力，要约人和受要约人都不再受要约约束。有下列情形之一的，要约失效：要约被拒绝；要约被依法撤销；承诺期限届满，受要约人未作出承诺；受要约人对要约的内容作出实质性变更。

2. 承诺

承诺是受要约人同意要约的意思表示。

(1) 承诺应具备的条件

承诺必须由受要约人作出；承诺必须向要约人作出；承诺的内容必须与要约的内容相一致，否则视为新要约；承诺必须在要约确定的期限内到达要约人。

(2) 承诺的方式

承诺的方式是指受要约人将其承诺的意思表示传达给要约人的方式。根据《民法典》规定：承诺应当以通知的方式作出，但根据交易习惯或者要约表明可以通过行为作出承诺的除外。其中通知的方式依要约要求可以是口头或书面形式。

(3) 承诺的期限

承诺应当在要约确定的期限内到达要约人。

① 要约以信件或者电报方式作出，承诺期限自信件载明的日期或者电报交发之日开始计算，信件未载明日期的，以投寄该信件的邮戳日期开始计算。

② 要约以电话、传真等快速通信方式作出的，承诺期限自要约到达受要约人时开始计算。

要约没有确定承诺期限的，承诺应当依照下列规定到达。

① 要约以对话方式作出的，应当即时作出承诺。

② 要约以非对话方式作出的，承诺应当在合理期限内到达。

(4) 承诺的生效

《民法典》规定：承诺生效时合同成立，但法律另有规定或者当事人另有约定的除外。承诺自通知到达要约人时生效。承诺不需要通知的，根据交易习惯或者要约的要求作出承诺的行为时生效。采用数据电文形式订立合同的，承诺到达时间同要约到达时间的规定相同。

(5) 承诺的撤回

承诺可以撤回，但撤回承诺的通知应当在承诺通知到达要约人之前，或者与承诺通知同时到达要约人。

(6) 承诺迟延

承诺迟延是指受要约人超过承诺期限发出承诺，或者虽然在承诺期限内发出承诺，但因各种原因未能及时到达要约人的情形。根据《民法典》第四百八十六条的规定，受要约人超过承诺期限发出承诺，或者在承诺期限内发出承诺，按照通常情形不能及时到达要约人的，为新要约；但是，要约人及时通知受要约人该承诺有效的除外。受要约人在承诺期限内发出承诺，按照通常情形能够及时到达要约人，但是因其他原因致使承诺到达要约人时超过承诺期限的，除要约人及时通知受要约人因承诺超过期限不接受该承诺外，该承诺有效。

3. 合同成立的时间与地点

(1) 合同成立的时间

《民法典》规定：承诺生效时合同成立。针对当事人订立合同的不同形式，《民法典》规定了确认合同成立的不同时间标准：根据当事人约定采用合同书形式订立合同的，自当事人签字、盖章或者按指印时合同成立；在签名、盖章或者按指印之前，当事人一方已经履行主要义务，对方接受时，该合同成立。当事人采用信件、数据电文等形式订立合同的，可以在合同成立之前要求签订确认书。签订确认书时合同成立。当事人一方通过互联网等信息网络发布的商品或者服务信息符合要约条件的，对方选择该商品或者服务并提交订单成功时合同成立，但是当事人另有约定的除外。

(2) 合同成立的地点

承诺生效的地点为合同成立的地点。针对当事人订立合同的不同形式，《民法典》规定了确认合同成立的不同地点标准：当事人采用合同书形式订立合同的，双方当事人签字或者盖章的地点为合同成立的地点；采用数据电文形式订立合同的，收件人的主营业地为合同成立的地点；没有主营业地的，其住所地为合同成立的地点。当事人另有约定的，按照其约定。

4. 缔约过失责任

缔约过失责任是指当事人在订立合同过程中，因违背诚实信用原则致使合同不能成立，给对方造成损失时应承担的法律责任。

根据《民法典》第五百条的规定，当事人在订立合同过程中有下列情形之一，给对方造成损失的，应当承担损害赔偿责任。

(1) 假借订立合同，恶意进行磋商。

(2) 故意隐瞒与订立合同有关的重要事实或者提供虚假情况。

(3) 有其他违背诚实信用原则的行为。

《民法典》还规定：当事人在订立合同过程中知悉的商业秘密或者其他应当保密的信息，无论合同是否成立，不得泄露或者不正当地使用；泄露、不正当地使用该商业秘密或者信息，造成对方损失的，应当承担赔偿责任。依照法律、行政法规的规定，合同应当办理批准等手续的，依照其规定。未办理批准等手续影响合同生效的，不影响合同中履行报批等义务条款以及相关条款的效力。应当办理申请批准等手续的当事人未履行义务的，对方可以请求其承担违反该义务的责任。

案例 6-2

赵某为某个体饭店老板。一次，赵某到朋友孙某家做客，见其门市房地点不错，就与孙某商量，是否能将此房出租给他开分店，孙某知其饭店生意兴隆，就表示同意。双方约定，由孙某代为装修，装修后双方再签订合同。后来，赵某多次找到孙某，要求加快装修进度。门市房即将装修完工时，赵某再次找到孙某，称自己的饭店因发生食物中毒事件而无力再开分店，所以不能签订租房合同。孙某要求赵某支付装修费用并赔偿损失，赵某认为自己未签合同，没有赔偿责任。孙某一气之下将其告上法庭。

【问题】 赵某应承担什么责任？为什么？

6.2.2 合同的主要条款与形式

1. 合同的主要条款

合同条款即合同的内容，是权利义务的具体规定。合同条款的确定是当事人之间协商订立合同的过程，因此，总体上说应服从合同当事人的意思自由。依据《民法典》第四百七十条规定，合同一般包括以下条款：当事人的名称或者姓名和住所；标的，即合同双方当事人权利义务所共同指向的对象；数量；质量；价款或者报酬；履行期限、地点和方式；违约责任；解决争议的方法。

《民法典》所列的八项条款并不是任何合同都必须包括的条款。当事人参照各类合同的示范文本订立合同。下面以房屋租赁合同为例，说明合同式样。

房屋租赁合同示范文本

出租方： 承租方：

为明确出租方与承租方的权利义务关系，经双方协商一致，签订本合同。

第一条 房屋概况（略）

第二条 租赁期限

租赁期共××年××月，出租方从××××年××月××日起将出租房屋交付承租方使用，至××××年××月××日收回。合同期满后，如出租方仍继续出租房屋的，承租方享有优先权。

第三条 租金交纳

租金的标准为每年××元，先付后租，需提前1个月交纳；还需支付××元作为押金。承租方还应承担水电费、维修费、财产保险费及相关的管理费。

第四条 房屋维护

承租方确保房屋整体结构的完整性和完好性,并对房屋及其设备每年进行检查、修缮一次,以保障房屋的安全和正常使用。承租方对房屋进行装修改造,需书面报出租方同意后方能施工;如承租方未经出租方同意,对房屋进行装修改造或增设他物的,出租方有权要求承租方恢复原状或赔偿损失。在本合同终止后,承租方所进行的固定装修不能拆除,应无偿交付给出租方。所租赁的房屋必须每年参加财产保险。

第五条 变更事项

如果出租方将房屋所有权转移给第三方,本合同对新的房屋所有者继续有效。出租方出卖房屋,须在1个月前通知承租方。在同等条件下,承租方有优先购买权。

第六条 违约责任

承租方有下列情形之一的,属于违约行为。

1. 承租方擅自将房屋转租或转借的。
2. 承租方利用承租房屋进行非法活动,损害公共利益的。
3. 承租方拖欠租金累计达3个月的。

承租方逾期交付租金的,除仍应及时如数补交外,还应支付违约金×××元。承租方违反合同,擅自将承租房屋转给他人使用的,应支付违约金×××元;如果因此造成承租房屋毁坏的,还应负责赔偿。

如一方提前终止本合同,应向对方支付合同租金总额的30%的违约金。

第七条 免责条件

房屋如因不可抗力的原因导致毁损,造成承租方损失的,双方互不承担责任。

第八条 补充规定

本合同未尽事宜,经合同双方共同协商,作出书面的补充规定,补充规定与本合同具有同等效力。

第九条 合同文本

本合同正本一式四份,出租方、承租方各执两份。

出租方(盖章) 承租方(盖章)

法定代表人(签名): 法定代表人(签名):

 年 月 日 年 月 日

在合同的订立中,还要注意格式条款。格式条款是指当事人为重复使用而预先拟定,并在订立合同时未与对方协商的条款。由于格式条款是由一方当事人拟定,且在合同谈判中不容对方协商,双方法律地位实际上并不平等,其条款内容难免有不够公平之处。所以《民法典》对其适用做出特别规定,以保证另一方当事人的合法权益。《民法典》规定:采用格式条款订立合同的,提供格式条款的一方应当遵循公平原则确定当事人之间的权利和义务,并采取合理的方式提示对方注意免除或者减轻其责任等与对方有重大利害关系的条款,按照对方的要求,对该条款予以说明。提供格式条款的一方未履行提示或者说明义务,致使另一方没有注意或者理解与其有重大利害关系的条款的,对方可以主张该条款不成为合同的内容。对格式条款的理解发生争议的,应当按照通常理解予以解释。对格式条款有两种以上解释的,应当作出不利于提供格式条款一方的解释。格式条款和非格式条款不一致的,应当采用非格式条款。

此外，《民法典》还规定合同中约定的下列格式条款无效：①造成对方人身伤害的免责条款；②造成对方财产损失的免责条款；③提供格式条款的一方不合理地免除或者是减轻其责任、加重对方责任、限制对方主要权利；④提供格式条款的一方排除对方主要权利；⑤违反法律、行政法规、违背公序良俗、虚伪意思表示、双方恶意串通损害他人合法权益的格式条款。

案例 6-3

曲先生到天鲜阁酒楼消费，自带白酒并自己开启，结账时被告收取了186元餐饮费和20元"开瓶费"。曲先生认为酒楼收取20元"开瓶费"不合理，要求酒楼退回，但遭拒绝。天鲜阁酒楼的理由是，其在店堂明显位置张贴了"谢绝自带酒水，自带酒水收取开瓶费20元"。曲先生将天鲜阁酒楼告到法院，要求其退回20元"开瓶费"。

【问题】 曲先生的要求能够得到法院支持吗？

2. 合同的形式

（1）书面形式

书面形式是指合同书、信件和数据电文（包括电报、电传、传真、电子数据交换和电子邮件）等可以有形地表现所载内容的形式。法律、行政法规规定采用书面形式的，应当采用书面形式。当事人约定采用书面形式的，应当采用书面形式。

（2）口头形式

口头形式是指双方当事人通过交谈达成协议。因其发生纠纷后取证较难，所以仅适用于即时清结和不重要的合同。

（3）其他形式

合同除了书面和口头形式外，还可以采取公证、鉴证、批准、登记、行为默示等形式。行为默示形式是指当事人以某种表明法律意图的行为间接地表明合同内容的合同形式。

案例 6-4

某超市与某制衣厂订立了一份购销3种规格运动服的合同。合同约定，质量按样品规格，先寄样品，待确认后发货，货到付款。双方代表在合同上签字，约定待确认样品后再盖章。但制衣厂未寄样品，就发出全部货物，超市收货后致函制衣厂，对发货表示突然，但未表示拒收。后来，超市将部分货物拆包销售，因该运动服销售困难，超市致函制衣厂，要求延期付款，遭到制衣厂拒绝。双方协商不成，超市将制衣厂告上法庭，超市声称合同因未盖章而无效，要求将购销关系变为代销关系，退回大部分剩货。

【问题】 此案中合同是否成立？为什么？

6.3 合同的效力

6.3.1 合同的效力概述

合同的效力是指已成立的合同具有的法律约束力。合同的生效与合同的成立既有联系又有区别,合同的成立表明合同当事人之间已就合同内容达成一致意思;而合同的生效则表明已成立的合同获得了法律的认可,具有法律约束力。合同成立后,可能因获得法律的认可而生效,也可能因违反法律规定或意思表达不完全而无效、可撤销或效力待定。

6.3.2 合同生效的要件

合同生效是指已经依法成立的合同发生相应的法律效力。

合同生效必须具备三个条件:①当事人具有相应的民事行为能力;②当事人意思表示真实;③不违反法律、行政法规的强制性规定;不违反公序良俗。

《民法典》根据不同类型的合同规定了不同的生效时间,主要有四种情况。

(1) 依法成立的合同,自成立时生效。

(2) 法律、行政法规规定应当办理批准等手续生效的,依照其规定办理批准等手续后生效。如专利技术转让需经国家专利局批准。

案例 6-5

洪某与信达股份公司签订商品房预售合同。交房后洪某一直居住。但后来洪某办理不动产权证时才知道信达股份公司未取得预售许可证,因此洪某无法办理不动产权证。洪某遂诉至法院,要求确认原商品房预售合同无效。

【问题】 本案中的商品房预售合同有效吗?为什么?

(3) 当事人对合同的效力可以约定附条件。附生效条件的合同,自条件成就时生效;附解除条件的合同,自条件成就时失效。当事人为自己的利益不正当地阻止条件成就的,视为条件已成就;不正当地促成条件成就的,视为条件不成就。

(4) 当事人对合同的效力可以约定附期限。附生效期限的合同,自期限届满时生效;附终止期限的合同,自期限届满时失效。

案例 6-6

甲公司因扩大经营规模,拟在本市租赁几间厂房。后与乙机械厂签订了一份房屋租赁合同。合同约定:如果能在年底之前竣工新厂房,乙机械厂就将旧厂房租给甲公司,租期两年,月租金5 000元。未到年底乙机械厂新厂房就竣工了。因某个体户以每月6 000元的租金租赁旧厂房,遂乙机械厂通知甲公司解除原房屋租赁合同,甲公司不同意,多次协商未果,乙机械厂单方解除合同。甲公司将其告上法庭。

【问题】 乙机械厂是否承担违约责任?为什么?

6.3.3 合同无效、可撤销和效力待定

1. 无效合同

无效合同是指已经订立但因欠缺生效条件而不发生法律效力的合同。合同的无效分为全部无效与部分无效两种情况。

依据《民法典》总则编和合同编的规定,有下列情形之一的,合同无效。
(1) 无民事行为能力人订立的合同。
(2) 行为人与相对人以虚假意思订立的合同,即虚伪意思表示的合同。
(3) 违反法律、行政法规的强制性规定的合同。
(4) 违背公序良俗的合同。
(5) 行为人与相对人恶意串通,损害他人合法权益的合同。

根据《民法典》规定,当事人超越经营范围订立合同,人民法院不因此认定合同无效,但违反国家限制经营、特许经营,以及法律、行政法规禁止经营规定的除外。

案例 6-7

林场与酒店签订畜肉买卖合同,其中包括野生狍子肉和黄羊肉。后由于酒店大量拖欠货款,林场与酒店协商未果,便私自将酒店运货的面包车扣留。酒店遂拒绝支付其余货款,林场只好将其告上法庭。

【问题】 该合同有效吗?为什么?

2. 可撤销的合同

可撤销的合同是指合同欠缺生效条件,一方当事人可依照自己的意愿请求人民法院或者仲裁机构使合同的效力归于消灭的合同。《民法典》规定,当事人一方有权对下列合同请求人民法院或者仲裁机构予以撤销。

(1) 因重大误解订立的合同。

案例 6-8

王某到新结识的朋友李某家做客,见李某家中有一碗底印有"康熙年制"字样的青花瓷碗,李某称此碗为其母亲的遗物,王某以为是文物,便与李某协商以3 000元买下此碗。数日后,王某发现此碗为仿制品,便向李某提出退货还款的请求,李某不同意,王某便将李某告上法庭。

【问题】 该合同的法律效力如何?法院该如何处理?

(2) 因欺诈订立的合同。一方以欺诈手段,使对方在违背真实意思的情况下所订立的合同,以及第三人实施欺诈行为,使一方在违背真实意思的情况下所订立的合同,对方知道或者应当知道该欺诈行为的。

(3) 一方利用对方处于危困状态、缺乏判断能力等情形,显失公平的合同。

(4) 一方以欺诈、胁迫的手段或者乘人之危,使对方在违背真实意思的情况下订立的合同。

(5) 情势变更的合同。合同成立后,合同的基础条件发生了当事人在订立合同时无法预见的、不属于商业风险的重大变化,继续履行合同对于当事人一方明显不公平,受不利影响的当事人可以与对方重新协商;在合理期限内协商不成的,当事人可以请求人民法院或者仲裁机构变更或者解除合同。

《民法典》同时规定,有下列情形之一的,撤销权消灭:具有撤销权的当事人自知道或者应当知道撤销事由之日起一年内、重大误解的九十日内,或者自合同订立之日起五年内,没有行使撤销权的;具有撤销权的当事人知道撤销事由后明确表示或者以自己的行为放弃撤销权。

3. 效力待定合同

效力待定合同是指已成立的合同欠缺有效条件,尚未确定能否发生当事人预期的法律效力,只有经过权利人的追认,才能发生当事人预期的法律效力的合同。若权利人在一定期间内不予追认,合同则归于无效。

(1) 限制民事行为能力人订立的合同,经法定代理人追认后,该合同有效。但纯获利益的合同或者与其年龄、智力、精神健康状况相适应而订立的合同,不必经法定代理人追认,合同当然有效。相对人可以催告法定代理人在三十日内予以追认。法定代理人未作表示的,视为拒绝追认,合同被追认之前,善意相对人有撤销的权利。撤销应当以通知的方式做出。

(2) 行为人没有代理权、超越代理权或者代理权终止后仍以被代理人名义订立的合同,未经被代理人追认,对被代理人不发生法律效力,由行为人承担责任。但相对人有理由相信行为人有代理权的,该代理行为有效。例如,相对人见到了行为人所持的有效的某法人的介绍信,则可认定行为人与该单位之间代理关系有效。相对人可以催告被代理人在收到通知之日起三十日内予以追认。被代理人未作表示的,视为拒绝追认,合同被追认之前,善意相对人有撤销的权利。撤销应当以通知的方式做出。

案例 6-9

王某原是甲厂的一名采购员,因被甲厂开除怀恨在心。某日,王某在外地遇到乙厂厂长,便以甲厂名义与乙厂签订了一份购销合同。乙厂立即电话询问甲厂能否如期交货,甲厂厂长见有利可图,便答应如期交货。结果由于甲厂管理不善,未能按期交货,乙厂要求甲厂承担违约责任,而甲厂则以王某代理行为无效为由,拒绝承担违约责任。

【问题】 王某是否有权与乙厂签订合同?其合同性质如何?

(3) 法人、非法人组织的法定代表人、负责人、执行工作任务的人员超越权限订立的合同有效,但相对人知道或者应该知道其超越权限的除外。

(4) 无处分权人处分他人财产的合同,经权利人追认或者无处分权的人订立合同后取得处分权的,该合同有效。

(5) 以虚假的意思表示隐藏的民事法律行为的效力,依照有关法律规定处理。

案例 6-10

杭州一家公司年终搞抽奖活动,一等奖为清空中奖者的购物车。一员工幸运中奖。公司老板没想到该员工的购物车中竟然有一套商品房,顿时傻眼。老板反悔,指责员工在购物车中放了房子太过分,因为房价太高。员工表示老板不讲信誉,如果奖不起,当初就不应该搞这个活动。

【问题】 老板能反悔吗?

6.3.4 合同无效和被撤销的法律后果

1. 返还财产

合同无效、被撤销或者确定不发生效力后,因该合同取得的财产应当予以返还;不能返还或者没有必要返还的应当折价补偿。

2. 赔偿损失

合同无效、被撤销或者确定不发生效力后,有过错的一方应当赔偿对方因此所受到的损失;双方都有过错的,应当各自承担相应的责任。法律另有规定的,依照其规定。

可撤销的合同与无效合同不同。无效合同因违法而自始至终没有法律约束力;可撤销的合同主要是订立合同时意思表示不真实的合同,在合同订立后,当事人的意思表示还可能改变,不一定非得撤销,所以,在被撤销之前仍是有效合同。对可撤销的合同是否撤销,完全由当事人决定。

合同部分无效,不影响其他部分效力的,其他部分仍然有效。

合同不生效、无效、被撤销或者终止的,不影响合同中独立存在的有关解决争议方法的条款的效力。

6.4 合同的履行

6.4.1 合同履行的概念和原则

1. 合同履行的概念

合同的履行是指合同生效后,双方当事人完成合同中规定的各项义务的行为。在合同的履行中,当事人应当遵循诚实信用原则履行合同中规定的各项义务,同时还要根据合同的性质、目的和交易习惯履行通知、协助、保密等义务。

2. 合同履行的规则

(1) 合同内容约定不明确时的履行规则

合同生效后,当事人就质量、价款或者报酬、履行地点等内容没有约定或者约定不明确的,可以协议补充;不能达成补充协议的,按照合同有关条款或者交易习惯确定。若仍不能确定的,则按照《民法典》规定的规则处理。

① 质量要求不明确的,按照强制性国家标准履行;没有强制性国家标准的,按照推荐性国家标准履行;没有推荐性国家标准的,按照行业标准履行;没有国家标准、行业标准的,按照通常标准或者符合合同目的的特定标准履行。

② 价款或者报酬不明确的,按照订立合同时履行地的市场价格履行;依法应当执行政府定价或者政府指导价的,按照规定履行。执行政府定价或者政府指导价的,在合同约定的

交付期限内政府价格调整时,按照交付时的价格计价。逾期交付标的物的,遇价格上涨时,按照原价格执行;价格下降时,按照新价格执行。逾期提取标的物或者逾期付款的,遇价格上涨时,按照新价格执行;价格下降时,按照原价格执行。

③ 履行地点不明确的,给付货币的,在接受货币一方所在地履行;交付不动产的,在不动产所在地履行;其他标的在履行义务一方所在地履行。

④ 履行期限不明确的,债务人可以随时履行,债权人也可以随时要求履行,但应当给对方必要的准备时间。通过互联网等信息网络订立的电子合同的标的为交付商品并采用快递物流方式交付的,收货人的签收时间为交付时间。电子合同的标的为提供服务的,生成的电子凭证或者实物凭证中载明的时间为提供服务时间;前述凭证没有载明时间或者载明时间与实际提供服务时间不一致的,以实际提供服务的时间为准。电子合同的标的物为采用在线传输方式交付的,合同标的物进入对方当事人指定的特定系统且能够检索识别的时间为交付时间。电子合同当事人对交付商品或者提供服务的方式、时间另有约定的,按照其约定。

⑤ 履行方式不明确的,按照有利于实现合同目的的方式履行。

⑥ 履行费用的负担不明确的,由履行义务一方负担。因债权人原因增加的履行费用由债权人负担。

(2) 合同主体变化时的履行规则

合同生效后,当事人不得因姓名、名称的变更或者法定代表人、负责人、承办人的变动而不履行合同义务。

(3) 合同涉及第三人时的履行规则

在合同的履行中,有时会涉及第三人,如当事人约定由债务人向第三人履行或由第三人向债权人履行。为保障涉及第三人的合同履行中各方当事人的正当权益,《民法典》规定:当事人约定由债务人向第三人履行债务的,债务人未向第三人履行债务或者履行债务不符合约定的,应当向债权人承担违约责任;法律规定或者当事人约定第三人可以直接请求债务人向其履行债务,第三人未在合理期限内明确拒绝,债务人未向第三人履行债务或者履行债务不符合约定的,第三人可以请求债务人承担违约责任;债务人对债权人的抗辩,可以向第三人主张;当事人约定由第三人向债权人履行债务的,第三人不履行债务或者履行债务不符合约定的,债务人应当向债权人承担违约责任。债务人不履行债务,第三人对履行该债务具有合法利益的,第三人有权向债权人代为履行;但是,根据债务性质、按照当事人约定或者依照法律规定只能由债务人履行的除外。债权人接受第三人履行后,其对债务人的债权转让给第三人,但是债务人和第三人另有约定的除外。

(4) 履行标的的选择

标的有多项而债务人只需履行其中一项的,债务人享有选择权;但是,法律另有规定、当事人另有约定或者另有交易习惯的除外。享有选择权的当事人在约定期限内或者履行期限届满未作选择,经催告后在合理期限内仍未选择的,选择权转移至对方。当事人行使选择权应当及时通知对方,通知到达对方时,标的确定。标的确定后不得变更,但是经对方同意的除外。可选择的标的发生不能履行情形的,享有选择权的当事人不得选择不能履行的标的,但是该不能履行的情形是由对方造成的除外。

6.4.2 合同履行中的抗辩权

1. 同时履行抗辩权

根据《民法典》的规定：当事人互负债务，没有先后履行顺序的，应当同时履行。一方在对方履行之前有权拒绝其履行要求。一方在对方履行债务不符合约定时，有权拒绝其相应的履行要求。

2. 后履行抗辩权

后履行抗辩权是指当事人互负债务，有先后履行顺序，先履行一方未履行或履行债务不符合约定的，后履行一方有权拒绝其履行要求或相应的履行要求。

案例 6-11

A公司与B厂签订了一份供货合同，约定由B厂于6月先支付A公司20万元预付款，再由A公司于8月向其供货。合同订立后，B厂以资金紧张为由，未支付预付款。到8月，B厂要求A公司如期供货，否则就要追究A公司的违约责任。

【问题】 B厂的要求合理吗？

3. 不安抗辩权

不安抗辩权是指双务合同中，在对方由于财产状况明显恶化，可能难以保证对等债务履行时，先履行一方有权中止自己的履行，或者要求对方做出担保的权利。根据《民法典》规定，应当先履行债务的当事人，有确切证据证明对方有下列情形之一的，可以中止履行。

(1) 经营状况严重恶化。
(2) 转移财产、抽逃资金以逃避债务。
(3) 丧失商业信誉。
(4) 有丧失或者可能丧失履行债务能力的其他情形。

但当事人没有确切证据而中止履行合同的，应当承担违约责任。当事人中止履行合同的，应当及时通知对方。对方提供适当担保时，应当恢复履行。中止履行后，对方在合理期限内未恢复履行能力并且未提供适当担保的，中止履行的一方可以解除合同并可以请求对方承担违约责任。

案例 6-12

甲企业与乙商场订立了一份买卖合同，合同约定由甲企业向乙商场提供一批棉纺织品，货到后分期付款。后甲企业得知乙商场已拖欠职工10个月工资，并拖欠银行大量贷款未还，故甲企业未按时交货，并通知了乙商场，乙商场多次催货均被拒绝。于是，乙商场将甲企业告上法庭，声称由于甲企业不履行合同的交货义务，使乙商场错过了销售旺季，要求甲企业赔偿经济损失。

【问题】 此案中甲企业的做法是否妥当？为什么？

6.4.3 合同的保全

合同的保全是指合同在履行过程中,由于债务人的财产状况会直接影响债权人的债权,为保护债权人的债权免受债务人财产不当减少带来的危害,允许债权人对债务人的不当行为做出积极反应的法律制度。

合同的保全主要包括代位权与撤销权两种形式。

1. 代位权

因债务人怠于行使其到期债权,或者与该债权有关的从权利,对债权人造成损害的,债权人可以向人民法院请求以自己的名义代位行使债务人的债权,但该债权专属于债务人自身的除外。代位权的行使范围以债权人的到期债权为限。债权人行使代位权的必要费用,由债务人负担。

代位权的行使应同时符合下列条件。

(1) 债权人对债务人的债权合法。
(2) 债务人怠于行使其到期债权,对债权人造成损害。
(3) 债务人的债权已到期。
(4) 债务人的债权不是专属于债务人自身的债权。专属于债务人自身的债权,是指基于扶养关系、抚养关系、赡养关系、继承关系产生的给付请求权和劳动报酬、退休金、养老金、抚恤金、安置费、人寿保险、人身伤害赔偿请求权等权利。

案例 6-13

甲公司为开发新项目,急需资金,向乙公司借钱。2023 年 3 月 12 日,双方订立借款合同,约定:乙公司借给甲公司 15 万元,借期 6 个月,月息为银行贷款利息的 1.5 倍,到期一次性还本付息。甲公司因新项目开发不顺利,未盈利,到了 9 月 12 日无法偿还欠乙公司的借款。乙公司向甲公司催促还款无果,但得到一信息,丙公司曾向甲公司借款 20 万元,现已到还款期,丙公司正准备还款,但甲公司让丙公司暂时不还。于是,乙公司向法院起诉,请求甲公司以丙公司的欠款来偿还债务。甲公司辩称该债权未到期,无法清偿债务。

【问题】
(1) 甲公司的行为是否构成违约?为什么?
(2) 乙公司是否可针对甲公司的行为行使撤销权?为什么?
(3) 乙公司是否可以行使代位权?为什么?

2. 撤销权

因债务人放弃其到期债权、放弃债权担保或者无偿转让财产,对债权人造成损害的,债权人可以请求人民法院撤销债务人的行为。债务人以明显不合理的低价转让财产,以明显不合理的高价受让他人财产,或者为他人的债务提供担保,对债权人造成损害,并且受让人知道该情形的,债权人也可以请求人民法院撤销债务人的行为。撤销权的行使范围以债权人的债权为限。债权人行使撤销权的必要费用,由债务人负担。

根据《民法典》第五百四十一条的规定,撤销权自债权人知道或者应当知道撤销事由之日起一年内行使。自债务人的行为发生之日起五年内没有行使撤销权的,该撤销权消灭。

6.5 合同的担保

合同担保是指依据法律规定或者当事人的约定,为保证合同履行或债权实现而采取的法律保障措施。

我国合同担保制度由保证、抵押、质押、留置和定金五种担保方式组成。

6.5.1 保证合同

《民法典》实施后,保证不仅是合同的一种担保方式,更是一种典型合同,即保证合同。本书以《民法典》的新规定,从合同的角度分析保证制度。《民法典》的这种变化,将保证制度和保证内容更多地授权给当事人自治。

保证合同是指为保障债权的实现,保证人和债权人约定,当债务人不履行到期债务或者发生当事人约定的情形时,保证人履行债务或者承担责任的合同。其中,为债务人的债务履行作担保的第三人称为保证人;被担保的债务人称为被保证人。

1. 保证人的资格

《民法典》规定:具有代为清偿债务能力的法人、非法人组织或者自然人可以作为保证人。但下列组织不得作为保证人:一是经国务院批准为使用外国政府或者国际经济组织借款进行转贷的机关法人;二是以公益为目的非营利法人、非法人组织。

2. 保证合同的内容

(1) 被保证的主债权种类、数额。
(2) 债务人履行债务的期限。
(3) 保证的方式、范围、期间。
(4) 双方认为需要约定的其他事项。

保证合同可以单独订立书面合同,也可以是主债权债务合同的保证条款。

3. 保证的方式

保证分为一般保证和连带责任保证。保证方式应在合同中明确约定,未作约定的,视为一般保证。

(1) 一般保证

当事人在保证合同中约定,债务人不能履行债务时,由保证人承担保证责任的,为一般保证。当事人在保证合同中对保证方式没有约定或者约定不明确的,按照一般保证承担保证责任。但是,一般保证的保证人在主合同纠纷未经审判或者仲裁,并就债务人财产依法强制执行仍不能履行债务前,有权拒绝向债权人承担保证责任,但是有下列情形之一的除外。

① 债务人下落不明,且无财产可供执行。
② 人民法院已经受理债务人破产案件。
③ 债权人有证据证明债务人的财产不足以履行全部债务或者丧失履行债务能力。
④ 保证人书面表示放弃本款规定的权利。

(2) 连带责任保证

当事人在保证合同中约定保证人与债务人对债务承担连带责任的,为连带责任保证。连带责任保证以当事人在合同中有明确约定为成立要件。连带责任保证的债务人在主合同规定的债务履行期限届满时没有履行债务或者发生当事人约定的情形时,债权人可以直接要求保证人在其保证范围内承担保证责任。

4. 保证期间

保证期间是指保证人承担保证责任的时间范围。保证期间是确定保证人承担保证责任的期间,不发生中止、中断和延长。债权人与保证人可以约定保证期间,但是约定的保证期间早于主债务履行期限或者与主债务履行期限同时届满的,视为没有约定;没有约定或者约定不明确的,保证期间为主债务履行期限届满之日起六个月。债权人与债务人对主债务履行期限没有约定或者约定不明确的,保证期间自债权人请求债务人履行债务的宽限期届满之日起计算。

一般保证的债权人未在保证期间对债务人提起诉讼或者申请仲裁的,保证人不再承担保证责任。连带责任保证的债权人未在保证期间请求保证人承担保证责任的,保证人不再承担保证责任。

5. 保证债务的诉讼时效

一般保证的债权人在保证期间届满前对债务人提起诉讼或者申请仲裁的,从保证人拒绝承担保证责任的权利消灭之日起开始计算保证债务的诉讼时效。连带责任保证的债权人在保证期间届满前请求保证人承担保证责任的,从债权人请求保证人承担保证责任之日起,开始计算保证债务的诉讼时效。诉讼时效期间为三年。

6. 保证范围

保证责任即保证人在担保事项出现时应承担的法律责任。保证责任的范围包括主债权及利息、违约金、损害赔偿金和实现债权的费用。当事人可以约定保证的适用范围。

7. 保证责任

(1) 保证人的数量与保证责任的关系

同一债务有两个以上保证人的,保证人应当按照保证合同约定的保证份额承担保证责任。未约定保证份额的,债权人可以请求任一保证人在其保证的范围内承担保证责任。

(2) 主合同变更对保证责任的影响

债权人和债务人未经保证人书面同意,协商变更主债权债务合同内容,减轻债务的,保证人对变更后的债务承担保证责任;加重债务的,保证人对加重的部分不承担保证责任。

(3) 债权债务转让对保证责任的影响

债权人转让全部或者部分债权,未通知保证人的,该转让对保证人不发生效力。保证人与债权人约定禁止债权转让,债权人未经保证人书面同意转让债权的,保证人对受让人不再承担保证责任。债权人未经保证人书面同意,允许债务人转移全部或者部分债务,保证人对未经其同意转移的债务不再承担保证责任,但是债权人和保证人另有约定的除外。第三人加入债务的,保证人的保证责任不受影响。

(4) 保证与物的担保并存时的规定

被担保的债权既有物的担保又有人的担保的,债务人不履行到期债务或者发生当事人约定的实现担保物权的情形,债权人应当按照约定实现债权;没有约定或者约定不明确,债务人自己提供物的担保的,债权人应当先就该物的担保实现债权;第三人提供物的担保的,债权人可以就物的担保实现债权,也可以请求保证人承担保证责任。提供担保的第三人或者保证人承担担保责任后,有权向债务人追偿。

(5) 保证人的追偿权

保证人承担保证责任后,享有追偿权,即有权向债务人追偿其代为清偿的部分。保证人自行履行保证责任时,其实际清偿额大于主债权范围的,保证人只能在主债权范围内对债务人行使追偿权。

(6) 保证责任的免除

保证责任在一定情形下可以免除。

① 一般保证的保证人在主债务履行期限届满后,向债权人提供债务人可供执行财产的真实情况,债权人放弃或者怠于行使权利致使该财产不能被执行的,保证人在其提供可供执行财产的价值范围内不再承担保证责任。

② 债务人对债权人享有抵销权或者撤销权的,保证人可以在相应范围内拒绝承担保证责任。

③ 保证合同无效。保证合同是主债权债务合同的从合同。主债权债务合同无效的,保证合同无效,但是法律另有规定的除外。

6.5.2 抵押和质押

1. 抵押

(1) 抵押的概念

抵押是指债务人或者第三人的特定财产在不转移占有的前提下,将该财产作为债权的担保,当债务人不履行债务时,债权人有权依法以该财产折价或者以拍卖、变卖该财产的价款优先受偿。在抵押法律关系中,提供财产的债务人或者第三人称为抵押人;债权人享有的当债务人不履行债务时以变卖抵押物优先受偿的权利称为抵押权;享有抵押权的债权人称为抵押权人。

(2) 抵押物

用于抵押的财产称为抵押物。根据《民法典》第三百九十五条的规定,债务人或第三人有权处分的下列财产可以抵押。

① 建筑物和其他土地附着物。

② 建设用地使用权。

③ 海域使用权。

④ 生产设备、原材料、半成品、产品。

⑤ 正在建造的建筑物、船舶、航空器。

⑥ 交通运输工具。

⑦ 法律、行政法规未禁止抵押的其他财产。

乡镇、村企业的建设用地使用权不得单独抵押。以乡镇、村企业的厂房等建筑物抵押的，其占用范围内的建设用地使用权一并抵押。

根据《民法典》规定，下列财产不得抵押。

① 土地所有权。

② 耕地、宅基地、自留地、自留山等集体所有的土地使用权（但法律另有规定的除外）。

③ 学校、幼儿园、医院等以公益为目的的非营利法人的教育设施、医疗卫生设施和其他社会公益设施。

④ 所有权、使用权不明或者有争议的财产。

⑤ 依法被查封、扣押、监管的财产。

⑥ 法律、行政法规规定不得抵押的其他财产。

需要注意的是，我国法律对房地产的抵押做了专门规定，实行"房随地走，地随房走"的房与地同时抵押的原则。乡镇、村企业的土地使用权不得单独抵押。但以乡镇、村企业的厂房等建筑物抵押的，其占用范围内的土地使用权同时抵押。

（3）抵押合同

抵押合同是指通过当事人之间协商确定以某项特定财产担保债务履行而订立的协议。根据我国法律规定，抵押人和抵押权人应当以书面形式订立抵押合同。抵押合同应当包括以下内容。

① 被担保的主债权种类、数额。

② 债务人履行债务的期限。

③ 抵押财产的名称、数量等情况。

④ 担保的范围。

（4）抵押物登记

当事人以建筑物和其他土地附着物、建设用地使用权、海域使用权、正在建造的建筑物等财产抵押的，应当向有关部门办理抵押登记，抵押权自登记时设立。以动产抵押的，抵押权自抵押合同生效时设立；未经登记，不得对抗善意第三人。

（5）抵押的效力

①《民法典》第三百九十条规定，担保期间，担保财产毁损、灭失或者被征收等，担保物权人可以就获得的保险金、赔偿金或者补偿金等优先受偿。被担保债权的履行期限未届满的，也可以提存该保险金、赔偿金或者补偿金等。

② 抵押与租赁的关系。

A. 先租后抵情形。根据《民法典》第四百零五条的规定，抵押权设立前，抵押财产已经出租并转移占有的,原租赁关系不受该抵押权的影响。

B. 先抵后租情形。若抵押权设立后出租的,租赁关系受抵押权的影响。如抵押权人实现抵押权后,可以要求解除租赁关系。

③ 抵押与抵押物转让关系。根据《民法典》第四百零六条的规定,抵押期间,抵押人可以转让抵押财产,当事人另有约定的,按照其约定。抵押财产转让的,抵押权不受影响。抵押人转让抵押财产的,应当及时通知抵押权人。抵押权人能够证明抵押财产转让可能损害抵押权的,可以请求抵押人将转让所得的价款向抵押权人提前清偿债务或者提存。转让的价款超过债权数额的部分归抵押人所有,不足部分由债务人清偿。

A. 抵押物可否转让,当事人另有约定的,按照其约定。但《民法典》允许抵押人在抵押期间转让抵押财产。

B. 抵押财产转让的,抵押权不受影响。

C. 抵押物转让程序。抵押人转让抵押财产的,应当及时通知抵押权人。抵押权人能够证明抵押财产转让可能损害抵押权的,可以请求抵押人将转让所得的价款向抵押权人提前清偿债务或者提存。

D. 抵押物转让所得的价款的效力。转让的价款超过债权数额的部分归抵押人所有,不足部分由债务人清偿。

(6) 抵押担保债权的清偿顺序

债务人不履行到期债务或者发生当事人约定的实现抵押权的情形,抵押权人可以与抵押人协议以抵押财产折价或者以拍卖、变卖该抵押财产所得的价款优先受偿。协议损害其他债权人利益的,其他债权人可以请求人民法院撤销该协议。抵押权人与抵押人未就抵押权实现方式达成协议的,抵押权人可以请求人民法院拍卖、变卖抵押财产。抵押财产折价或者变卖的,应当参照市场价格。抵押财产折价或者拍卖、变卖后,其价款超过债权数额的部分归抵押人所有,不足部分由债务人清偿。

若同一财产向两个以上债权人抵押的,拍卖、变卖抵押财产所得的价款依照下列规定清偿。

① 抵押权已登记的,按照登记的时间先后确定清偿顺序。

② 抵押权已登记的先于未登记的受偿。

③ 抵押权未登记的,按照债权比例清偿。

抵押权人可以放弃抵押权或者抵押权的顺位。抵押权人与抵押人可以协议变更抵押权顺位以及被担保的债权数额等内容。但是,抵押权的变更未经其他抵押权人书面同意的,不得对其他抵押权人产生不利影响。债务人以自己的财产设定抵押,抵押权人放弃该抵押权、抵押权顺位或者变更抵押权的,其他担保人在抵押权人丧失优先受偿权益的范围内免除担保责任,但是其他担保人承诺仍然提供担保的除外。

(7) 抵押权的限制

建设用地使用权抵押后,该土地上新增的建筑物不属于抵押财产。该建设用地使用权实现抵押权时,应当将该土地上新增的建筑物与建设用地使用权一并处分。但是,新增建筑物所得的价款,抵押权人无权优先受偿。以集体所有土地的使用权依法抵押的,实现抵押权后,未经法定程序,不得改变土地所有权的性质和土地用途。

(8) 抵押权的特殊类型

① 浮动抵押。企业、个体工商户、农业生产经营者可以将现有的以及将有的生产设备、

原材料、半成品、产品抵押,债务人不履行到期债务或者发生当事人约定的实现抵押权的情形,债权人有权就抵押财产确定时的动产优先受偿。依据《民法典》第三百九十六条规定设定抵押的,抵押财产自下列情形之一发生时确定。

A. 债务履行期限届满,债权未实现。

B. 抵押人被宣告破产或者解散。

C. 当事人约定的实现抵押权的情形。

D. 严重影响债权实现的其他情形。

② 最高额抵押。为担保债务的履行,债务人或者第三人对一定期间内将要连续发生的债权提供担保财产的,债务人不履行到期债务或者发生当事人约定的实现抵押权的情形,抵押权人有权在最高债权额限度内就该担保财产优先受偿。有下列情形之一的,抵押权人的债权确定。

A. 约定的债权确定期间届满。

B. 没有约定债权确定期间或者约定不明确,抵押权人或者抵押人自最高额抵押权设立之日起满二年后请求确定债权。

C. 新的债权不可能发生。

D. 抵押权人知道或者应当知道抵押财产被查封、扣押。

E. 债务人、抵押人被宣告破产或者解散。

F. 法律规定债权确定的其他情形。

③ 动产价款超级优先权。《民法典》第四百一十六条规定:"动产抵押担保的主债权是抵押物的价款,标的物交付后十日内办理抵押登记的,该抵押权人优先于抵押物买受人的其他担保物权人受偿,但是留置权人除外。"这一优先权有优先于其他抵押权的效力。其主要适用于债务人在设定动产浮动抵押后又购入新的动产时,为担保价款的支付而在该动产上为出卖人设定抵押权。这主要是为了解决中小企业在将现有的和将有的动产设定浮动抵押后的再融资能力问题,因为如果动产浮动抵押设定在前且已经办理登记,抵押人新购入的动产也将自动成为浮动抵押权的客体,即使买受人在新购入的动产上为担保价款债权实现而为出卖人设定了抵押权,由于该抵押权登记在后,根据《民法典》第四百一十四条关于担保物权清偿顺序的规定,出卖人的交易安全也无法获得有效保障,从而影响出卖人与抵押人进行交易的积极性。动产价款超级优先权旨在打破《民法典》第四百一十四条的清偿顺序,赋予后设立的抵押权优先于先设立的浮动抵押权的效力,从而增强了抵押人的再融资能力,具有正当性。

2. 质押

质押是指债务人或者第三人将动产或权利交与债权人占有,作为债务履行的担保。在质押法律关系中,提供动产或权利的债务人或者第三人称为出质人;提供担保的动产或权利称为质物;债权人享有的当债务人不履行债务时以变卖质物优先受偿的权利称为质权;享有质权的债权人称为质权人。质押分为动产质押与权利质押。

(1) 动产质押

动产质押是指债务人或第三人将动产移交债权人占有,将该动产作为债权的担保。设立动产质押应当由出质人与质权人订立书面质押合同。

① 质押合同。质押合同应当以书面形式订立。质押合同为自双方意思表示一致时成立，但质权自交付质押财产时设立。质押合同一般包括以下内容：被担保的主债权种类、数额；债务人履行债务的期限；质押财产的名称、数量等情况；质押担保的范围；质押财产交付的时间；当事人认为需要约定的其他事项。

除质押合同另有约定外，质押担保的范围包括主债权及利息、违约金、损害赔偿金、质物保管费用和实现质权的费用。

② 质权人的权利和义务。

A. 占有质押财产的权利。质权人在债务人未清偿债务之前有权占有质押财产，并有收取质押财产所产生的孳息的权利，并优先充抵收取孳息的费用。

B. 请求担保权。因不可归责于质权人的事由可能使质押财产毁损或者价值明显减少，足以危害质权人权利的，质权人有权请求出质人提供相应的担保；出质人不提供的，质权人可以拍卖、变卖质押财产，并与出质人协议将拍卖、变卖所得的价款提前清偿债务或者提存。

C. 优先受偿权。债务履行期限届满时质权人未受清偿的，可以与出质人协议以质物折价，也可以依法拍卖、变卖质物。质物折价或者拍卖、变卖后，其价款优先清偿债务，其价款超过债权数额的部分归出质人所有，不足部分由债务人清偿。

D. 质权人负有妥善保管质物的义务。因保管不善致使质押财产毁损、灭失的，质权人应当承担民事赔偿责任。质权人的行为可能使质押财产毁损、灭失的，出质人可以要求质权人将质押财产提存，或者要求提前清偿债务并返还质押财产。质权人在质权存续期间，未经出质人同意，擅自使用、处分质物的，如果因此给出质人造成损失的，由质权人承担赔偿责任。

E. 不得擅自转质。质权人在质权存续期间，未经出质人同意转质，造成质押财产毁损、灭失的，应当承担赔偿责任。

F. 质权人返还质物的义务。债务履行期限届满，债务人履行债务的，或者出质人提前清偿所担保的债权的，质权人应当返还质物。

G. 及时行使质权的义务。出质人可以请求质权人在债务履行期限届满后及时行使质权；质权人不行使的，出质人可以请求人民法院拍卖、变卖质押财产。出质人请求质权人及时行使质权，因质权人怠于行使权利造成出质人损害的，由质权人承担赔偿责任。

(2) 权利质押

权利质押是指以财产权利为标的设置的债权担保。下列权利可以质押。

① 汇票、支票、本票、债券、存款单、仓单、提单。

② 依法可以转让的基金份额、股权。

③ 依法可以转让的商标专用权、专利权、著作权等知识产权中的财产权。

④ 法律、行政法规可以质押的其他财产权利，包括公路桥梁、公路隧道或者公路渡口等不动产的收益权。

权利质押合同自订立时生效，但质权一般自出质登记时设立，法律另有规定的除外。

① 以汇票、支票、本票、债券、存款单、仓单、提单出质的，应当在合同约定的期限内将权利凭证交付质权人。汇票、本票、支票、债券、存款单、仓单、提单的兑现日期或者提货日期先

于主债权到期的,质权人可以兑现或者提货,并与出质人协议将兑现的价款或者提取的货物提前清偿债务或者提存。

② 以基金份额、股权出质的,出质人和质权人应当订立书面合同,并向证券登记机构办理出质登记,质权自办理出质登记之日起设立。基金份额、股权出质后,不得转让,但是出质人与质权人协商同意的除外。出质人转让基金份额、股权所得的价款,应当向质权人提前清偿债务或者提存。

③ 以依法可以转让的商标专用权、专利权、著作权等知识产权中的财产权出质的,出质人与质权人应当订立书面合同,并向其管理部门办理出质登记。质权自登记之日起设立。

④ 以应收账款出质的,质权自办理出质登记时设立。

(3) 质权实现的顺序

① 同一财产既设立抵押权又设立质权的,拍卖、变卖该财产所得的价款按照登记、交付的时间先后确定清偿顺序。

② 同一财产向两个以上债权人质押的,拍卖、变卖质押财产所得的价款依照下列规定清偿。

A. 质押权已经登记的,按照登记的时间先后确定清偿顺序。

B. 质押权已经登记的先于未登记的受偿。

C. 质押权未登记的,按照债权比例清偿。

6.5.3 留置

留置是指债权人合法占有债务人的动产,债务人不按照合同约定的期限履行债务的,债权人有权扣留该动产,以该动产折价或者以拍卖、变卖该动产的价款优先受偿的一种债权担保方式。债权人为留置权人,占有的动产为留置财产。

(1) 留置条件。债权人留置的动产,应当与债权属于同一法律关系,但是企业之间留置的除外。法律规定或者当事人约定不得留置的动产,不得留置。

(2) 留置权人的权利。留置权人有权收取留置财产的孳息。所收取的孳息应当先充抵收取孳息的费用。留置权人与债务人应当约定留置财产后的债务履行期限;没有约定或者约定不明确的,留置权人应当给债务人六十日以上履行债务的期限,但是鲜活易腐等不易保管的动产除外。债务人逾期未履行的,留置权人可以与债务人协议以留置财产折价,也可以就拍卖、变卖留置财产所得的价款优先受偿。

(3) 留置权人的义务。债务人可以请求留置权人在债务履行期限届满后行使留置权;留置权人不行使的,债务人可以请求人民法院拍卖、变卖留置财产。

(4) 留置担保的范围。包括主债权及利息、违约金、损害赔偿金、留置物保管费用和实现留置权的费用。留置物折价或者拍卖、变卖后,其价款超过债权数额的部分归债务人所有,不足部分由债务人清偿。

(5) 留置权实现顺序。同一动产上已经设立抵押权或者质权,该动产又被留置的,留置权人优先受偿。动产抵押担保的主债权是抵押物的价款,标的物交付后十日内办理抵押登记的,该抵押权人优先于抵押物买受人的其他担保物权人受偿,但是留置权人除外。

6.5.4 定金

定金是指合同当事人一方为保证合同的履行,在合同成立后、履行前预先向对方当事人交付一定数额的货币。定金与预付款不同,预付款是合同当事人一方为履行付款义务而预先向对方当事人支付一定数额的款项,无担保作用,若对方不履行合同也无惩罚规定。

根据《民法典》规定:当事人可以约定一方向对方给付定金作为债权的担保。债务人履行债务后,定金应当抵作价款或者收回。给付定金的一方不履行约定的债务的,或者履行债务不符合约定致使不能实现合同目的的,无权要求返还定金;收受定金的一方不履行约定的债务的,或者履行债务不符合约定致使不能实现合同目的的,应当双倍返还定金。定金应当以书面形式约定。定金合同从实际交付定金之日起成立。定金的数额由当事人约定,但不得超过主合同标的额的20%。超过部分不产生定金的效力。实际交付的定金额多于或者少于约定数额的,视为变更约定的定金数额。

此外,《民法典》还规定:当事人既约定违约金又约定定金的,在对方违约时,可以选择适用违约金或定金条款。但两者不可以并用。

6.6 合同的变更与转让

6.6.1 合同的变更

合同的变更是指生效的合同在未履行或未履行完毕之前,由于主、客观情况的变化而使合同的内容发生变化。合同变更的方式主要有三种。

1. 当事人协议变更

合同是由当事人协商一致而订立的,经当事人协商一致,可以变更合同。但法律、行政法规规定变更合同应当办理批准、登记等手续的,应依照其规定办理批准、登记等手续方可变更。为防止发生纠纷,当事人对合同变更的内容应作明确约定,变更内容约定不明确的,推定为合同未变更。

2. 法院或仲裁机关裁决变更

合同成立后,合同的基础条件发生了当事人在订立合同时无法预见的、不属于商业风险的重大变化,继续履行合同对于当事人一方明显不公平的,受不利影响的当事人可以与对方重新协商;在合理期限内协商不成的,当事人可以请求人民法院或者仲裁机构变更或者解除合同。因重大误解、显失公平订立的合同只可以撤销,但不可变更。

3. 法定事由出现变更

如遭遇不可抗力导致债务人不能按期履行债务时,债务人可以减少债务数额或延期履行债务。

合同变更后,当事人应当按照变更后的合同履行。原合同未变更部分仍然有效,合同变更的部分仅对未履行的部分发生法律效力,对已履行的部分无溯及力。因合同的变更而使一方当事人受到经济损失的,受损一方可向另一方当事人要求损失赔偿。

6.6.2 合同的转让

合同的转让是指合同的当事人将其合同的权利和义务全部或者部分转让给第三人。合同的转让分为权利转让、义务转移及权利、义务一并转让三种情形。

1. 权利转让

权利转让是指不改变合同的内容,权利人将其合同的权利全部或部分转让给第三人。其中,权利人称为让与人,第三人称为受让人。

根据《民法典》的规定,权利人可以将合同的权利全部或者部分转让给第三人,但有三种情形不得转让。

(1) 根据合同性质不得转让

根据合同性质不得转让主要指合同是基于当事人身份关系而订立的合同,合同权利转让给第三人,会使合同的内容发生变化,违反了订立合同的目的。如当事人基于信任关系而订立的赠与合同、委托合同、雇用合同等都属于合同权利不得转让的合同。

(2) 按照当事人约定不得转让

合同当事人在订立合同时,对权利的转让做出特别的约定,只要意思表示真实并且不违反法律规定,那么禁止合同权利转让的特别约定就具有法律约束力。

(3) 依照法律规定不得转让

某些合同的债权涉及国家及社会的公共利益,因而法律禁止该合同的债权转让或债权转让须经国家有关部门批准。

必须指出的是,债权人转让权利的,无须债务人同意,但应当通知债务人。未经通知,该转让对债务人不发生效力。债权转让的通知不得撤销,但受让人同意的除外。债权人转让债权的,受让人取得与债权有关的从权利,但是该从权利专属于债权人自身的除外。受让人取得从权利不应该以权利未办理转移登记手续或者未转移占有而受到影响。债权人转让权利不得损害债务人的利益,不应影响债务人的权利。债务人对债权人享有的抵销权,不受债权转让的影响。

案例 6-14

刘某向某财务公司借款购买了一辆平头大货车,偿还借款后,又以该车为抵押向该财务公司贷款 15 万元,约定两年后还清。两年后,刘某未偿还贷款本息,财务公司将其诉至法院。法院判决刘某败诉,应偿还贷款本息,财务公司享有货车的抵押权。由于刘某在外地搞运输无法实现抵押权,财务公司与某运输公司签订了转让该债权和抵押权的合同,运输公司支付给财务公司 16 万元转让费。随后,财务公司通知刘某家人转告其债权转让一事。刘某得知后,不同意财务公司的转让行为,拒绝向运输公司履行债务。运输公司只好向法院起诉,要求刘某偿还债务。

【问题】 法院会如何判决？为什么？

2. 义务转移

义务转移是指不改变合同的内容，债务人将其合同的义务全部或部分转移给第三人。义务转移分为两种情况。

（1）合同义务的全部转移，新债务人取代了合同原债务人的地位，原债务人脱离合同的债务关系。

（2）合同义务的部分转移，即第三人加入债务关系与原债务人共同负担合同债务，原债务人并未脱离合同的债务关系。

《民法典》规定：债务人将合同的义务全部或者部分转移给第三人的，应当经债权人同意。债务人转移债务的，新债务人可以主张原债务人对债权人的抗辩；原债务人对债权人享有债权的，新债务人不得向债权人主张抵销。新债务人应当承担与主债务有关的从债务，但该从债务专属于原债务人自身的除外。

案例 6-15

甲与乙协议购买乙收藏的油画一幅，并约定由乙将该油画装裱后交付给甲。因为乙在当地是有名的装裱艺人，所以甲支付的购画价格比较高。此后，由于乙收藏的油画破损以致不能交付，经征得甲的同意后，将交付油画的合同债务转由第三人丙完成，丙也表示同意，乙便将甲所支付的购画款全部转交给丙。当丙向甲交付油画时，甲拒绝接受，因为该油画未经装裱。甲提出要么由乙继续装裱该画，要么由丙退回部分钱款，乙和丙均予以拒绝。甲遂向法院提起诉讼。

【问题】 甲的主张是否应得到法院支持？为什么？

3. 权利、义务一并转让

权利、义务一并转让是指当事人与第三人协议，将其合同的权利和义务一并转让给第三人。当事人将合同的权利、义务一并转让，除了取得第三人同意以外，还应该遵守以下法律规定：不得转让依照法律规定禁止转让的权利；转让合同权利和义务时，从权利和从义务一并转让，但该从权利或从义务专属于当事人自身的除外；法律、行政法规规定转让权利或者转移义务应当办理批准、登记等手续的，应依照其规定办理相应手续。当事人订立合同后合并的，由合并后的法人或者其他组织行使合同权利，履行合同义务。当事人订立合同后分立的，除债权人和债务人另有约定的以外，由分立的法人或者其他组织对合同的权利和义务享有连带债权，承担连带债务。

6.7 合同的权利义务终止

6.7.1 合同的权利义务终止概述

合同的权利义务终止是指由于某种法律事实的发生，使当事人之间的权利义务关系消灭,即合同关系消灭。

根据《民法典》规定,有下列情形之一的,合同的权利义务终止:债务已经按照约定履行;合同解除;债务相互抵销;债务人依法将标的物提存;债权人免除债务;债权债务同归于一人;法律规定或者当事人约定终止的其他情形。

其中,提存是指债务人因债权人原因将无法清偿的标的物提交给提存机关保存以消灭合同的行为。我国的提存机关为公证机关。《民法典》规定,有下列情形之一的,债务人可以将标的物提存:债权人无正当理由拒绝受领;债权人下落不明;债权人死亡未确定继承人、遗产管理人,或者丧失民事行为能力未确定监护人;法律规定的其他情形。

标的物不适于提存或者提存费用过高的,债务人依法可以拍卖或者变卖标的物,提存所得的价款。提存费用由债权人负担。债权人可以随时领取提存物。但是,债权人对债务人负有到期债务的,在债权人未履行债务或者提供担保之前,提存部门根据债务人的要求应当拒绝其领取提存物。债权人领取提存物的权利自提存之日起五年内不行使则消灭。若债权人丧失领取权,提存物扣除提存费用后归国家所有。但是,债权人未履行对债务人的到期债务,或者债权人向提存部门书面表示放弃领取提存物权利的,债务人负担提存费用后有权取回提存物。

合同的权利义务终止后,当事人有时还负有后合同义务,即合同终止后,当事人应当遵循诚实信用原则,根据交易习惯履行通知、协助、保密、旧物回收等义务。

6.7.2 合同的解除

合同的解除是指合同成立生效后,因发生了法定、约定情况或当事人协商一致,而使合同关系消灭的行为。合同的解除分为约定解除和法定解除两种情况。

1. 约定解除

约定解除是指当事人通过行使约定解除权或者当事人协商一致而解除合同。在订立合同时,可以约定当事人一方或双方拥有合同解除权。约定合同解除权必须符合合同生效的条件,即不得违反法律规定、损害国家利益和社会公共利益或者违反公序良俗。当解除合同的条件成立时,解除权人可以解除合同。法律规定或者当事人可以约定解除权行使期限,期限届满时当事人不行使的,该权利消灭;法律未规定或者当事人未约定解除权行使期限的,自解除权人知道或者应当知道解除事由之日起一年内不行使,或者经对方催告后在合理期限内不行使的,该权利消灭。合同生效后,未履行或未完全履行前,当事人也可以协议解除合同,但解除合同协议也必须符合合同生效的条件。

2. 法定解除

法定解除是指合同成立生效后,当事人根据法律规定解除合同。《民法典》规定了当事人可以解除合同的六种情形。

(1) 因不可抗力致使不能实现合同目的。

(2) 在履行期限届满之前,当事人一方明确表示或者以自己的行为表明不履行主要债务。

（3）当事人一方迟延履行主要债务，经催告后在合理期限内仍未履行。

（4）当事人一方迟延履行债务或者有其他违约行为致使不能实现合同目的。

（5）以持续履行的债务为内容的不定期合同，当事人可以随时解除合同，但应当在合理期限之前通知对方。

（6）法律规定的其他情形。

此外，《民法典》还规定：当事人一方主张解除合同的，应当通知对方。合同自通知到达对方时解除。对方有异议的，可以请求人民法院或者仲裁机构确认解除合同的效力。当事人解除合同，法律、行政法规规定应当办理批准、登记等手续的，应依照其规定办理。合同解除后，尚未履行的，终止履行；已经履行的，根据履行情况和合同性质，当事人可以要求恢复原状、采取其他补救措施，并有权要求赔偿损失。合同的权利义务终止，不影响合同中结算和清理条款的效力。

6.8 违约责任

6.8.1 违约责任的概念和归责原则

1. 违约责任的概念

违约责任是指当事人不履行合同义务或履行合同义务不符合约定时所应承担的法律责任。违约责任是民事责任的一种，主要表现为财产责任，它既具有明显的补偿性，又具有相对性。

2. 归责原则

归责原则是确认行为人的民事责任的根据和准则。违约责任必须遵循一定的归责原则来确认其构成要件、举证责任、免责事由，以及损害赔偿范围。

违约责任的归责原则有两种，即过错责任原则和严格责任原则。过错责任原则以过错的存在作为追究违约责任的要件。对过错的存在采取两种方式确认，一是适用"谁主张，谁举证"的原则，由债权人举证证明债务人存在过错；二是在特定情况下适用"举证责任倒置"的原则，债务人须举证证明自己不存在过错。严格责任原则又称无过错责任原则，是指违约发生后，确认违约责任主要考虑违约的结果是否因违约方的行为造成，而不考虑违约方的违约是因为故意还是过失。从举证方面来看，只要当事人一方能够证明违约结果由另一方违约行为引起，即可要求另一方承担违约责任。

《民法典》第五百七十七条规定：当事人一方不履行合同义务或者履行合同义务不符合约定的，应当承担继续履行、采取补救措施或者赔偿损失等违约责任。由此可以看出，我国违约责任实行的是严格责任原则。

实行严格责任原则并不意味着在任何情况下，只要债务人不履行合同义务就必然承担违约责任。若违约方具备免责事由，就可以部分或全部免除责任；若违约方能够证明违约行为与违约结果之间无因果关系，也不承担违约责任。

案例 6-16

副食品公司与农产品批发公司签订了一份购销合同。合同约定：总价款 10 万元，副食品公司先付定金 1 万元，并于发货日之前先付 5 万元货款，待货到验收后，再支付其余 4 万元货款。临近合同约定的发货日，批发公司未收到 5 万元货款，也就未发货。数日后，副食品公司电话询问批发公司为何不发货，批发公司称未收到货款，副食品公司称 5 万元货款已经按约定以电汇方式发出，批发公司未按约定发货应负违约责任，副食品公司要求批发公司双倍返还定金并继续履行合同。双方发生争执，诉至法院。法院经过审理查明：副食品公司确实已经按约定以电汇方式发出 5 万元货款，但由于邮局工作人员疏忽而未将货款付出。

【问题】 副食品公司是否应承担违约责任？为什么？

6.8.2 违约行为的形态

1．预期违约

当事人在合同履行期限届满之前，便明确表示或以自己的行为表示将不履行合同的为预期违约。预期违约的，对方可以在履行期限届满之前要求其承担违约责任。

2．不适当履行

不适当履行是指当事人虽有履行行为，但不符合合同约定，包括以下内容。

(1) 部分履行行为，如未以合同规定的数量交付货物。
(2) 履行方式不适当，如未按约定一次性付款，而采用分期付款方式。
(3) 履行地点不适当，如未在合同规定的地点交付货物。
(4) 其他行为，如违反告知义务。

3．瑕疵履行

瑕疵履行是指债务人履行的标的不符合合同约定的质量标准。瑕疵履行按照违约行为除违约后果外，是否还具有侵权损害后果，可分为违约瑕疵履行和损害瑕疵履行。由于违约瑕疵履行尚未造成人身损害或财产损失，对违约行为可以采取补救措施；而损害瑕疵履行由于已造成人身损害或财产损失，违约方还应承担损害赔偿责任。

 案例 6-17

某县种子供应站（以下简称供种站）从本省种子研究所原种场购进一批西瓜种子，分别销售给当地 500 户农民。该 500 户农民按照原种场提供的技术资料对种植的西瓜种子实施了田间管理，但西瓜的生长情况却与资料介绍的数据不符，出现了大量减产的现象。供种站多次电告原种场派人处理，原种场均以各种借口推卸责任。经市农业农村局的高级农艺师核实，用户的西瓜产量无法达到原种场技术资料提供的数据，总损失达 15 余万元。后经查明，该种子在批量生产时，由于操作人员疏忽，致使种子的品质无法达到试种的技术水平。村民向供种站要求索赔，供种站以不知种子存在质量问题进行抗辩，拒绝赔偿，村民遂起诉到人民法院。

【问题】 谁应为村民的损失承担赔偿责任？为什么？

4. 迟延履行

按照迟延履行的主体不同，可分为债务人迟延履行和债权人迟延履行。债务人迟延履行是指合同期限届满时未履行债务，《民法典》规定：若债务人迟延履行，对于合同债权人无利益的，债权人可以拒绝接受履行，并由债务人承担不履行的违约责任。债权人迟延履行通常是指债权人无正当理由拒不接受债务人的正常履行，由于债权人迟延履行，债务人不承担迟延履行的责任，并且债权人迟延履行造成债务损害的，由债权人承担损害赔偿责任。

6.8.3 违约责任的认定要件

1. 违约行为的存在

违约行为是合同当事人不履行或不完全履行合同义务的行为。

2. 损害后果

损害必须是实际已经发生的，尚未发生的损害不能赔偿。损害又必须是可以计算的，只有可以计算才能赔偿。

3. 违约行为与损害后果之间存在因果关系

损害后果是由违约行为直接造成的，因果关系不仅决定了违约责任的成立，而且决定了承担违约责任的范围。

以上三个要件是确认违约责任的一般构成要件，只有严格符合以上三个要件，才能确认违约责任的存在。

6.8.4 承担违约责任的方式

《民法典》规定，违约的当事人承担违约责任的方式主要有以下几种：继续履行、采取补救措施、赔偿损失、支付违约金、给付或双倍返还定金等。

1. 继续履行

继续履行是指债权人在债务人不履行合同义务时，可请求人民法院或者仲裁机构强制债务人实际履行合同义务。继续履行虽然是一种承担违约责任的方式，但其实质是为了实现合同的目的，所以对违约方来说并不具有惩罚性。

依据《民法典》的规定，对于金钱债务，一方未履行，另一方可要求继续履行。金钱债务包括价款、报酬、租金、利息或者其他金钱债务。对于非金钱债务，未履行或者履行不符合约定的一方原则上应当继续履行，但是有以下情形除外：

(1) 法律上或者事实上不能履行。
(2) 债务的标的不适合于强制履行或者履行费用过高。
(3) 债权人在合理期限内未要求履行。

有上述除外情形之一,致使合同目的无法实现的,人民法院或者仲裁机构可以根据当事人的请求终止合同权利义务关系,但是不影响违约责任的承担。

当事人一方不履行债务或者履行债务不符合约定,根据债务的性质不得强制履行的,对方可以请求其负担由第三人替代履行的费用。

2. 采取补救措施

《民法典》规定:当事人履行合同义务时,质量不符合约定的,应当按照当事人的约定承担违约责任。对违约责任没有约定或者约定不明确,根据《民法典》第五百一十条规定不能确定的,受损害方根据标的的性质以及损失的大小,可以合理选择要求对方承担修理、更换、重做、退货、减少价款或者报酬等违约责任。

3. 赔偿损失

当事人一方不履行合同义务或者履行合同义务不符合约定的,在履行义务或者采取补救措施后,对方还有其他损失的,应当赔偿损失。损失赔偿额应当相当于因违约所造成的损失,包括合同履行后可以获得的利益,但不得超过违反合同一方订立合同时预见到或者应当预见到的因违反合同可能造成的损失。

当事人一方违约后,对方应当采取适当措施防止损失的扩大;没有采取适当措施致使损失扩大的,不得就扩大的损失要求赔偿。当事人因防止损失扩大而支出的合理费用由违约方承担。

4. 支付违约金

违约金是指合同当事人在合同中约定,一方当事人不履行合同义务或履行合同义务不符合约定时应当根据情况向对方支付一定数额的货币。

《民法典》规定:当事人可以约定一方违约时应当根据违约情况向对方支付一定数额的违约金,也可以约定因违约产生的损失赔偿额的计算方法。约定的违约金低于造成的损失的,当事人可以请求人民法院或者仲裁机构予以增加;约定的违约金过分高于造成的损失的,当事人可以请求人民法院或者仲裁机构予以适当减少。当事人就迟延履行约定违约金的,违约方支付违约金后,还应当履行债务。

5. 给付或双倍返还定金

根据《民法典》规定,当事人可以约定一方向对方给付定金作为债权的担保。给付定金的一方不履行约定的债务的,无权要求返还定金;收受定金的一方不履行约定的债务的,或者履行债务不符合约定,致使合同目的不能实现的,应当双倍返还定金。当事人既约定违约金,又约定定金的,一方违约时,对方可以选择适用违约金或者定金条款。定金不足以弥补一方违约造成的损失的,对方可以请求赔偿超过定金数额的损失。

6.8.5 违约责任的免除

如果当事人的违约是由于免责事由的出现而造成的,可根据情况免除违约方的违约责任。《民法典》规定了三种免责事由:不可抗力、免责条款、法律的特殊规定。

1. 不可抗力

不可抗力是指不能预见、不能避免并且不能克服的客观情况,如自然灾害、战争等。不可抗力是违约责任免除的法定事由。《民法典》规定:因不可抗力不能履行合同的,根据不可抗力的影响,部分或者全部免除责任,但法律另有规定的除外。因不可抗力不能履行合同的,应当及时通知对方,以减轻可能给对方造成的损失,并应当在合理期限内提供证明。当事人迟延履行后发生不可抗力的,不能免除责任。

案例 6-18

刘某在某摩托车经销部购买了一辆X型号的电动车,由于该型号的电动车销路很好,刘某预先交了车款,并与店主约定第二天中午准时提车,店主为其开具了领车单。刘某第二天因突然出差而未能准时提车,刘某出差回来后听说该摩托车经销部近日因仓库起火而停业,遂立即找到该摩托车经销部店主,要求提车,店主称电动车已被烧毁,刘某又要求返还车款,被店主拒绝。刘某将店主起诉至人民法院,要求店主返还车款。

【问题】 法院将如何判决?为什么?

2. 免责条款

免责条款是合同双方当事人在合同中约定的,当出现指定的事由或条件时,可免除违约方违约责任的规定。

3. 法律的特殊规定

在法律有特殊规定时,可以免除违约方的违约责任。如《民法典》规定:承运人对运输过程中货物的毁损、灭失承担赔偿责任,但承运人证明货物的毁损、灭失是因不可抗力、货物本身的自然性质或合理损耗以及托运人、收货人的过错造成的,不承担损害赔偿责任。

案例及分析

某养鸡场为引进良种鸡急需资金20万元,遂向甲公司借款10万元,以其价值15万元的面包车作抵押,双方立有抵押字据,但未办理抵押登记。养鸡场又向乙公司借款10万元,以该面包车作了质押,双方立有质押字据,并将面包车交付乙公司占有。养鸡场得款后与县良种站签订了良种鸡引进合同。合同约定良种鸡总价款共计2万元,养鸡场预付定金1万元,违约金按合同总额的30%计算,养鸡场以销售肉鸡的款项偿还良种站的货款。该合同未约定合同的履行地点。后来,良种站将良种鸡送交养鸡场,要求支付运费,被养鸡场拒绝。因发生鸡瘟(未将此情况通知良种站),养鸡场预计的收入未能实现,致使养鸡场不能及时偿还借款和支付货款,而与甲公司、乙公司和良种站发生纠纷。甲、乙公司要求养鸡场偿还借款,良种站要求养鸡场支付货款、运费及违约金。本案诉至法院后,法院查证上述事实后还查明:乙公司在占有面包车期间,不慎将其撞坏,送丙汽车修理部修理,乙公司无力支付丙修理部的修理费1万元,该面包车被丙修理部留置。

【问题】
(1) 养鸡场与甲公司签订的抵押合同是否有效?为什么?
(2) 乙公司对面包车的质权何时设立?为什么?
(3) 养鸡场是否需要支付良种站的货款?合同中约定的定金条款和违约金条款可否同时适用?为什么?
(4) 丙修理部可否将面包车留置?为什么?
(5) 养鸡场可否因不可抗力向良种站要求免责?为什么?

【分析】
(1) 有效。根据法律规定,当事人以动产抵押的,可以自愿办理抵押物登记,抵押合同自签订之日起生效。当事人未办理抵押物登记的,不得对抗第三人。故养鸡场与甲公司之间的抵押关系有效。

(2) 根据法律规定,出质人与质权人应当以书面形式订立质押合同,质押合同并不直接设立质权,质权自质押财产交付时设立。因此,乙公司收到面包车时质权设立。

(3) 一方面,良种站要求养鸡场支付运费的请求应予以支持。因为根据《民法典》的规定,合同履行地点不明确,给付货币的,在接受给付一方的所在地履行,其他标的在履行义务一方的所在地履行。本案中,合同未明确约定合同的履行地点,故应在供货一方良种站所在地履行,即良种站并无送货的义务,养鸡场应向良种站支付运费。另一方面,根据相关法律规定,合同中规定定金和违约金的,二者不能并用。故养鸡场无力支付良种站的货款,合同约定的定金条款和违约金条款不可同时适用,只能选择其一。

(4) 可以。丙修理部通过修理合同关系合法占有乙公司的面包车,因乙公司无力支付丙修理部的修理费,丙修理部可以对面包车行使留置权。

(5) 不可以。根据法律规定,在合同履行过程中,因发生不可抗力而致使一方当事人不能履行合同的,可以免除其不能履行合同的责任。本案中,由于养鸡场不能履行支付货款义务系由不可抗力所致,但养鸡场在发生不可抗力后应及时通知良种站并采取减损措施,事后又能向良种站提供有关证明的,才可适用免责的规定。由于养鸡场在发生不可抗力时未能及时通知良种站,不能适用因发生不可抗力而免责的规定。

本章小结

合同是平等主体的自然人、法人和非法人组织之间设立、变更、终止民事权利义务关系的协议。根据不同的标准,对合同可做不同的分类。《民法典》总则编和第三编合同编是调整合同关系的主要法律规范,其基本原则有平等原则、自愿原则、公平原则、诚实信用原则、合法原则和公序良俗原则等。

合同的订立包括要约和承诺两个阶段,要注意要约和要约邀请的区别。合同的订立过程以合同的成立为终结,合同的成立以承诺生效为准。在合同的内容中要注意是否有格式条款或无效条款的存在。缔约过失责任与违约责任的区别是:违约责任产生于合同成立之后,而缔约过失责任发生在合同成立之前,适用于合同未成立、合同未生效、合同无效等情况下对过失方的追究。合同包括书面、口头、其他三种形式。

合同成立后,合同的效力可分为有效、可撤销、效力待定和无效四种情况,其中有效的合同必须具备三个条件,效力待定合同分四种情况。可撤销合同或无效合同可能导致的法律后果有两种,即返还财产和赔偿损失。

合同生效后,就会涉及合同的履行。合同在履行过程中可能会因为合同的内容约定不明确、合同主体变化、涉及第三者等问题,使合同的履行发生困难,对此,《民法典》合同编规定了合同履行的基本原则。为了保护权利人的利益,还规定了三种抗辩权(同时履行抗辩权、后履行抗辩权和不安抗辩权)和两种保全措施(代位权和撤销权)。

为保证合同的履行或债权的实现,可设置保证、抵押、质押、留置和定金五种担保方式。抵押和质押的区别主要在于,抵押物可以是动产,也可以是不动产,并且不转移占有,质押物均为动产(包括权利凭证),并且需要转移占有。在五种担保方式中,保证必须由第三者做出,抵押和质押也可能会涉及第三者,留置和定金不涉及第三者。

合同的变更是指合同内容的变化,合同的转让是指合同主体的变化,合同转让根据权利和义务主体变化的不同,可分为权利转让、义务转移,以及权利、义务一并转让三种情形。

法律规定了合同权利义务终止的七种情况:债务已履行、合同解除、债务相互抵销、提存、债务免除、债权债务同归于一人、其他情形。其中,合同解除还可以分为约定解除和法定解除两种情况。

当事人不履行合同义务或履行合同义务不符合约定时应承担违约责任。违约形态主要包括四种类型:预期违约、不适当履行、瑕疵履行和迟延履行。我国违约责任的一般构成要件是采用严格责任原则,包括三个条件。当事人承担违约责任的方式主要有五种,即继续履行、采取补救措施、赔偿损失、支付违约金、给付或双倍返还定金。当出现不可抗力、免责条款、法律特殊规定的免责事由时,违约责任也可以免除。

 复习思考题

1. 《民法典》合同编的基本原则是什么?
2. 订立合同应当采用什么形式?
3. 合同的内容应当包括哪些主要条款?
4. 合同如何订立?
5. 在什么情况下,合同无效?
6. 合同中的哪些免责条款是无效的?
7. 在什么情况下,合同的权利义务终止?
8. 在什么情况下,当事人可以解除合同?

9. 当事人承担违约责任的方式主要有哪几种?
10. 当事人在哪些事由出现时可以部分或全部免除违约责任?

实训题

1. 实训项目：三角债的处理。
2. 实训目的：通过三角债的模拟处理，认识现实经济生活中三角债的常见性与严重程度，掌握合同的履行与保全的原理和原则，培养实际解决三角债的能力。
3. 实训内容：根据下列情况，提出解决三角债的不同方案，并列出可能采取的实际措施。

2012年11月，世纪嘉铭公司与群利置业公司签订《房地产楼宇包销合同》一份，约定世纪嘉铭公司包销群利置业公司开发建设的"寿光群利商住中心"商业用房，包销期限自本合同生效之日起至2013年10月1日止，包销金额为8 881万元。后来双方就合同履行多次发生争议，经数次诉讼，世纪嘉铭公司全部付清了包销房产的房款，但群利置业公司尚欠世纪嘉铭公司包销金额1 651万元。

微课：妙解三角债

2013年11月，商玉梅从群利置业公司购买商品房一套，总价款17万元，商玉梅支付首付款86 069元，约定余款85 000元一直未付。双方没有约定支付期限，群利置业公司也没有向商玉梅要求支付余款。这一拖就是10年。

2023年1月，世纪嘉铭公司清理公司债务，发现上述情况，决定维权。但群利置业公司已经营不正常。

世纪嘉铭公司该如何解决公司债务？

4. 实训考核：根据学生提供的三角债解决方案，教师做出评分并进行总结。

第 7 章 工业产权法律制度

课程思政

工业产权法律制度保护的客体是智力劳动成果,是鼓励科技投资、创新发展的重要法律保障,是实施创新驱动发展战略的法治要求。

学习要点

※ 我国工业产权的一般原理与基本制度。
※ 商标权和专利权的取得条件、申请程序、权利内容与权利保护。
※ 运用所学知识分析解决实践中的有关具体问题。

7.1 工业产权法概述

7.1.1 工业产权的概念及特征

1. 工业产权的概念

工业产权是知识产权的重要组成部分。知识产权也称智力成果权,是指公民、法人、非法人单位对自己在科学技术和文学、艺术等领域从事脑力劳动所创造的成果依法取得的专有权。一般来说,工业产权和著作权统称知识产权。工业产权是指人们对脑力劳动所创造的智力成果应用于商品生产和商品流通领域依法享有的专有权。在我国,工业产权是商标权和专利权的统称。

2. 工业产权的特征

工业产权是一种无形财产权,与有形财产权相比,具有独特的法律特征。

(1) 专有性

工业产权是国家赋予权利人的一种独占、使用、收益和处分的权利。即权利人垄断这种专有权并严格保护,排除他人享有同样权利的可能性。非经权利人同意,任何人均不得使用其专利或注册商标,否则将构成侵权而受到法律制裁。这是工业产权的一个基本特征。

(2) 地域性

由于工业产权的取得有赖于法律专门确认,所以根据国家主权原则,依照特定国家法律获得承认和保护的工业产权,一般只能在该国领域内有效。即工业产权的专有性受到严格的地域限制,并不当然获得其他国家的承认。尽管随着工业产权制度的国际化,在世界范围内形成了一套国际工业产权的保护制度,一国确认的工业产权在一定情况下其他国家也可能予以承认,但是,这并不能排除工业产权的地域性,因为国际化的必要途径最终有赖于各主权国家相互间的立法认可。

(3) 时间性

工业产权保护有一定期限,权利人只能在法定期限内行使专有权,一旦法律规定的期限届满,这种专有权便自行失去效力,该智力成果便成为社会的共有财富,人们可以任意加以利用。工业产权在保护期限上的有限性决定于工业产权立法的根本目的:对工业产权的法律保护既要鼓励和保护劳动者创造性劳动的积极性,又要促进智力成果广为传播,推动科技、文化和经济的发展。

7.1.2 工业产权立法和国际保护

1. 工业产权立法

工业产权法是调整因确认、保护和使用工业产权而发生的各种社会关系的法律规范的总称。我国工业产权法包括商标法和专利法。我国十分重视通过立法保护工业产权,并特别强调工业产权法律制度与国际接轨,先后参加了一系列保护工业产权的国际公约,在国内立法中也注意借鉴国际通行做法。但与世贸组织关于《与贸易有关的知识产权协定》(简称《知识产权协定》)的要求相比,目前尚有一定差距。

为了适应入世的要求,我国制定了一些新的法律、法规,修改了以往的工业产权法律的有关内容。如《中华人民共和国商标法》(以下简称《商标法》)将商标的构成要素由原来的文字、图形及其组合改为包括文字、图形、字母、数字、三维标志颜色组合和声音等,以及这些要素的组合;在禁止使用的要素中,增加了官方标志、检验印记;明确规定对驰名商标给予特殊保护;规定当事人可以对商标评审委员会做出的复审决定向法院起诉;加重了商标侵权人的赔偿责任,加大了对商标的司法保护力度,并规定司法当局为了防止任何延误给权利人造成不可弥补的损害或者证据灭失,可以采取临时措施;增加了对地理标志、证明商标,以及团体、协会或者其他组织持有的集体商标的保护。再如《中华人民共和国专利法》(以下简称《专利法》)增加了规定,产品的专利权人有权禁止他人许诺销售其专利产品;加重了专利侵权人的赔偿责任,加大了对专利的司法保护力度,并规定司法当局为了防止任何延误给权利人造成不可弥补的损害或者证据灭失,可以采取临时措施;规定对专利评审委员会就发明、实用新型、外观设计专利的有关问题做出的复审决定,当事人可以向法院起诉。

2. 工业产权的国际保护

(1)《保护工业产权巴黎公约》

《保护工业产权巴黎公约》(简称《巴黎公约》)是工业产权国际保护的第一个公约,也是保护工业产权影响最大的国际公约,它的缔结标志着工业产权以及工业产权的保护制度开始走向国际化。

《巴黎公约》酝酿于19世纪70年代。1883年,法国、比利时、巴西等11个国家在巴黎正式召开外交会议,签订了《巴黎公约》,并根据这个公约,成立了"保护工业产权巴黎联盟"(简称巴黎联盟)。《巴黎公约》从1884年7月7日开始生效。我国加入《巴黎公约》的申请经我国第六届全国人大常委会第八次会议审议,于1984年11月14日做出决定。1985年3月,《巴黎公约》对我国生效。

《巴黎公约》先后已修订了8次,目前大多数国家采用的是1967年在瑞典斯德哥尔摩修订的文本。值得注意的是,我国参加巴黎联盟是有保留声明的,即如果我国对《巴黎公约》在解释问题上或在适用问题上与其他国家发生争议,我国将不按照国际法院规定将争议提交国际法院解决。

《巴黎公约》现行文本共有30条,其内容可分为三大类,即实质性法律条款、行政性条款和最终条款。实质性条款,主要包括工业产权的保护范围,国民待遇原则,优先权原则,专利、商标独立原则,强制许可原则及组织机构。

① 工业产权的保护范围。《巴黎公约》第一条第二款对工业产权的保护范围作了明确规定,包括发明专利、实用新型专利、外观设计专利、商标、服务标志、厂商名称、产地标记或原产地名称,以及制止不正当竞争。

② 国民待遇原则。在保护工业产权方面,各成员国必须保证其他成员国的国民享受该国国民能够获得的保护。非成员国的国民如果在成员国内有住所或真正的工商业所,也应享受此种保护。

③ 优先权原则。申请人在一个成员国内首次提出正式专利、商标申请后,在特定的期限内(发明专利和实用新型专利为1年,外观设计专利和商标为6个月),又将同一发明创造向其他成员国提出申请的,可以将首次的申请日作为有效的申请日,即后一申请即可享有首次申请日的优先权。

④ 专利、商标独立原则。不同成员国对同一发明创造批准给予的专利权和商标权是彼此独立的。也就是说,同一发明创造和商标在某一个成员国被授予了专利权和商标权后,并不要求其他成员国也必须授予其专利权和商标权;某一个成员国驳回了某项专利或者商标申请,并不能排除其他成员国批准该项专利申请或者注册商标申请的可能性;某一个成员国撤销了某项专利申请或者注册商标申请,或者作了专利权、商标权的无效宣告,并不影响其他成员国承认该项专利权、商标权继续有效。

⑤ 强制许可原则。自专利申请日起满4年,或者自专利批准日起满3年,取得专利的发明创造若无正当理由没有实施或者没有充分实施的,各成员国可以根据任何人的申请,给予实施其发明创造的强制许可,但取得强制许可方应给予专利权人合理的报酬。

⑥ 组织机构。《巴黎公约》规定,缔约国组成保护工业产权联盟。该联盟组织由联盟大会、执行委员会和国际局组成。此外,公约还规定,联盟的每一个成员国家都必须设立专门的工业产权机构和中央服务机构。

(2)《商标国际注册马德里协定》

《商标国际注册马德里协定》(简称《马德里协定》)是1891年4月14日签订的。其后,自1900年至1967年7月14日共作了6次修订。最后的修订本称为斯德哥尔摩文本。我国于 1989 年加入了《马德里协定》。

《马德里协定》是巴黎联盟成员国为了简化同一商标在不同成员国的注册申请手续而缔结的。这个协定的主要内容规定了商标国际注册的程序、效力、期限及其他内容。

① 商标国际注册的程序。商标注册的申请人在其国内获得商标注册后,向本国主管商标的机关提交商标国际注册申请案,并缴纳有关费用(基本费和附加费等)。本国商标主管部门查核后,转至世界知识产权国际局。国际局对该申请进行形式审查,认为符合要求的,就给予公告并通知申请人要求其商标保护的有关缔约国。有关缔约国若在得到通知 1 年内未向国际局提出驳回注册商标声明的,便视为该国已接受了该商标的注册申请。

② 商标国际注册的效力。国际局通过审查之日起,便产生了商标注册的法律效力。商标权人如果要求优先权,可享受《巴黎公约》规定的优先权,国际局的审查日便是其优先权日。

③ 商标国际注册的期限。经国际局注册的商标,其有效期均为 20 年,续展时也是 20 年。这个规定不受任何成员国《商标法》规定期限的影响。在 20 年期满前 6 个月,国际局将向商标权人明示商标权即将到期。待商标期满时没有提出续展的,可再给予 6 个月的宽限期,在宽限期内提出续展的,要缴纳一定数额的罚款。

④ 其他规定。国际注册商标的所有权人可以向国际局要求扩大其保护范围,即扩大保护其注册商标的国家范围,但其条件是该商标申请不被所要求保护的国家驳回。国际注册商标权人有权全部或部分转让其商标。已取得国际注册的商标,如需改变原商标的文字、图案或扩大使用范围,应当重新提出申请。

(3) 和贸易有关的知识产权协议(TRIPS 协议)

TRIPS 协议是 WTO(世界贸易组织)的重要附件,全文名称为"与贸易有关的知识产权协定"。加入世贸组织的国家和地区都有义务遵守该协定的内容。

TRIPS 协议的主要内容分为七个部分。

第一部分规定了一般的原则。这一部分进一步重申了有关国际保护知识产权公约的一些基本原则,例如,优先权原则、国民待遇原则、防止权利滥用原则等。

第二部分规定了各种知识产权取得的范围和权利行使的标准,包括著作权、商标权、专利权的权利内容和行使,集成电路、计算机软件、商业秘密的保护,对知识产权行使中的限制竞争行为的限制等。

第三部分规定了知识产权施行中的相关内容,包括各国对知识产权保护的总体义务、对知识产权的民事和行政救济措施、临时性保护措施、海关保护措施、刑事制裁措施等内容。

第四部分规定了知识产权的获得与维持以及相应的双方当事人程序,包括各类知识产权的取得和维持所适用的程序以及与国际条约之间的关系。

第五部分规定了知识产权纠纷的预防和解决机制,包括各成员国之间的协调、各国利益之间的沟通、争端的解决原则和本协定的适用等。

第六部分规定了适用本协定的过渡性安排,包括各种不同的国家(主要是发展中国家)最迟适用本协定的时间限制,以及各国的技术合作等。

第七部分规定了本协定试行的机构设置,包括与贸易有关的知识产权理事会的设置、国际合作、对现有实质性内容的保护、协定的审查和修改、各国对本协定不允许保留以及安全所需的例外等。

TRIPS 协议是 WTO 的重要法律文件之一,对各成员国的知识产权立法有着极为重要的意义。由于该协定明确规定未经其他成员国的同意,对协定的任何条款都不允许保留,故各国在制定或完善有关的知识产权立法时,必须不能与该协定相冲突。我国在加入 WTO 前夕,对《著作权法》《专利法》《商标法》进行了又一次修改,基本上就是按照该协定的原则进行的。修改后的我国相关的知识产权法基本上与 TRIPS 协议接轨,能满足该协议对各国知识产权保护的基本要求。

7.2 商标法律制度

7.2.1 商标和商标法概述

1. 商标和商标权

商标俗称牌子,是指生产者或经营者在商品或服务项目上使用的、将自己经营的商品或提供的服务与其他经营者经营的商品或提供的服务区别开来的一种商业专用标志。这种标志通常用文字、图形、文字和图形的组合等来表示,并置于商品表面或其包装、服务场所以及说明书上。其最基本的功能就是识别商品或服务的来源,区别相同商品或服务的不同经营者。

在我国,商标可分为注册商标和普通商标。注册商标是指依照法律规定,向政府有关管理机关申请登记、载入特定簿册,并因此取得专用权的商标。商标注册后取得商标权,而商标权是指商标注册人在法定的期限内对其注册商标所享有的受国家保护的各种权利。从内容上看,商标权包括专用权、禁止权、许可权、投资权、转让权、续展权和标示权等。其中专用权是最重要的权利,其他权利都是由该权利派生出来的。而未经注册的普通商标不享有商标权。

2. 商标的分类

根据不同的标准,可以对商标进行不同的分类。

(1) 平面商标、立体商标和声音商标

平面商标是指文字、图形、字母、数字、色彩的组合,或前述要素的相互组合构成的商标。立体商标是由产品的容器、包装、外形,以及其他具有立体外观的三维标志构成的商标。声音商标是由乐音、非乐音、人声、自然界声音等声音及其组合构成,能够通过听觉区分商品或服务的商标。

(2) 商品商标和服务商标

商品商标是指使用于各种商品上、用来区别不同生产者和经营者的商标,如"长虹""海尔"等。服务商标是指使用于服务项目、用来区别服务提供者的商标。

(3) 集体商标和证明商标

集体商标是指以团体、协会或者其他组织名义注册,供该组织成员在商事活动中使用,以表明使用者在该组织中的成员资格的标志。例如,合作社、行业协会注册的商标。证明商标是指由对某种商品或服务具有监督能力的组织所控制,而由该组织以外的单位或个人使用于其商品或者服务,用以证明该商品或者服务的原产地、原料、制造方法、质量或者其他特定品质的标志。例如,国际羊毛局注册并负责管理的纯羊毛标志就是著名的证明商标。

3. 商标法

商标法是调整商标的注册、使用和商标专用权的保护、转让过程中发生的社会关系的法律规范的总称。

现行《商标法》于1982年8月23日第五届全国人民代表大会常务委员会第二十四次会议通过,1993年2月22日第七届全国人民代表大会常务委员会第三十次会议第一次修正,2001年10月27日第九届全国人民代表大会常务委员会第二十四次会议对其进行了第二次修正,2013年8月30日第十二届全国人民代表大会常务委员会第四次会议对其进行了第三次修正,2019年4月23日第十三届全国人民代表大会常务委员会第十次会议进行了第四次修正,从2019年11月1日起施行。另外,《中华人民共和国商标法实施条例》(简称《商标法实施条例》)修订后,自2014年5月1日起施行。

7.2.2 商标注册制度

1. 商标注册的原则

商标注册是使用人依照法律规定的条件和程序,将其使用的商标向商标局提出注册申请,经商标局审查,授予注册申请人商标专用权的活动。根据我国《商标法》的规定,商标注册应遵循以下基本原则。

(1) 诚实信用原则

由于我国市场经济体系建立时间不长,个别企业和经营者的诚信意识不强,加上我国商标注册制度采用申请在先原则,导致一些别有用心的人抢注他人在先使用但未注册的有一定影响的商标。因此,将诚实信用原则明确写入《商标法》,目的在于倡导市场主体从事有关商标的活动时应诚实守信,同时对当前日益猖獗的商标抢注行为予以规制。

(2) 自愿注册与强制注册相结合的原则

我国对大部分商品或服务项目使用的商标,采取自愿注册的原则,由商标使用人自主决定是否进行商标注册;未经注册的商标,可以在生产和服务中使用,但其使用人不享有专用权,无权禁止他人在同种或类似商品上使用与其商标相同或近似的商标,但驰名商标除外。

与此同时,《商标法》规定了极少数商品实行强制注册的原则。目前,国家规定必须使用注册商标的商品主要有烟草制品,包括卷烟、雪茄烟和有包装的烟丝,这些商品使用未注册商标的,一律禁止销售。

(3) 申请在先和使用在先的原则

两个或两个以上的申请人,在同一种或类似商品、服务上以相同或近似的商标申请注册的,初步审定并公告申请在先的商标;同一天申请的,按照使用在先的原则,初步审定并公告使用在先的商标,驳回其他人的申请。同日使用或者均未使用的,申请人应当进行协商解决;超过三十天达不成协议的,由商标局裁定,或抽签决定。

《商标法》在坚持申请在先原则的同时,还强调申请在先的正当性,防止不正当的抢注。《商标法》第三十二条规定:"申请商标注册不得损害他人现有的在先权利,也不得以不正当手段抢先注册他人已经使用并有一定影响的商标。"

2. 商标注册的条件

(1) 申请人的条件

商标注册申请人可以是企业、事业单位、社会团体,也可以是个体工商业者,但他们都应取得相应的合法资格。申请人必须拥有与商标相适应的商品和服务,应对其使用商标的商品或服务质量负责。两个以上的自然人、法人或者其他组织可以共同向商标局申请注册同一商标,共同享有和行使商标专用权。

符合《商标法》规定的外国人或外国企业在中国申请商标注册的,应按其所属国和我国签订的协议或共同参加的国际条约办理,或按照对等原则办理。

(2) 商标的构成条件

① 商标的必备条件。商标的必备条件包括三项:第一,商标应具有可识别性,包括文字、图形、字母、数字、三维标志、颜色组合和声音等,以及上述要素的组合,均可以作为商标申请注册;第二,商标应当具有显著特点,商标的基本功能在于区别不同生产经营者的商品或服务,以方便消费者辨认,因此,商标的设计要求立意新颖、独具特点,明显区别于装潢、商品的通用名称、图形等;第三,商标必须不与他人的注册商标相混同,包括字和音均不能混同,也不得与被商标局撤销或注销未满一年的商标相混同。

② 商标的禁止条件。商标的禁止条件也称商标的消极条件,是指注册商标的标记不应当具有的情形。并非一切文字、图形或其组合都可作为商标。《商标法》规定,商标不得使用下列文字、图形:同中华人民共和国的国家名称、国旗、国徽、军旗、勋章相同或近似的;同外国的国家名称、国旗、国徽、军旗相同或近似的;同政府之间的国际组织的旗帜、徽记、名称相同或近似的;同"红十字""红新月"的标志、名称相同或近似的;本商品的通用名称和图形;直接表示商品的质量、主要原料、功能、用途、重量、数量及其他特点的;带有民族歧视性的;带有欺骗性;容易使公众对商品的质量等特点或者产地产生误认的;有害于社会主义道德风尚或者有其他不良影响的。另外,县级以上行政区划的地名或公众知晓的外国地名,不得作为商标,地名另有其他含义或者作为集体商标、证明商标组成部分的除外;在新的《商标法》施行前已经注册的使用地名的商标继续有效。

3. 商标注册的程序

(1) 注册申请

首次申请商标注册,申请人应当提交申请书、商标图样一式 10 份、证明文件并交纳申请费。申请人用药品商标注册,应当附送卫生行政部门发给的药品生产企业许可证或药品经营企业许可证副本;申请烟草制品商标注册的,应当附送国家烟草主管机关批准生产的证明文件。

注册商标在使用过程中,需要扩大使用范围的,不论扩大使用的商品是否与原注册商标使用的商品属于同一类,都必须另行提出注册申请;注册商标需要改变其标志的,应当重新提出注册申请;注册商标需要变更注册人的名义、地址或其他注册事项的,应当提出变更申请。

在实行申请在先原则的情形下,申请日期的确定有很重要的意义。申请日期一般以商标局收到申请文件的日期为准。申请人享有优先权的,优先权日为申请日。《商标法》规定了可以享有优先权的两种情况:其一,商标注册申请人自其商标在外国第一次提出商标注册申请之日起6个月内,又在中国就相同商品以同一商标提出商标注册申请的,依照该国同中国签订的协议或共同参加的国际条约,或者按照相互承认优先权的原则,可以享有优先权;其二,商标在中国政府主办的或者承认的国际展览会上首次使用的,自该商品展出之日起6个月内,该商标的注册申请人可以享有优先权。

商标注册的国内申请人可以自己直接到商标局办理注册申请手续,也可以委托商标代理组织办理。外国人或者外国企业在我国申请注册商标和办理其他商标事宜的,应当委托依法设立的商标代理机构代理。当事人委托商标代理组织申请商标注册或者办理其他商标事宜,应当提交代理委托书。代理委托书应当载明代理内容及权限;外国人或外国企业的代理委托书还应当载明委托人的国籍。

(2) 审查和核准

对申请注册的商标,商标局应当自收到商标注册申请文件之日起9个月内审查完毕,符合有关规定的,予以初步审定公告。对驳回申请、不予公告的商标,商标局应书面通知商标注册申请人。商标注册申请人不服的,可以自收到通知之日起15日内向商标评审委员会申请复审。商标评审委员会应当自收到申请之日起9个月内做出决定,并书面通知申请人。当事人对商标评审委员会的决定不服的,可以自收到通知之日起30日内向人民法院起诉。

对初步审定的商标,自公告之日起3个月内,任何人均可提出异议。商标局依法对提起的异议进行裁定,当事人对该裁定不服的,可依法提起复审,当事人对复审裁定不服的,可依法提起诉讼。当事人对公告期满无异议的,予以核准注册,发给商标注册证,并予以公告。经裁定,异议不能成立而核准注册的,商标注册申请人取得商标专用权的时间自初审公告3个月期满之日起计算。经异议核准注册的商标,自该商标异议期满之日起至异议裁定生效前,对他人在同一种或类似商品上使用与该商标相同或近似标志的行为不具有追溯力;但是,因该使用人的恶意给商标注册人造成的损失,应当给予赔偿。

7.2.3 商标权人的权利和义务

1. 注册商标专用权人的权利

(1) 商标专用权。即注册商标的所有人对其注册商标享有的独占使用权。具体内容包括两项:一是商标使用权,商标权人有权在其注册核准范围内使用注册商标并获得合法的经济利益,以及利用注册商标进行广告宣传;二是禁止权,商标权人有权排除任何其他人在相同或类似的商品或服务上,使用与其注册商标相同或相近似的商标。这是商标权人的基本权利。

(2) 许可权。许可权是指商标权人可以通过签订商标使用许可合同,许可他人使用其注册商标的权利。许可人应当监督被许可人使用其注册商标的商品的质量,被许可人必须在使用该注册商标的商品上标明被许可人的名称和商品的产地。商标使用许可合同应当报商标局备案。商标的使用许可合同的类型主要有独占使用许可、排他使用许可和普遍使用许可等。

（3）转让权。商标转让权是指商标权人依法享有的将其注册商标依法定程序和条件，转让给他人的权利。转让注册商标的，转让人和受让人应当签订转让协议，并共同向商标局提出申请。转让注册商标经核准后，予以公告，受让人自公告之日起享有商标专用权。受让人应当保证使用该注册商标的商品的质量。注册商标的转让不影响转让前已经生效的商标使用许可合同的效力，但商标使用许可合同另有约定的除外。

（4）标示权。标示权是指商标注册人使用注册商标，有权标明"注册商标"的字样或注册标记®。在商品上不便标明的，可以在商品的包装或说明书以及其他附着物上标明。

（5）请求保护权。当自己的商标权受到侵害时，商标权人有权要求国家机关予以保护。

2．注册商标专用权人的义务

（1）商标权人应当按规定正确使用其注册商标。使用注册商标应标明标记，即标明"注册商标"的字样或者注册标记®。这是为了向社会提示其商标受法律保护，同时也便于商标管理机关对其使用商标的行为进行监督和管理。同时，商标权人应在核准的范围内使用注册商标，一方面不得将注册商标使用在未经核准使用的商品或服务上；另一方面不得自行改变注册商标的文字、图形或其组合。

（2）商标权人必须保证使用注册商标的商品或服务的质量。保护消费者的利益，也是《商标法》的一项任务。商标权人一是要保证自己使用注册商标的商品或服务的质量；二是许可他人使用其注册商标时，应当监督被许可人使用其注册商标的商品或服务的质量。

（3）依法变更、转让、许可他人使用自己的注册商标。注册商标需要变更注册人的名义、地址和其他注册事项的，应当提出变更申请。需转让注册商标的，转让人和受让人应当签订转让协议，并由转让人和受让人共同向商标局提出转让申请，在转让人条件具备、受让人保证使用该注册商标的商品质量的前提下，经商标局核准并予以公告后，该注册商标专用权即发生转移。

商标注册人许可他人使用其注册商标，应签订合同，并报商标局备案。经许可使用他人注册商标的，必须在使用该注册商标的商品上标明被许可人的名称和商品产地。许可人也负有监督被许可人使用其注册商标的商品质量的责任。

7.2.4 注册商标专用权的法律保护

1．注册商标专用权的期限和续展

注册商标只有在有效期限内才受法律保护。注册商标的有效期为10年，自商标核准注册之日起计算。注册商标有效期满，需要继续使用的，应当在有效期届满前12个月内申请续展注册；在此期间未能提出申请的，可以给予6个月的宽展期。宽展期满仍未提出申请，注销其注册商标。每次续展注册的有效期为10年，续展的次数不受限制。

2. 注册商标专用权的保护范围

《商标法》第五十六条规定："注册商标的专用权,以核准注册的商标和核定使用的商品为限。"这表明商标权人行使商标权的范围。但法律对商标权实行扩大保护的原则,商标保护的范围以商标权的范围为基础,延伸到了与注册商标相同或近似的商标和与核定使用的商品相同或类似的商品。我国对驰名商标进行特殊保护,即使在不相同或不相类似商品上使用已注册的驰名商标,误导公众,致使该驰名商标注册人的利益受到损害的,禁止使用。

3. 商标侵权行为

(1) 商标侵权行为的概念

商标侵权行为是指违反《商标法》的规定,假冒或仿冒他人注册商标,或者从事其他损害商标权人合法权益的行为。

(2) 商标侵权行为的表现形式

① 假冒或仿冒行为。这是指未经商标注册人的许可,在同一种商品或者类似商品上使用与其注册商标相同或近似的商标。这类侵权行为可以分为四种,即在同一种商品上使用与他人注册商标相同的商标;在同一种商品上使用与他人注册商标相近似的商标;在类似商品上使用与注册商标相同的商标;在类似商品上使用与他人注册商标相近似的商标。其中第一种是假冒行为,其余三种是仿冒行为。假冒注册商标是最严重的侵害商标专用权的行为,情节严重的,还要依法追究刑事责任。

② 销售侵犯商标权的商品。这类侵权行为的主体是商品的经营者,不管行为人主观上是否有过失,只要实施了销售侵犯注册商标专用权的商品的行为,都构成侵权。只有在行为人主观上是善意时,才可以免除其赔偿责任。《商标法》第六十条第二款规定:销售不知道是侵犯注册商标专用权的商品,能证明该商品是自己合法取得的并说明提供者的,不承担赔偿责任。

③ 伪造、擅自制造他人注册商标标识或者销售伪造、擅自制造的注册商标标识的。这种侵权行为是商标标志侵权的问题,包括"制造"和"销售"两种行为。

④ 未经商标注册人同意,更换其注册商标并将该更换商标的商品又投入市场的。这种行为又称为反向假冒行为、撤换商标行为。构成这种侵权必须具备两个条件:一是行为人未经商标所有人同意而擅自更换商标;二是撤换商标的商品又投入市场进行销售。

⑤ 给他人的注册商标专用权造成其他损害的。根据《商标法》第五十七条和最高人民法院《关于审理商标民事纠纷案件适用法律若干问题的解释》第一条的规定,下列行为属于《商标法》第五十七条第(七)项规定的给他人注册商标专用权造成其他损害的行为:将与他人注册商标相同或者相近似的文字作为企业的字号在相同或者类似商品上突出使用,容易使相关公众产生误认的;复制、摹仿、翻译他人注册的驰名商标或其主要部分在不相同或者不相类似商品上作为商标使用,误导公众,致使该驰名商标注册人的利益可能受到损害的;将与他人注册商标相同或者相近似的文字注册为域名,并且通过该域名进行相关商品交易的电子商务,容易使相关公众产生误认的。

案例 7-1

某无线电厂生产出了金星牌收录机。因该机造型优美,质量良好,价格合理,很快就在全国各地打开了销路。无线电厂为了早日使产品跻身名牌之列,便向国家商标局提出了"金星"商标的注册申请。商标局经初步审定,认为"金星"收录机商标申请符合《商标法》规定,并予以公告。不久,以生产金星牌电视机著称的某电视机厂向商标局提出了异议:收录机的"金星"商标和早已注册的电视机"金星"商标名称相同、图式相似,侵犯了他们的商标专用权。

【问题】 该无线电厂是否侵犯了该电视机厂的商标专用权?为什么?

(3) 对商标侵权行为的处理

有《商标法》第五十七条所列侵犯注册商标专用权行为之一,引起纠纷的,由当事人协商解决;不愿协商或者协商不成的,商标注册人或者利害关系人可以向人民法院起诉,也可以请求工商行政管理部门(现为市场监管部门)处理。起诉要求赔偿的,按照权利人因被侵权所受到的实际损失确定;实际损失难以确定的,可以按照侵权人因侵权所获得的利益确定;权利人的损失或者侵权人获得的利益难以确定的,参照该商标许可使用费的倍数合理确定。对恶意侵犯商标专用权,情节严重的,可以在按照上述方法确定数额的一倍以上五倍以下确定赔偿数额。赔偿数额应当包括权利人为制止侵权行为所支付的合理开支。工商行政管理部门处理时,认定侵权行为成立的,责令立即停止侵权行为,赔偿损失,没收、销毁侵权商品和专门用于制造侵权商品、伪造注册商标标识的工具,违法经营额 5 万元以上的,可以处违法经营额 5 倍以下的罚款,没有违法经营额或者违法经营额不足 5 万元的,可以处 25 万元以下的罚款。当事人对处理决定不服的,可以自收到处理通知之日起 15 日内向人民法院提起行政诉讼。进行处理的工商行政管理部门根据当事人的请求,可以就侵犯商标专用权的赔偿数额进行调解;调解不成的,当事人可以向人民法院提起民事诉讼。

4. 对驰名商标的保护

驰名商标是指在一定地域范围内具有较高知名度并为相关公众知晓的商标。驰名商标具有巨大的商业价值,是不法经营者假冒或仿冒的重点对象。驰名商标的认定可以是特定的行政机关,也可以由人民法院在审理案件时认定。在认定驰名商标时应考虑下列因素:①相关公众对该商标的知晓程度;②该商标使用的持续时间;③该商标的任何宣传工作的持续时间、程度和地理范围;④该商标作为驰名商标受保护的记录;⑤该商标驰名的其他因素。

《商标法》对驰名商标采取了特殊的保护措施,包括:①复制、摹仿或翻译他人未在中国注册的驰名商标或其主要部分,在相同或类似商品上使用,容易导致混淆的,应当承担停止侵害的民事法律责任,申请注册的,不予注册并禁止使用;②就不相同或不相类似商品申请注册的商标是复制、摹仿或翻译他人已经在中国注册的驰名商标,误导公众,致使该驰名商标注册人的利益可能受到损害的,不予注册并禁止使用。对恶意注册的,驰名商标所有人申请撤销该注册商标的请求权限不受 5 年的时间限制。

7.2.5 商标管理

1. 商标管理机构

《商标法》规定："国务院工商行政管理部门商标局[①]主管全国商标注册和管理的工作。国务院工商行政管理部门设立商标评审委员会，负责处理商标争议事宜。"

2. 商标使用的管理

(1) 商标撤销的情形

《商标法》第四十九条第一款规定：使用注册商标，有下列行为之一的，由商标局责令限期改正或者撤销其注册商标。

① 自行改变注册商标的。

② 自行改变注册商标的注册人名义、地址或者其他注册事项的。

③ 注册商标成为其核定使用的商品的通用名称或者没有正当理由连续三年不使用的。

对于第①、第②种情形，商标局依职权撤销该商标。对于第③种情形，任何人可以向商标局申请撤销该注册商标。

(2) 撤销后果

被撤销的注册商标，由商标局予以公告，该注册商标专用权自公告之日起终止。

3. 商标无效

(1) 商标无效的情形

商标无效是指商标不具备注册条件而取得注册，依法使其恢复到未注册的状态。商标一旦被宣告无效，注册商标自始无效，无效具有溯及力。商标无效的事由主要有两大类。第一类是欠缺绝对要件而无效的情形，包括违反商标注册的禁止性规定（《商标法》第四条、第十条、第十一条、第十二条和第十九条的规定）以及以欺诈等不正当手段取得注册等情形。第二类是欠缺相对要件的情形（《商标法》第十三条第二款、第三款，第十五条，第十六条第一款，第三十条，第三十一条和第三十二条），包括他人在先权利（如著作权、外观设计专利权、姓名权和肖像权）以及侵犯他人合法利益等情形。

(2) 商标无效的程序

根据《商标法》第四十四条的规定，对于欠缺绝对要件的注册商标，由商标局宣告该注册商标无效；其他单位或者个人可以请求商标评审委员会宣告该注册商标无效。

[①] 《商标法》在2019年第四次修订时，仍以"工商行政管理部门商标局"字样与概念作为商标注册和管理的行政主管部门。但2018年3月第十三届全国人大一次会议召开第四次全体会议上，根据国务院机构改革方案，不再保留国家工商行政管理总局、国家质量监督检验检疫总局、国家食品药品监督管理总局，组建国家市场监督管理总局。将国家工商行政管理总局的职责，国家质量监督检验检疫总局的职责，国家食品药品监督管理总局的职责，国家发展和改革委员会的价格监督检查与反垄断执法职责，商务部的经营者集中反垄断执法以及国务院反垄断委员会办公室等职责整合，组建国家市场监督管理总局，作为国务院直属机构。国家工商行政管理总局商标局的职能并入国家知识产权局商标局，隶属国家市场监督管理总局。本书援引法条原文之外的情形下采用"国家知识产权局商标局"这一表述，或简称商标局。

根据《商标法》第四十五条的规定，对于欠缺相对要件的注册商标，在先权利人或者利害关系人可以请求商标评审委员会宣告该注册商标无效。对恶意注册的，驰名商标所有人不受五年的时间限制。

7.3 专利法律制度

7.3.1 专利和专利法概述

"专利"一词有多种含义，一般来说，专利是指专利权，它是国家专利主管机关依照法律规定的条件和程序，授予申请人在一定期限内对发明创造享有的独占权。有些时候，人们还将获得专利权的发明创造成果视为专利。

专利法是调整申请、取得、利用和保护专利过程中发生的社会关系的法律规范的总称。《中华人民共和国专利法》（简称《专利法》）于1984年3月12日第六届全国人民代表大会常务委员会第四次会议通过，先后修订四次，最近一次修正是在2020年10月17日。2001年6月15日国务院颁布《中华人民共和国专利法实施细则》（简称《专利法实施细则》），其经历两次修订，最近一次修订是在2010年1月9日。《专利法》和《专利法实施细则》是调整我国专利领域的主要法律、法规。我国《专利法》的基本任务就是保护发明创造专利权，鼓励发明创造，有利于发明创造的推广应用，促进科学技术进步和创新，适应社会主义现代化建设的需要。

7.3.2 专利权的主体和客体

1. 专利权主体

专利权主体即专利权人，是指依法享有专利权并承担相应义务的人。专利权主体包括以下几种。

（1）发明人或设计人

发明人或设计人是指对发明创造的实质性特点做出了创造性贡献的人。在完成发明创造过程中，只负责组织工作的人，为物质技术条件的利用提供方便的人，或者从事其他辅助性工作的人，例如，实验员、描图员、机械加工人员等，均不是发明人或设计人。其中，发明人是指发明的完成人，设计人是指实用新型或外观设计的完成人。发明人或设计人，只能是自然人，不能是单位、集体或课题组。

发明人或设计人包括职务发明创造的发明人或设计人和非职务发明创造的发明人或设计人。非职务发明创造，指既不是执行本单位的任务，也没有主要利用单位提供的物质技术条件所完成的发明创造。对于非职务发明创造，申请专利的权利属于发明人或设计人。申请被批准后，专利权归发明人或设计人所有。职务发明创造的发明人或设计人不是该专利权的主体，只享有署名权和获得奖金、报酬的权利。职务发明人或设计人也可以要求被授予专利权的单位实行产权激励，采取股权、期权、分红等方式合理分享创新收益。

(2) 发明人或设计人的单位

发明人或设计人完成的职务发明创造,专利权的主体属于其所在单位。职务发明创造,是指执行本单位的任务或者主要是利用本单位的物质技术条件所完成的发明创造。职务发明创造申请专利的权利属于该单位。申请被批准之后,该单位为专利权人。职务发明创造分为两类。

① 执行本单位任务所完成的发明创造。包括三种情况,即在本职工作中做出的发明创造;履行本单位交付的本职工作以外的任务所做出的发明创造;退职、退休或调动工作后1年内做出的,与其在原单位承担的本职工作或者原单位分配的任务有关的发明创造。

② 主要利用本单位的物质技术条件所完成的发明创造。"本单位的物质技术条件"是指本单位的资金、设备、零部件、原材料或者不对外公开的技术资料等。一般认为,如果在发明创造过程中,全部或者大部分利用了单位的资金、设备、零部件、原料,以及不对外公开的技术资料,这种利用对发明创造的完成起着不可缺少的决定性作用,就可以认定为主要利用本单位的物质技术条件。如果仅仅是少量利用了本单位的物质技术条件,而且这种物质技术条件的利用,对发明创造的完成无关紧要,则不能因此认定是职务发明创造。如果单位与发明人或设计人订有合同,对申请专利后专利权的归属做出约定的,从其约定。

(3) 受让人

受让人是指通过合同或继承而依法取得专利权的单位或个人。专利申请权和专利权可以转让。专利申请权转让后,如果获得了专利,那么受让人就是该专利权的主体;专利权转让后,受让人成为该专利权的新主体。

继承了专利申请权或专利权后,继承人并不因此而成为发明人或设计人。该发明创造的发明人和设计人也不因发明创造的专利权或专利申请权的转让而丧失其特定的人身权。

两个以上单位或者个人合作完成的发明创造、一个单位或者个人接受其他单位或者个人委托所完成的发明创造,除另有协议的以外,申请专利的权利属于完成或者共同完成的单位或个人;申请批准后,申请的单位或者个人为专利权人。

(4) 外国人

外国人包括具有外国国籍的自然人和法人。在中国没有经常居所或营业地的外国人、外国企业或其他组织在中国申请专利的,依照其所属国同中国签订的协议或者共同参加的国际条约,或者依照互惠原则,可以申请专利,但应当委托国务院专利行政部门指定的专利代理机构办理。

2. 专利权客体

专利权客体也称为《专利法》保护的对象,是指依法应授予专利的发明创造。根据我国《专利法》第二条的规定,专利权的客体包括发明、实用新型和外观设计三种。

(1) 发明

发明是指对产品、方法或者其改进所提出的新的技术方案。发明必须是一种技术方案,是发明人将自然规律在特定技术领域进行运用和结合的结果,而不是自然规律本身,因而科学发现不属于发明范畴。同时,发明通常是自然科学领域的智力成果,文学、艺术等社会科学领域的成果也不能构成《专利法》意义上的发明。

(2) 实用新型

实用新型是指对产品的形状、结构或其结合所提出的适于实用的新技术方案。实用新型在技术水平上的要求比发明低,故又称为"小发明"。

(3) 外观设计

外观设计是指对产品的整体或者局部形状、图案、色彩或其结合所做出的富有美感并适用于工业上应用的新设计。

7.3.3 专利的取得

发明创造要取得专利权,必须满足实质条件和形式条件。实质条件是指申请专利的发明创造自身必须具备的属性要求,形式条件则是指申请专利的发明创造在申请文件和手续等程序方面的要求。

1. 授予专利权的条件

(1) 发明或者实用新型专利的取得条件

① 新颖性。新颖性是指在申请日以前没有同样的发明或同样的实用新型在国内外出版物上公开发表过、在国内公开使用过或者以其他方式为公众所知,也没有同样的发明或同样的实用新型由他人向专利局提出过申请,并记载在申请日以后公布的专利申请文件中。但是,申请专利的发明创造在申请日以前 6 个月内有下列情形之一的,不丧失新颖性:在国家出现紧急状态或者非常情况时,为公共利益目的首次公开的;在中国政府主办或者承认的国际展览会上首次展出的;在规定的学术会议或技术会议上首次发表的;他人未经申请人同意而泄露其内容的。

② 创造性。创造性是指同申请日以前已有技术相比,该发明具有突出的实质性特点与显著的进步,该实用新型有实质性特点和进步。

③ 实用性。实用性是指该发明或者实用新型能制造或使用,并且能够产生积极效果。如果是产品发明,要求在生产中能够批量生产;如果是方法发明,则要求能够在实际生产中被反复使用。这是从发明创造的技术属性和社会属性出发提出的要求。

以上三个条件,发明或实用新型授予专利权必须同时具备;而外观设计要获得专利权,只要求具备新颖性即可。

(2) 不能授予专利的几种情况

根据《专利法》第五条、第二十五条的规定,下列发明创造不授予专利:①违反法律社会公德或者妨害公共利益的发明创造;②违反法律、行政法规的规定获取或者利用遗传资源,并依赖该遗传资源完成的发明创造;③科学发现;④智力活动的规则和方法;⑤疾病的诊断和治疗方法;⑥动物和植物品种;⑦原子核变换方法和用原子核变换方法获得的物质;⑧对平面印刷的图案、色彩或者二者结合做出的主要起标识作用的设计。

2. 授予专利权的程序

(1) 专利的申请

专利申请应注意形式法定、单一性,先申请和优先权四项申请原则。

① 形式法定原则。申请专利的各种手续,都应当以书面形式或者国家知识产权局专利局规定的其他形式办理。以口头、电话、实物等非书面形式办理的各种手续,或者以电报、电传、传真、胶片等直接或间接产生印刷、打字或手写文件的通信手段办理的各种手续均视为未提出,不产生法律效力。

② 单一性原则。是指一件专利申请只能限于一项发明创造。但是属于一个总的发明构思的两项以上的发明或实用新型,可以作为一件申请提出,用于同一类别并且成套出售或者使用的产品的两项以上的外观设计,可以作为一件申请提出。

③ 先申请原则。两个或者两个以上的申请人分别就同样的发明创造申请专利的,专利权授给最先申请的人。申请日的确定在专利权的取得上尤为重要。《专利法》规定:专利局收到专利申请文件之日为申请日。如果申请文件是邮寄的,以寄出的邮戳日为申请日。

④ 优先权原则。申请人享有优先权的,优先权日视为申请日。《专利法》第二十九条规定了国际优先权和国内优先权。国际优先权是指申请人自发明或者实用新型在外国第一次提出专利申请之日起12个月内,或者自外观设计在外国第一次提出专利申请之日起6个月内,又在中国就相同主题提出专利申请的,依照该国同中国签订的协议或者共同参加的国际条约,或者依照相互承认优先权的原则,可以享有优先权。国内优先权是指申请人自发明或者实用新型在中国第一次提出专利申请之日起12个月内,又向专利局就相同主题提出专利申请的,可以享有优先权。

在申请发明或者实用新型专利时,应当向专利局提交一系列文件。

① 请求书。这是当事人向专利局提出的请求专利局批准专利权的主要文件,它应当载明发明或实用新型的名称,发明人或设计人的姓名,申请人的姓名或名称、地址,以及其他事项。

② 说明书。这是对发明创造内容的具体说明。说明书应具体说明发明创造的名称,目的,所属技术领域,对该发明创造的理解、检索、审查有参考价值的现有技术,并且应该清楚、完整地表达该发明创造的内容,以便使所属技术领域的普通技术人员能够再现该发明创造,说明该发明创造与现有技术相比所具有的优点和积极效果,申请人认为实现发明创造的最佳方式,必要时应当有附图。

③ 说明书摘要。这是对说明书内容的简要说明,其目的在于使非专业人员简要了解说明书的内容。摘要主要介绍该发明或实用新型所属的技术领域、需要解决的技术问题、主要技术特征和用途等。

④ 权利要求书。这是申请人请求确定其专利权保护范围的重要法律文件。专利权被授予后,权利要求书就是确定专利权范围的根据,并可据此判定他人是否构成专利侵权。

申请外观设计专利,除应向专利局提交请求书外,还要提交该外观设计的图片或照片以及对该外观设计的简要说明等文件,申请人提交的有关图片或照片应当清楚地显示要求专利保护的产品的外观设计。

(2) 专利申请的审批

专利申请的审批分为发明专利的审批,实用新型和外观设计专利的审批两种审批方式。

发明专利的审批包括四个步骤。

① 初步审查。专利主管机关查明该申请是否符合《专利法》关于申请形式要求的规定。

② 早期公开。专利局收到发明专利申请后,经初步审查认为符合要求的,自申请日起满18个月,即行公布。专利局可以根据申请人的请求早日公布其申请。

③ 实质审查。发明专利申请自申请日起3年内,专利局可以根据申请人随时提出的请求,对其申请进行实质审查;申请人无正当理由逾期不请求实质审查的,该申请被视为撤回。专利局认为必要的时候,可以自行对发明专利申请进行实质审查。

④ 授权登记公告。发明专利申请经实质审查没有发现驳回理由的,由专利局做出授予发明专利的决定,发给发明专利证书,同时予以登记和公告。发明专利权自公告之日起生效。

实用新型和外观设计专利申请经初步审查没有发现驳回理由的,由专利局做出授予实用新型专利权或者外观设计专利权的决定,发给相应的专利证书,同时予以登记和公告。实用新型专利权和外观设计专利权自公告之日起生效。

(3) 专利申请的复审

专利申请人对国务院专利行政部门驳回申请的决定不服的,可以自收到通知之日起3个月内,向国务院专利行政部门请求复审。国务院专利行政部门复审后,作出决定,并通知专利申请人。专利申请人对国务院专利行政部门的复审决定不服的,可以自收到通知之日起3个月内向人民法院起诉。

7.3.4 专利权人的权利和义务

1. 专利权人的权利

(1) 独占实施权

发明和实用新型专利权被授予后,除《专利法》另有规定的以外,任何单位或个人未经专利权人许可,都不得实施其专利。其中,产品发明专利权人和实用新型专利权人独占实施权的内容具体包括对专利产品的制造权、使用权、许诺销售权、销售权和进口权;方法发明专利权人享有的独占实施权,除了该专利方法的排他使用权外,还包括对依照该专利方法直接获得的产品享有的使用权、许诺销售权、销售权和进口权。这里的许诺销售权,是指以做广告、在商店橱窗中陈列或者在展览会上展出等方式做出销售商品的意思表示。

外观设计专利权被授予后,任何单位或者个人未经专利权人许可,都不得实施其专利,即不得为生产经营目的制造、许诺销售、销售、进口其外观设计专利产品;可见,外观设计专利独占实施权的内容包括对外观设计专利产品的制造权、销售权和进口权。

(2) 实施许可权

实施许可权是指专利权人可以许可他人实施其专利技术并收取专利使用费的权利。许可他人实施专利的,当事人应当订立书面合同,并自合同生效之日起3个月内报专利局备案。

(3) 专利转让权

专利转让权是指专利权人依法将自己的专利转让给他人的权利。专利属于无形财产,专利权人可以通过出卖、赠与、投资入股等方式将其专利进行转让,但转让必须符合法律规定。转让专利权的,当事人应当订立书面合同,并向国务院专利行政部门登记,由国务院专利行政部门予以公告,专利权的转让自登记之日起生效。中国单位或者个人向外国人转让专利权的,应当依照有关法律、行政法规的规定办理手续。

(4) 专利标示权

专利权人有权在其专利产品或该产品的包装上标明专利标记和专利号。

(5) 放弃专利的权利

专利权人有权以书面声明放弃专利权。专利权放弃后,该专利即成为社会共同财富,任何人都可免费实施。

(6) 请求权

当专利权人的专利权受到不法侵害时,专利权人有请求国家机关排除侵权行为和要求赔偿损失的权利。

除上述财产权利外,发明人或设计人还享有身份权,有权在专利文件中写明自己是发明人或设计人。

2. 专利权人的义务

(1) 缴纳专利年费

专利年费是为维护专利权而缴纳的必要费用。专利权人应自被授予专利权的当年开始缴纳年费,否则将导致专利权的终止。

(2) 依法对职务发明创造的发明人或设计人给予奖励

职务发明创造专利的单位,在授予专利权后,应当按照规定对发明人或设计人进行奖励;发明创造专利实施后,应根据其推广应用所取得的经济效益,按规定给发明人或设计人以合理的报酬。国家鼓励被授予专利权的单位实行产权激励,采取股权、期权、分红等方式,使发明人或者设计人合理分享创新收益。

(3) 不得滥用专利权

申请专利和行使专利权应当遵循诚实信用原则。不得滥用专利权损害公共利益或者他人合法权益。滥用专利权,排除或者限制竞争,构成垄断行为的,依照《反垄断法》处理。专利权人应当在法律允许的范围内选择其利用专利权的方式,并适度地行使自己的权利。

7.3.5 专利权的期限、终止和无效

1. 专利权的期限

发明专利权的期限为 20 年,外观设计专利权的期限为 15 年,实用新型专利权的期限为 10 年,均自申请日起计算。

国家对特殊情形的专利权实行专利期限补偿制度。自发明专利申请日起满四年,且自实质审查请求之日起满三年后授予发明专利权的,国务院专利行政部门应专利权人的请求,就发明专利在授权过程中的不合理延迟给予专利权期限补偿,但由申请人引起的不合理延迟除外。为补偿新药上市审评审批占用的时间,对在中国获得上市许可的新药相关发明专利,国务院专利行政部门应专利权人的请求给予专利权期限补偿。补偿期限不超过五年,新

药批准上市后总有效专利权期限不超过十四年。

2. 专利权的终止

专利权的终止是指专利权人丧失对其所拥有的专利的独占权。一旦专利权终止,该项发明创造即进入公有领域,为不特定人所共同使用。根据《专利法》第四十四条的规定,有下列情形之一的,专利权在期限届满前终止:①没有按照规定缴纳年费的;②专利权人以书面声明放弃其专利权的。专利权在期限届满前终止的,由国务院专利行政部门登记公告。

3. 专利权的无效

专利权的无效是指专利复审委员会根据无效宣告,请求对已授予的专利权审查后,认为该专利权的授予不符合法律规定而宣告其自始即不存在。

自授予专利权之日起,任何单位或个人认为该专利权的授予不符合《专利法》要求,都可以请求国务院专利行政部门宣告该专利权无效。国务院专利行政部门对宣告专利权无效的请求进行审查,做出决定,并通知请求人和专利权人。宣告专利权无效的决定由国务院专利行政部门登记和公告。对专利复审委员会决定不服的,可以在收到通知之日起3个月内向人民法院起诉。

7.3.6 专利实施的强制许可

1. 强制许可的概念

专利实施的强制许可是指国家专利局依据法律规定的情形,不经专利权人同意而许可他人实施其发明专利或实用新型专利的行政强制措施。其目的在于防止滥用专利权,维护国家和社会利益,促进科学技术的发展。

2. 强制许可的条件

(1) 被强制许可的专利只涉及发明和实用新型,不包括外观设计。

(2) 符合允许强制许可的法定情形,具体包括以下几种。

① 专利权人自专利权被授予之日起满3年,且自提出专利申请之日起满4年,无正当理由未实施或者未充分实施专利的。

② 专利权人行使专利权的行为被依法认定为垄断行为,为消除或者减少该行为对竞争产生的不利影响的。

③ 在国家出现紧急状态或者非常情况时,或者为了公共利益的目的,国务院专利行政部门可以给予实施发明专利或实用新型专利的。

④ 为了公共健康目的,对取得专利权的药品,国务院专利行政部门可以给予制造并将其出口到符合中华人民共和国参加的有关国际条约规定的国家或者地区的。

⑤ 一项取得专利权的发明或者实用新型比前已经取得专利权的发明或者实用新型具有显著经济意义的重大技术进步,其实施又有赖于前一发明或者实用新型的实施的,国务院专利行政部门根据后一专利权人的申请,可以给予实施前一发明或者实用新型的。

3. 强制许可的程序

依照前述第①、第⑤项情形申请强制许可的单位或者个人应当提供证据,证明其以合理的条件请求专利权人许可其实施专利,但未能在合理的时间内获得许可。国务院专利行政部门做出的给予实施强制许可的决定,应当及时通知专利权人,并予以登记和公告。取得实施强制许可的单位或个人不享有独占的实施权,并且无权允许他人实施,应当付给专利权人合理的使用费,或者依照我国参加的有关国际条约的规定处理使用费问题。专利权人对国务院专利行政部门关于实施强制许可的决定不服的,专利权人和取得实施强制许可的单位或个人对国务院专利行政部门关于实施强制许可的使用费的裁决不服的,可以自收到通知之日起3个月内向人民法院起诉。

7.3.7 专利实施的开放许可

专利权人自愿以书面方式向国务院专利行政部门声明愿意许可任何单位或者个人实施其专利,并明确许可使用费支付方式、标准的,由国务院专利行政部门予以公告,实行开放许可。就实用新型、外观设计专利提出开放许可声明的,应当提供专利权评价报告。专利权人撤回开放许可声明的,应当以书面方式提出,并由国务院专利行政部门予以公告。开放许可声明被公告撤回的,不影响在先给予的开放许可的效力。

任何单位或者个人有意愿实施开放许可的专利的,以书面方式通知专利权人,并依照公告的许可使用费支付方式、标准支付许可使用费后,即获得专利实施许可。开放许可实施期间,对专利权人缴纳专利年费相应给予减免。实行开放许可的专利权人可以与被许可人就许可使用费进行协商后给予普通许可,但不得就该专利给予独占或者排他许可。当事人就实施开放许可发生纠纷的,由当事人协商解决;不愿协商或者协商不成的,可以请求国务院专利行政部门进行调解,也可以向人民法院起诉。

7.3.8 专利权的保护

1. 专利侵权行为

专利侵权行为是指在专利权的有效期限内,行为人未经专利权人许可又没有法律依据,以营利为目的实施他人专利的行为。专利侵权行为具有以下特征。

(1) 侵害的对象是有效的专利。

(2) 必须有侵害行为,即行为人在客观上实施了侵害他人专利的行为。

(3) 以生产经营为目的,非生产经营目的的实施不构成侵权。

(4) 违反了法律的规定,即行为人实施专利的行为未经专利权人的许可,又无法律依据。专利侵权行为的表现可以是多样的,如制造、使用、销售、进口专利产品,使用专利方法等。但是,下列情形不视为专利侵权行为。

① 专利产品或者依照专利方法直接获得的产品,由专利权人或者经其许可的单位、个人售出后,使用许诺销售、销售、进口该产品的。

② 在专利申请日以前已制造相同产品,使用相同方法或已做好制造、使用的必要准备,并且仅在原有范围内继续制造、使用的。

③ 临时通过中国领土、领水、领空的外国运输工具,依照其所属国同中国签订的协议或共同参加的国际条约,或者依照互惠原则,为运输工具自身需要而在其装置和设备中使用有关专利的。

④ 专为科学研究和实验使用有关专利的。

⑤ 为提供行政审批所需要的信息,制造、使用、进口专利药品或者专利医疗器械的,以及专门为其制造、进口专利药品或者专利器械的。

⑥ 在专利侵权纠纷中,被控侵权人有证据证明其实施的技术或者设计属于现有技术或者现有设计的,不构成侵犯专利权。

2. 假冒专利的侵权责任

(1) 行政责任

假冒专利的,除依法承担民事责任外,由负责专利执法的部门责令改正并予公告,没收违法所得,可以处违法所得五倍以下的罚款;没有违法所得或者违法所得在五万元以下的,可以处二十五万元以下的罚款;构成犯罪的,依法追究刑事责任。

(2) 民事责任

侵犯专利权的赔偿数额按照权利人因被侵权所受到的实际损失或者侵权人因侵权所获得的利益确定;权利人的损失或者侵权人获得的利益难以确定的,参照该专利许可使用费的倍数合理确定。对故意侵犯专利权,情节严重的,可以在按照上述方法确定数额的一倍以上五倍以下确定赔偿数额。权利人的损失、侵权人获得的利益和专利许可使用费均难以确定的,人民法院可以根据专利权的类型、侵权行为的性质和情节等因素,确定给予三万元以上五百万元以下的赔偿。赔偿数额还应当包括权利人为制止侵权行为所支付的合理开支。为生产经营目的使用、许诺销售或者销售不知道是未经专利权人许可而制造并售出的专利侵权产品,能证明该产品合法来源的,不承担赔偿责任。

案例 7-2

工程师王某工作之余设计制作了一款新型电动手持缝纫机,并获得实用新型专利权。甲电器厂看好此市场,与王某签订了为期 6 年的限制性普通实施许可合同,并在合同中约定:甲电器厂不得将专利技术进行转让。合同签订后,甲电器厂考虑自身技术基础较差,为保证产品质量,决定与乙电器厂联营生产,乙电器厂表示同意。双方签订了协议并约定乙电器厂承担一半的专利技术使用费,利润五五分成,因联营所带来的一切法律后果由甲电器厂承担。两厂联营后,起初产品销路较好,后由于市场需求变化,该产品在市场上滞销,丙电器厂从联营厂购进一批专利产品零件,自行组装,并在外观上进行更新,销路很好。王某发现后,认为三个厂家均侵犯了其专利权,于是向法院提起诉讼,要求三个厂家停止侵权行为,赔偿损失。

【问题】 三个厂家是否都侵犯了王某的专利权?为什么?

侵犯专利权的诉讼时效为三年,自专利权人或利害关系人得知或应当得知侵权行为之日起计算。发明专利申请公布后至专利权授予前使用该发明未支付适当使用费的,专利权人要求支付使用费的诉讼时效为三年,自专利权人知道或者应当知道他人使用其发明之日起计算,但是,专利权人于专利权授予之日前即已知道或者应当知道的,自专利权授予之日起计算。

案例及分析

2013年12月9日福建省晋江市某制鞋厂(以下简称晋江鞋厂)提出"PeppaPig"及图商标注册申请,虽经第三方异议后,于2016年9月7日获准注册,核定使用在第35类"广告、替他人推销"等服务上。2017年6月16日,娱乐壹英国有限公司(简称娱乐壹公司)对争议商标提起无效宣告申请,其理由是其发行的《Peppa Pig》(小猪佩奇)动画片以及片中的角色形象在中国乃至全球范围内均享有极高的知名度。争议商标的图形部分与娱乐壹公司享有在先著作权的美术作品实质性相似,侵犯了其享有的在先著作权,要求宣告争议商标无效。

【问题】 晋江鞋厂对PeppaPig的注册商标会被宣告无效吗?

【分析】 商标评审委员会宣告PeppaPig注册商标及图无效。理由如下。

(1) 娱乐壹公司的"Peppa Pig"角色形象,具有独创性,属于《著作权法》保护的美术作品。该美术作品的创作完成时间和公开发表、使用时间均早于晋江鞋厂注册商标的申请日期。

(2) 我国与娱乐壹公司所属国美国均为《伯尔尼公约》成员国,娱乐壹公司在美国取得的著作权亦受我国《著作权法》的对等保护。

(3) 晋江鞋厂注册商标的图形部分(见图7-1)与娱乐壹公司享有著作权的涉案作品(见图7-2)在构成要素、表现形式、设计细节等方面高度相近,给公众的视觉效果几无差异,已构成《著作权法》意义上的实质性相似。晋江鞋厂商标文字部分亦与娱乐壹公司涉案作品动画角色名称完全相同。

因此,晋江鞋厂未经娱乐壹公司许可或同意,将与娱乐壹公司享有著作权的涉案作品高度近似的图形作为争议商标的组成部分申请注册,其行为侵犯了申请人在先著作权,晋江鞋厂的商标注册违反了《商标法》第三十二条关于申请商标注册"不得损害他人现有的在先权利"之规定。

图7-1 争议商标

图7-2 在先著作权图案

本章小结

　　工业产权是指人们对脑力劳动所创造的智力成果应用于商品生产和商品流通领域依法享有的专有权,包括专利权和商标权。它是一种无形资产,具有专有性、时间性、地域性等特征。工业产权法是调整因确认、保护和使用工业产权而发生的各种社会关系的法律规范的总称。我国现行的有关工业产权的法律、法规有《商标法》《商标法实施条例》《专利法》《专利法实施细则》等。在国际上,我国参加和缔结了《保护工业产权巴黎公约》《商标国际注册马德里协定》和作为 WTO 的重要附件《与贸易有关的知识产权协议》(TRIPS 协议)。

　　商标是指经营者在商品或服务项目上使用的,将自己经营的商品或提供的服务与其他经营者经营的商品或提供的服务区别开来的一种商业专用标志。申请商标注册时应该遵循自愿注册和强制注册相结合的原则、申请在先和使用在先原则。商标注册后取得商标权,包括商标专用权、许可权、转让权、标示权和请求保护权等。同时,商标权人也应该履行法定的义务。商标权的保护期限为 10 年,期满可以申请续展。对于侵犯商标权的行为法律给予制裁。

　　专利是指国家专利主管机关依照法律规定的条件和程序,授予申请人在一定期限内对发明创造享有的独占权。职务发明的专利权人属于发明人或设计人所在的单位;非职务发明的专利权人是做出发明创造的发明人和设计人。专利权的客体包括发明、实用新型和外观设计。要取得发明或实用新型专利必须同时具备新颖性、创造性和实用性,要取得外观设计专利只要具备新颖性即可。在申请专利的时候要遵循形式法定原则、单一性原则、先申请原则和优先权原则,并提交规定的申请文件,专利主管机关经过初步审查、早期公开、实质审查等程序,对于符合条件的做出授予专利权的决定,发给专利证书、登记和公告。从此,专利权人就享有独占实施权、实施许可权、转让权等权利,但也必须履行缴纳年费等义务。发明专利的保护年限是 20 年,实用新型专利期限为 10 年,外观设计专利的保护年限是 15 年,在授权过程中的不合理迟延给予利权保护一定期限的补偿,在此期间专利受法律保护。

 ## 复习思考题

1. 什么是工业产权?工业产权有哪些法律特征?工业产权制度有何重要意义?
2. 商标注册的基本原则有哪些?
3. 试述商标侵权行为的表现及其处理。
4. 专利权的取得条件是什么?
5. 试述专利侵权行为及专利权的保护。

实训题

1. 实训项目：为华为公司申请注册"鸿蒙"商标。

2. 实训目的：通过实训使学生掌握商标注册的条件和程序；了解商标注册过程中的不利情况，并寻求维权途径和方法；掌握获取注册商标的非注册合法途径。

3. 实训内容：华为加快自主开发手机操作系统"鸿蒙"（Harmony OS）。鸿蒙代表了目前最为先进的可以联通手机、平板、电视和其他需要操作界面的智能终端操作系统。为保护知识产权，华为公司决定将"鸿蒙"操作系统申请注册商标。请完成以下任务。

（1）准备"鸿蒙"（纯文字）商标注册所需的文件。

（2）确定商标注册主管行政部门，并向其提交有关注册文件。

微课：为华为公司申请注册"鸿蒙"商标

（3）华为公司的商标注册在初步公示期间，有两家公司提出异议，主张其都已经注册了"鸿蒙"商标。一是北京海岸鸿蒙标准物质技术有限责任公司（图形文字组合商标"CRM鸿蒙及图"）；二是河北鸿蒙广告发展有限公司（纯文字），均核定使用服务第42类商品和服务上。华为公司的商标注册申请被国家知识产权局驳回。根据上述情况，请提供华为公司可采取的进一步促使"鸿蒙"商标获得核准注册的途径和方法。

（4）如果国家知识产权局最终不核准"鸿蒙"商标的注册申请，华为公司可以再采取什么措施获得"鸿蒙"注册商标？（商标查询网：国家知识产权局商标局 http://wcjs.sbj.cnipa.gov.cn）

4. 实训考核：实训结束后，教师根据学生的作答给出综合评价并打分。

第 8 章 财政税收法律制度

课程思政

财政税收法律制度是国家财政收入与支出的法律保障,是国家完善分配制度的基本方式,是增强社会保障的保底措施,是实现共同富裕的重要调节手段。

学习要点

※ 财政的概念、特征与职能,财政管理的机构和体制。
※ 预算法的概念,预算的收支范围,预算的管理程序。
※ 国债在国民经济中的作用,国债的种类、发行与管理。
※ 税法的构成要素,税收征收管理的法律规定,如何处理税务争议。

8.1 财政法律制度

8.1.1 财政和财政法概述

1. 财政的一般理论

(1) 财政的概念

财政是指国家和其他公共团体为满足公共需求而取得、使用和管理资财活动的总称,包括中央财政和地方财政。财政是国家参与国民收入的分配和再分配的重要手段,在宏观调控、保障经济和促进社会稳定等方面具有重要的作用。

(2) 财政的基本特征

① 财政的主体是国家。
② 财政的内容包括财政收入、财政支出和财政管理三个部分。
③ 财政的目的是满足公共欲望,实现公共需要。

(3) 财政的职能

财政的职能即国家为满足社会公共需要而对产品进行分配的功能,主要有:分配收入的职能、配置资源的职能、保障稳定的职能。财政的上述三项基本职能是层层递进的,分配收入的职能是前提和基础,配置资源的职能是建立在分配收入职能的基础上的,而保障稳定的职能是以前两者为基础的,是前两者实现的结果。

2．财政法的概念和体系

（1）财政法的概念

财政法是调整财政关系的法律规范的总称。它是经济法的重要部门法。财政法的调整对象是财政关系,即国家在取得、使用和管理资财的过程中发生的经济关系,也就是在财政收入、财政支出和财政管理的过程中发生的经济关系,包括财政收支管理关系、财政管理体制关系、财政活动程序关系。

（2）财政法的体系

财政法的体系是指调整各类财政关系的各个部门法所构成的和谐统一的整体。财政关系可以分为财政收支管理关系、财政管理体制关系和财政活动程序关系,调整这三类财政关系的法律规范也就相应地构成了财政法的三个部门法,即财政收支管理法、财政管理体制法、财政活动程序法。其中,调整财政收入管理关系的法律有调整税收关系的税法和调整国债关系的国债法,它们是调整财政收入关系的主要部门法;调整财政支出关系的法律有政府采购法和转移支付法,它们是调整财政支出的最重要途径的部门法;预算法对预算关系的调整既涉及财政收入,又涉及财政支出,是从总体上对财政收支活动进行规范的法,因此它是财政法的核心。这样,上述各个部门法就构成了财政法的体系。

3．财政管理体制与管理机构

（1）财政管理体制

财政管理体制是中央与地方以及地方各级政府之间财政划分和财力分配的法律制度。它与国家行政管理体制紧密相关,有一级政府就有相应的一级财政。目前我国实行五级财政体制,即中央财政、省级财政、设区的市级财政、县级财政、乡镇级财政。

（2）财政管理机构

中央一级财政设国家财政部,负责国家预算的编制、执行和决策工作,全国财政、财务管理工作的制定与执行,国民经济和社会发展的各行业、各方面的财务管理并制定相应的会计制度,财经纪律的监督检查等。省一级财政设财政厅,市县设财政局,县以下设乡级财政所,各负其责。财政部内设国家税务总局,在省、设区的市、县设立相应的地税局和国税局,乡设税务所,具体负责税收的征收和管理工作。国家设国家金库,由中国人民银行经理负责办理国家预算的收支。国家设专门的审计机构,各事业单位设内部审计机构,对各级政府、部门财政收支,国家财政金融机构或事业单位的财政收支和经济效益进行审计监督。国家机关和企事业单位设有财务部门,负责本单位的财务收支,对日常经济业务活动进行核算、监督和指导。

8.1.2 预算法律制度

1．预算和预算法概述

预算是指国家预算,是国家对会计年度内的收入和支出的预先估算,是国家的基本财政计划,是经法定程序审核批准的国家年度集中性财政收支的计算,包括中央预算和地方预算。

预算法是调整预算关系的法律规范的总称。预算关系包括预算收入关系、预算支出关系和预算管理关系。《中华人民共和国预算法》(简称《预算法》)于 1994 年 3 月 22 日全国人大八届二次会议通过,于 1995 年 1 月 1 日起实施。2014 年 8 月 31 日第十二届全国人民代表大会常务委员会第十次会议进行了第一次修订,于 2015 年 1 月 1 日起施行。2018 年 12 月 29 日第十三届全国人民代表大会常务委员会第七次会议进行了第二次修订。《中华人民共和国预算法实施条例》(简称《预算法实施条例》)于 1995 年 11 月 2 日由国务院通过并实施,并于 2020 年 8 月 3 日由国务院进行了修订,于 2020 年 10 月 1 日起施行。在财政法的体系中,预算法是核心法、骨干法,从某种意义上说,没有预算就没有财政,预算的这种地位决定了预算法在财政法中的核心地位。

2. 预算管理体制

(1) 预算体系

预算体系是依据国家的政权结构而形成的国家预算协调统一的整体。根据我国《预算法》的规定,我国的预算管理实行一级政府一级预算、收支平衡、中央和地方分税的原则。我国把预算分为五级:

① 中央预算;

② 省、直辖市、自治区预算;

③ 设区的市、自治州预算;

④ 县、自治县、不设区的市、市辖区的预算;

⑤ 乡、民族乡、镇的预算。

全国预算由中央预算和地方预算组成。地方预算由各省、自治区、直辖市总预算组成。地方各级总预算由本级预算和汇总的下一级总预算组成;下一级只有本级预算的,下一级总预算即指下一级的本级预算。没有下一级预算的,总预算即指本级预算。

(2) 预算管理职权

国家的预算活动只有依法进行,才能有效地实现预算的职能。我国《预算法》对预算管理职权作了如下的规定。

① 县级以上地方各级人民代表大会的预算管理职权有审查权、批准权和改变撤销权。由于乡、民族乡、镇的人大不设立常委会,因此,乡、民族乡、镇的人大对本级政府的预算管理职权有审查权、批准权、监督权和撤销权。

② 各级人大常委会的预算管理职权有监督权、审批权和撤销权。

③ 县级以上地方各级政府机关的预算管理职权有编制权、报告权、执行权、决定权、监督权和变更撤销权。

④ 地方各级财政部门的预算管理职权有编制权、报告权、执行权、提案权和监督权。

⑤ 各部门编制本部门的预算、决算草案;组织和监督本部门预算的执行;定期向本级政府财政部门报告预算的执行情况等。

3. 预算收支范围的划分

《预算法》规定,预算收入划分为各项税收收入、行政事业性收费收入、国有资源(资产)

有偿使用收入、转移性收入和其他收入。

(1) 各项税收收入,它是国家预算收入的最主要部分,在许多国家都占预算收入的90%以上,我国亦然。

(2) 行政事业性收入,按收费类别可分为:行政管理类收费(如制发各种证件而收取工本费)、资源补偿类收费(如排污费)、鉴定类收费(如鉴定费)、考试类收费(如报考费)、培训类收费和其他类收费等六类。

(3) 依照规定应上缴的国有资产收益,如国有资产有偿转让、出让的收入,股息收入。

(4) 转移性收入,如政府对个人收入转移的失业救济金、赔偿等,单位对个人收入转移的辞退金、住房公积金等。

(5) 其他收入,如规费收入、罚没收入等。

一般公共预算支出按照其功能分类,包括一般公共服务支出,外交、公共安全、国防支出,农业环境保护支出,教育、科技、文化、卫生、体育支出,社会保障及就业支出和其他支出。

4. 预算管理程序

预算管理程序是国家在预算管理方面依法进行的各个工作环节所构成的有秩序活动的总体,它由预算的编制、审批、执行、调整、决算五个环节组成。

(1) 编制

预算的编制是指国家制定取得和分配使用预算资金的年度计划的活动,它是一种基础性程序。在这一阶段编制的预算实际上是预算草案,还不具备法律效力。预算的编制应遵循以下原则:复式预算的原则(按经常性预算和建设性预算编制)、不列赤字的原则、真实合法的原则、节约统筹的原则。国家预算的编制采取自上而下和自下而上相结合的办法编制。各级预算编制草案形成后经各级人民政府审定提请各级人民代表大会审查和批准。

(2) 审批

预算的审批是指国家各级权力机关对同级人民政府所提出的预算草案进行审查和批准的活动,是预算草案转化为正式预算的关键阶段。经过人民代表大会批准的预算,未经法定程序不得改变。

(3) 执行

预算的执行是指各级财政部门和其他预算主体组织预算收入和划拨预算支出的活动,是经过批准的预算付诸实施的重要阶段。在我国预算由本级人民政府组织实施,具体工作由本级人民政府财政部门负责。预算收入征收部门必须依照法律、行政法规的规定,及时、足额征收应征的预算收入。各级政府财政部门必须依照法律、行政法规和国务院财政部门的规定,及时足额地拨付预算支出资金,加强对预算支出的管理和监督。各级政府、各部门、各单位的支出必须按照预算执行。国家的预算收入和预算支出都按照规定通过国库来进行,国库是预算执行的中介环节,是国家进行预算收支的出纳机关。县级以上各级预算必须设立国库,具备条件的乡、民族乡、镇也应当设立国库。

(4) 调整

预算的调整是指批准的本级预算在执行中因特殊情况需要增加支出或减少收入,使原批准的收支平衡的预算总支出超过总收入,或者使原批准的预算中举债的数额增加的变更。在预算年度内,遇有重大事件发生、方针政策调整或者经济情况变化,对预算执行产生较大影响时,可以依法进行预算调整。各级人民政府对于必须进行的预算调整,应当编制调整方案,提请本级人民代表大会常委会审批;未经批准,不得调整预算。

在预算执行中,因上级政府返还或者给予补助而引起的预算收支变化,不属于预算调整。接受返还或者补助的各级地方政府,应当向本级人民代表大会常委会报告有关情况。接受返还或者补助的乡政府应当向本级人民代表大会报告有关情况。

(5) 决算

预算的决算在形式上是对年度预算收支执行结果的会计报告,实质上是年度预算执行结果的总结。它是预算管理程序的最后一个环节。决算制度主要包括决算草案的编制和审批两个方面的内容。

① 决算草案的编制。在每一个预算年度终了后,各级人民政府、各部门、各单位应当按照国务院规定的时间和财政部的部署,编制决算草案。决算在形式上包括报表和文字说明两个部分。决算草案的编制应坚持合法、准确、完整、报送及时等原则。

② 决算草案的审批。根据《预算法》的规定,决算草案的审批主体是各级权力机关,即各级人民代表大会及其常务委员会。

5. 预算和决算的监督

预算和决算的监督是指对各级人民政府实施的预算与决算活动进行的监督。根据《预算法》的规定,从监督主体的角度将预算与决算的监督分为权力机关的监督、行政机关的监督和政府专门机关的监督。

在权力机关的监督方面,全国人民代表大会及其常委会对中央和地方预算、决算进行监督;县级以上地方各级人大及其常委会对本级和下级政府的预算、决算进行监督;乡、民族乡、镇人民代表大会对本级预算、决算进行监督。各级人大和县级以上人大常委会有权对预算、决算的重大事项和特定问题组织调查,有关的政府、组织、单位和个人应当如实地反映情况和提供必要的材料;当人大代表或人大常委会的组成人员依照法定程序就预算、决算中的有关问题提出询问和咨询,受询问和咨询的有关政府和财政部门必须及时给予答复;国务院和县级以上地方各级政府应当在每年6月至9月向本级人大常委会作预算执行情况的报告。

在行政监督方面,各级政府有权监督下级政府预算的执行。下级政府应当定期向上一级政府报告预算执行的情况。

在政府专门机构的监督方面,主要是财政部门的监督和审计部门的监督。各级政府财政部门负责监督检查本级各部门及其所属各单位预算的编制、执行,并向本级政府和上一级政府财政部门报告预算执行情况。县级以上政府审计部门依法对预算执行、决算实行审计监督。

6. 违反预算法的法律责任

根据《预算法》第九十二条、九十三条和九十四条的规定,各级政府及有关部门视情节严重程度,对负有直接责任的主管人员和其他直接责任人追究行政责任、降级、撤职和开除的处分。有违法所得的没收违法所得,对单位给予警告或者通报批评。违反本法规定,构成犯罪的,依法追究刑事责任。

8.1.3 国债法律制度

1. 国债和国债法概述

(1) 国债的概念、特征和功能

国债又称国家公债,它是国家为实现其职能而以国家信用为基础所举借的债务。它是国家筹措财政收入、弥补财政赤字和进行宏观调控的重要手段。

国债作为有价证券,具有不同于其他有价证券的特征。

① 国债作为一种国家债务,其举借具有自愿性和偿还性。
② 国债作为国家信用最主要、最典型的形式,是以政府信誉作为担保的有价证券。
③ 国债同企业债、金融债相比,其信用度更高,流通性更好,变现力、担保力更强。

一般来说,国债的基本职能表现在弥补财政赤字、筹集建设资金和宏观调控三个方面。

(2) 国债法的概念和主要内容

国债法是调整在国债的发行、使用、偿还和管理的过程中发生的经济关系的法律规范的总称。国债法的调整对象是在国债的发行、使用、偿还和管理的过程中发生的经济关系,即国债法律关系,包括国债的发行关系、国债的使用关系、国债的偿还关系和国债的管理关系四个方面。

我国国债法律制度的主要内容应当包括以下方面:国债的分类和结构;国债的发行主体、发行对象与发行方式;国债发行的种类、规模或数额、利率;国债的用途和使用原则;国债市场与国债持券人的国债权利;国债还本付息的期限、偿还方式、方法;国债管理机构及其职权、职责;违反国债法的法律责任等。

我国目前关于国债的立法有《国库券条例》等,总的说来,国债立法在我国还不够完善,有待于制定一部统一的国债法。

2. 国债的分类

国债的分类与国债的发行和管理有着密切的关系,国债的分类是国债法的重要内容,直接影响到国债法的体系。因而国债的分类对国债立法尤为重要。依据不同的标准可以对国债作不同的分类。

(1) 按发行地域的不同,国债可以分为国内债务和国外债务,简称内债和外债。
(2) 按偿还期限的不同,国债可以分为定期国债和不定期国债。
(3) 按流通性能的不同,国债可以分为上市国债和不上市国债。
(4) 按使用途径的不同,国债可以分为赤字国债、建设国债和特种国债。

我国自十一届三中全会实行改革开放以来,发行内债主要采用国库券、国家建设债券、国家重点建设债券、特种债券等形式,同时,根据需要发行了一定种类和数量的外债。

3. 国债的发行、使用、偿还和管理

(1) 国债的发行

国债的发行是指国债的售出或者被认购的过程。发行的条件包括国债的种类,发行的对象、数额、发行的价格、利率、付息方式和流动性等内容。国债发行主要采取公募法、包销法、公卖法、摊派法四种方法。我国过去主要采用摊派和自愿认购相结合的方法；后来，主要采用金融单位承购包销的方法。

(2) 国债的使用

国债的使用包括政府对国债资金的使用，以及国债债权人对其债券权利的行使。政府对国债资金的使用途径主要是弥补财政赤字，进行经济建设和用于特定用途。国债债权人对其债券权利的行使，主要体现在证券的转让、赠与、继承和质押等国债的交易方面。国债的交易市场包括国债交易一级市场和国债交易二级市场。

(3) 国债的偿还

国债的偿还是国家依照法律的规定或者发行国债时的约定，对到期的国债还本付息的过程。国家建立国债支付的专门机构和体系负责到期国债的偿付工作。在我国，偿还国债本息的资金来源包括专门的偿债基金，预算拨款，国家预算盈余资金，或者借新债还旧债。国债的偿还方式有：直接由政府或其委托的金融机构进行偿还、通过市场收购来偿还或者通过抽签的方法来偿还。

(4) 国债的管理

国债的管理是国家为了调控国债的规模、结构、利率等所采取的管理措施，主要包括国债规模管理、结构管理、国债的发行和偿还管理、国债托管管理、外债管理等。国债的管理贯穿于国债的发行、使用和偿还的各个环节，对于经济的稳定增长和社会安定都极其重要。

8.2 税收法律制度

8.2.1 税法概述

1. 税收的概念和特征

(1) 税收的概念

税收是国家为了实现其职能，凭借政治权力，依照法律规定的标准，强制、无偿地取得财政收入的一种经济活动，是国家参与社会产品和国民收入分配和再分配的重要手段，也是国家管理经济的一个重要调节杠杆。税收收入是国家财政最主要的来源，税收杠杆是国家进行宏观调控的工具。

(2) 税收的特征

税收与国家取得财政收入的其他方法相比具有强制性、无偿性和固定性特征。

① 强制性，是指税收这种分配是以国家的政治权力为直接依据的，而不是以生产资料的所有权为依据的。

② 无偿性，是指国家取得税收收入，既不需要返还，也不需要向纳税人付出任何代价，国家对纳税人交纳的税金没有偿还的义务，纳税人也没有要求国家偿还的权利。

③ 固定性，是指国家通过法律形式事先规定对什么征税以及征收比例和征收数额，在

征税之前就通过税法预先规定征税对象、税率和纳税期限等内容,纳税人只要产生了纳税义务就必须依法履行纳税义务。

2. 税法的概念和调整对象

税法是调整国家与纳税人之间税收征纳关系的法律规范的总称。也就是说,税法是调整税收关系的法律规范的总称。税法的调整对象是税收关系,包括征纳税收关系和税收管理关系。征纳税收关系包括国家财税机关与国家行政机关、事业单位,及其他预算外单位、企业、城乡个体工商户、农村承包户和自然人之间形成的税收关系。税收管理关系是指国家权力机关、国家行政机关、各级财税机关,以及他们各自的上下级之间因税收监督而发生的关系。我国现行有关税收征收与管理关系的主要法律是《中华人民共和国税收征收管理法》(简称《税收征收管理法》)。

3. 税法的构成要素

(1) 纳税主体

纳税主体又称纳税义务人,是指税法规定的负有纳税义务的社会组织和公民个人。税法中还规定了税收的扣缴义务人,即负有代扣纳税人应纳税款、代缴给征税机关的义务的单位和个人,例如,演出公司、出版社、房管部门、发放工资薪金的单位等。

(2) 征税客体

征税客体又称征税对象或计税依据,是指对什么东西征税。我国税法规定的征税客体有流转税、所得税、财产税、行为税和资源税五大类。

(3) 税种和税目

税种即税收的种类,是指征的什么税。税目是指各种税种中具体规定的应纳税的项目。

(4) 税率

税率是指应纳税额与征税对象数额的比例。它是计算应纳税额的主要尺度,是税法中的核心要素。我国现行税法采用三种税率。

① 比例税率,是指同一征税对象,不分数额大小,均按相同比例的税率来征税。其特点一是有利于公平税负和合理竞争;二是便于计算,有利于税收的征收管理。

② 累进税率,是指对同一征税对象,按数量的增加等级规定不同的税率。应税数量或金额越大,适用的税率就越高,实行累进税率有利于解决纳税人收益悬殊的问题。累进税率又分为全额累进税率、超额累进税率和超倍累进税率三种形式。

③ 定额税率,是指对征税对象的每一单位,直接规定固定税额,不采用百分比形式。例如,啤酒、汽油、柴油、小汽车等商品的消费税,车船税等都采用定额税率。

(5) 纳税环节

纳税环节是指应当纳税的产品在其整个流转过程中,我国税法所规定的应当缴纳税款的环节。纳税环节可以是一个,也可以是多个。

(6) 纳税期限

纳税期限是指税法规定纳税人缴纳税款的具体期限。纳税期限可以分为按期纳税和按次纳税。与纳税期限有关的概念有纳税义务发生时间和纳税申报时间。我国税法规定,纳税人不按期纳税,应当缴纳滞纳金。

(7) 减税与免税

减税与免税是指税法对同一税种特定的纳税人或者征税对象给予减轻或者免除其税负的一种优惠规定。国家税法具有统一性和严肃性,减免税权应当集中到中央,地区和部门不得超越税收管理权限,擅自减税与免税违背依法治税的原则。减税是对应纳税额少征一部分,免税是对纳税额全部免除。

(8) 违章处理

违章处理是指税法规定对纳税人违反税法的行为所进行的惩罚措施。违反税法的行为包括欠税、漏税、偷税、抗税的行为,以及未履行纳税登记、申报等违章行为。违章处理的措施包括补缴税款、加收滞纳金、罚款、移交司法机关处理。

4. 现行税种

(1) 流转税

流转税是以商品的流转额和劳务收入为征税对象的一个类别税种,包括增值税、消费税和关税。

① 增值税。增值税是指以应税商品和劳务的增值额为征税对象的一种税。其纳税主体是在中国境内销售货物或者加工、修理修配劳务、销售服务、无形资产、不动产以及进口货物的单位和个人。征税对象是纳税人取得商品的生产、批发、零售和进口收入的增值额。现行增值税的主要法律依据是《中华人民共和国增值税暂行条例》以及财政部、国家税务总局的一系列行政规章,《中华人民共和国增值税法(草案)》在2023年1月征求意见后,正在审议中。增值税从1994年1月1日至2019年4月1日,经过四次下调,形成了现在13%、9%、6%和零四档税率。第一档13%税率,适用范围:销售货物、劳务、有形动产租赁服务或者进口货物,除适用9%税率、6%税率、零税率外;第二档9%税率,适用范围:纳税人销售交通运输、邮政、基础电信、建筑、不动产租赁服务,销售不动产,转让土地使用权,销售或者进口下列货物:a.粮食等农产品、食用植物油、食用盐;b.自来水、暖气、冷气、热水、煤气、石油液化气、天然气、二甲醚、沼气、居民用煤炭制品;c.图书、报纸、杂志、音像制品、电子出版物;d.饲料、化肥、农药、农机、农膜;e.国务院规定的其他货物;第三档6%税率,适用范围:销售服务、无形资产,除适用13%税率、9%税率、零税率外;第四档零税率,适用范围:出口货物,税率为零,但是,国务院另有规定的除外。增值税的纳税人分为一般纳税人和小规模纳税人,一般纳税人适用13%的基本税率,小规模纳税人适用3%的税率。国家根据经济形势的不同,经常调整税收政策,为小规模纳税人纾困减负。

② 消费税。消费税是以特定的消费品的销售额或消费支出额作为征税对象的一种税。纳税主体是在中国境内生产、委托加工和进口应税消费品的单位和个人。根据《中华人民共和国消费税暂行条例》,消费税的征税范围主要包括五大类十四个税目(消费品):第一类,过度消费影响人体健康、社会秩序或者对生态环境有危害的特殊消费品,包括烟、酒及酒精、鞭炮、烟火等;第二类,奢侈品、非生活必需品,包括化妆品、贵重首饰及珠宝玉石等;第三类,高能耗及高档消费品,包括高尔夫球及球具、高档手表、游艇等;第四类,不可再生或者稀缺资源的消费品,包括成品油、木制一次性筷子、实木地板等;第五类,具有特定财政意义的消费品,例如汽车轮胎、摩托车等。

③ 关税。关税是指设在边境、沿海口岸或国家指定的其他水、陆、空国际交往通道上的

海关机关,按照国家的规定,对进出国境的货物和物品所征收的一种税。纳税主体是进口货物的收货人、出口货物的发货人、进出境物品的所有人(持有人)和进口邮件的收件人。征税对象是海关依照关税条例审定的完税价格。现行有效的关税依据主要是《中华人民共和国进出口关税条例》(2017年修订)。关税实行比例税率。进口关税设置最惠国税率、协定税率、特惠税率、普通税率、关税配额税率等税率。对进口货物在一定期限内可以实行暂定税率。出口关税设置出口税率。对出口货物在一定期限内可以实行暂定税率。

(2)所得税

所得税也叫收益税,是以纳税人的纯收益(所得额)为征税对象的一种税。我国的所得税包括企业所得税和个人所得税。

① 企业所得税。企业所得税是指以企业的生产、经营所得和其他所得为征税对象的税。根据2007年3月16日第十届全国人民代表大会第五次会议通过的、2018年12月29日第十三届全国人民代表大会常务委员会第一次会议修订的《中华人民共和国企业所得税法》的规定,企业所得税的纳税主体包括居民企业、非居民企业和其他取得收入的组织。个人独资企业和合伙企业不列入企业所得税的纳税主体范围。居民企业是指依法在中国境内成立,或者依照外国(地区)法律成立但实际管理机构在中国境内的企业;非居民企业是依照外国(地区)法律成立且实际管理机构不在中国境内,但在中国境内设立机构、场所的,或者在中国境内未设立机构、场所,但有来源于中国境内所得的企业。企业所得税的征税对象为企业来源于中国境内、境外的生产、经营所得。居民企业应当就其来源于中国境内、境外的所得,非居民企业在中国境内设立机构、场所的,应当就其所设机构、场所取得的来源于中国境内的所得,以及发生在中国境外但与其所设机构、场所有实际联系的所得缴纳企业所得税,适用税率为25%。非居民企业在中国境内未设立机构、场所的,或者虽设立机构、场所但所得与其所设机构、场所没有实际联系的,应当就其来源于中国境内的所得缴纳企业所得税,税率为20%。

案例 8-1

某公司为一家民营企业,在2022年纳税年度中,它的生产经营收入为1 200万元,财产转让收入为800万元,利息收入为40万元,股权收益为200万元,其他收入为103万元。该公司在2022年度里共支出:与其收入相关的成本费用为900万元,因销售和管理等支付的费用为100万元,在生产、经营过程中发生的损失额为50万元,因违法经营被当地市场监管局处以罚款20万元,赞助江苏省2022年"3·15"晚会15万元,因车祸使价值45万元的一辆重型卡车报废。

【问题】 2022年度该公司应向国家缴纳多少企业所得税?(列出具体的计算步骤)

② 个人所得税。个人所得税是指对个人取得的所得征收的一种税。其纳税主体为居民个人和非居民个人。居民个人是指在中国境内有住所或者无住所而在一个纳税年度内在中国境内居住累计满183天的个人。其有从中国境内和境外取得的收入均须缴纳个人所得税。非居民个人是指在中国境内无住所而又不居住或者无住所而一个纳税年度内在中国境内居住累计不满183天的个人,其有从中国境内取得的收入,必须缴纳个人所得税。

征税对象包括：工资、薪金所得；劳务报酬所得；稿酬所得；特许权使用费所得；经营所得；利息、股息、红利所得；财产租赁所得；财产转让所得和偶然所得。居民个人取得前款第一项至第四项所得（以下称综合所得），按纳税年度合并计算个人所得税；非居民个人取得前款第一项至第四项所得，按月或者按次分项计算个人所得税。纳税人取得前款第五项至第九项所得，依法分别计算个人所得税。个人所得税采用超额累进税率和比例税率相结合的税率体系。

综合所得，适用3%至45%的超额累进税率；经营所得，适用5%至35%的超额累进税率；利息、股息、红利所得，财产租赁所得，财产转让所得和偶然所得，适用比例税率，税率为20%。

个人所得税税率如表8-1～表8-3所示。

表8-1　个人所得税税率表一
（综合所得适用）

级数	全年应纳税所得额	税率（%）
1	不超过36 000元的	3
2	超过36 000元至144 000元的部分	10
3	超过144 000元至300 000元的部分	20
4	超过300 000元至420 000元的部分	25
5	超过420 000元至660 000元的部分	30
6	超过660 000元至960 000元的部分	35
7	超过960 000元的部分	45

注：① 本表所称全年应纳税所得额是指依照《个人所得税法》第六条的规定，居民个人取得综合所得以每一纳税年度收入额减除费用六万元以及专项扣除、专项附加扣除和依法确定的其他扣除后的余额。

② 非居民个人取得工资、薪金所得，劳务报酬所得，稿酬所得和特许权使用费所得，依照本表按月换算后计算应纳税额。

表8-2　个人所得税税率表二
（经营所得适用）

级数	全年应纳税所得额	税率（%）
1	不超过30 000元的	5
2	超过30 000元至90 000元的部分	10
3	超过90 000元至300 000元的部分	20
4	超过300 000元至500 000元的部分	30
5	超过500 000元的部分	35

注：本表所称全年应纳税所得额是指依照《个人所得税法》第六条的规定，以每一纳税年度的收入总额减除成本、费用以及损失后的余额。

表8-3　个人所得税税率表三
（劳务报酬所得适用）

级数	每次应纳税所得额（含税级距）	不含税级距	税率（%）
1	不超过20 000元的	不超过16000元的	20
2	超过20 000元至50 000元的部分	超过16 000元至37 000元的部分	30
3	超过50 000元部分	超过37 000元的部分	40

居民个人的综合所得按纳税年度进行汇算清缴。即居民的工资薪金所得、劳务报酬所得、稿酬所得和特许权使用费所得四项收入的总和,在扣除一个纳税年度的费用(60 000元)以及专项扣除、专项附加扣除和依法确定的其他扣除后的余额,作为应纳税额。其中,专项扣除包括居民个人按照国家规定的范围和标准缴纳的基本养老保险、基本医疗保险、失业保险等社会保险费和住房公积金等,专项附加扣除包括子女教育、继续教育、大病医疗、住房贷款利息或者住房租金、赡养老人、婴幼儿照护等支出。专项附加扣除的具体标准详见表8-4。

表8-4 个人所得税专项附加扣除

扣除项目	扣除标准	备注
大病医疗	据实扣除	在一个纳税年度内,纳税人发生的与基本医保相关的医药费用支出,扣除医保报销后个人负担(指医保目录范围内的自付部分)累计超过15 000元的部分,由纳税人在办理年度汇算清缴时,在80 000元限额内据实扣除
住房贷款利息	每月1 000元	首套住房贷款利息支出,扣除期限最长不超过240个月,只能享受一次首套住房贷款的利息扣除
住房租金	每月1 500元	直辖市、省会(首府)城市、计划单列市以及国务院确定的其他城市
	每月1 100元	市辖区户籍人口超过100万的城市
	每月800元	市辖区户籍人口不超过100万的城市
赡养老人	每月2 000元	纳税人为独生子女
	不超过每月1 000元	纳税人为非独生子女的,由其与兄弟姐妹分摊
3岁以下婴幼儿照护	每月1 000元	婴幼儿出生的当月至年满3周岁的前一个月

案例8-2

陈劲伟是某大学人力资源管理学院的教授,2023年4月,其收入如下:工资10 600元、奖金7 720元、应邀到东南大学进行学术讲座获得报酬8 000元、发表论文一篇获得稿费800元。

【问题】 陈劲伟教授2023年4月应缴纳的个人所得税是多少?

(3) 财产税

财产税是指以一定财产的价格和数量为征税对象的一种税。包括房产税和契税。

① 房产税是以中国境内(城市、县城、建制镇和工矿基地)的房产为征税对象,以房屋的评估价值或租金为计税依据而征收的一种税。房地产税的纳税人为房产的产权所有人。房产的产权属于全民所有的,纳税人是其经营管理人;房产的产权出典的,纳税人是其承典人。房产税的税率采用比例税率,以房产原价一次性减去10%~30%后的余值作为计税价格计征的,税率为1.2%;以租金收入计征的,年税率为12%。

② 契税是指在我国境内转移土地、房屋权属,承受其权利的单位和个人缴纳的一种税。纳税主体是承受土地、房屋权属的单位和个人。征税对象包括国有土地使用权出让,土地使用权转让(出售、赠与和交换),房屋买卖,房屋赠与,房屋交换。根据2021年9月1日生效的《中华人民共和国契税法》第三条第一款的规定,契税实行3%~5%的比例税率,省、自治

区、直辖市可以对不同主体、不同地区、不同类型的住房的权属转移确定差别税率,报同级人民代表大会常务委员会决定,并报全国人民代表大会常务委员会和国务院备案。

(4) 特定行为税

特定行为税是以纳税人的某些特定行为作为征税对象的一种税。特定行为税包括印花税、城市建设维护税、车船使用税、屠宰税、宴席税、船舶吨位税等。

(5) 资源税

资源税是指对我国境内开采规定的矿产品或者生产盐的单位和个人征收的一种税。征税范围包括矿产品和盐。资源税实行从量计征的定额幅度税率。

5. 我国的税收体制改革

税收体制是指相关的国家机关在税收方面的权力划分制度,主要包括税收的立法体制和征管体制。国家机关在税收方面的权力简称税权,主要包括税收立法权、税收征管权和税收收益权。一个国家的税收体制是否合理,关键要看税权在国家机关之间的配置是否合理。为了进一步完善税收体制,我国继 1994 年以分税制和开征增值税为主要内容的税改之后,又于 2016 年 5 月 1 日起在我国全面推开营改增,昔日地方第一大税营业税退出历史舞台,将这场 1994 年分税制改革以来中国最深刻的财税改革推向高潮。这次税改主要涉及五个方面的内容。

(1) 全面实施营改增。营改增是原来按照营业税征收的部分行业,现在改为按增值税征收,营改增最大的特点是减少重复征税,有利于企业降低税负。营改增从制度上解决了货物和服务税制不统一和重复征税的问题,贯通了服务业内部和第二、第三产业之间的抵扣链条,减轻了企业税负,从而有力地支持了服务业的发展和制造业转型升级,有利于建立货物和劳务领域的增值税出口退税制度。据统计,2012 年至 2017 营改增累计减税近 2 万亿元,仅 2017 年一年就减税 9 186 亿元。

(2) 统一内外资企业所得税。内外资企业所得税不统一,导致税收负担不公平。原来内资企业的所得税税率为 33%,外资企业的所得税税率要少一些,外资企业所得税平均实际税率为 13%左右。除去大量的税收优惠政策的因素,内外资企业所得税平均实际税率为 23%左右。企业所得税的改革,要统一税法,公平税负,内外资企业实行相同的税率,相同的待遇。对此,2007 年 3 月 16 日颁布的《中华人民共和国企业所得税法》将内外资企业的所得税统一,实现了公平税负,企业所得税法定税率为 25%。

(3) 调高个人所得税的起征点。从 1994 年分税制改革至今,我国个人所得税收入平均每年增幅高达 47%,年均增收 118 亿元,是同期增长最快的税种。然而,我国个人所得税的税率大大高于周边地区。目前我国个人所得税的综合所得税率为 3%~45%七级超额累进税率,而新加坡是 2%~28%,日本是 10%~37%,美国是 15%~39%。作为调节个人收入差距手段的个人所得税,目前在我国的调节作用并不明显。工薪所得税占个人所得税的比例高达 40%,而个体工商户、劳务报酬等应缴税所占比例一直较小。2005 年 10 月 27 日第十届全国人民代表大会常务委员会第十八次会议对个人所得税法进行了修订,工资、薪金所得减除费用标准由每月 800 元调整为每月 1 600 元。2008 年 2 月 18 日,国务院修改《中华人民共和国个人所得税法实施条例》,从 2008 年 3 月 1 日起,将我国居民的工资、薪金所得减除费用标准由每月 1 600 元提高到每月 2 000 元。自 2011 年 6 月 30 日,个人所得税免征额提高到 3 500 元。2018 年 10 月 1 日起月免征额提高到 5 000 元。

(4) 证券交易印花税的改革。证券交易印花税在发达国家已大多被取消，即使保留的国家也大多实行单向收费，适用税率不高。而我国的证券交易印花税实行双边征收制度，税率为股票交易额的 0.5‰，与世界各国相比处于较高水平，投资者的税收成本较高。目前，我国对证券交易印花税的改革可以考虑采取降低税率、实行单向收税、逐步取消证券交易印花税的做法。经国务院决定，从 2016 年 1 月 1 日起，将证券交易印花税由现行按中央 97%、地方 3% 比例分享全部调整为中央收入。

(5) 取消农业税。我国改革开放后，城乡收入差距进一步拉大，如何增加农民收入，让生活在广大农村的农业人口也享受经济发展的成果，是我国政府目前亟须解决的问题，其中取消农业税，减轻农民负担是一项重要措施。2006 年国家加快了农业税的改革步伐，从 2006 年开始全面取消农业税。

8.2.2 税收征收管理法律制度

1. 税收征收管理及其立法

税收征收管理是指国家税务机关行使征税职能，指导纳税人履行纳税义务，对税务活动进行组织、管理、监督、检查的制度。税收征收管理法是规定国家税务机关和纳税人在税务征纳和税务监督管理过程中的权利、义务、责任及征纳程序的法律规范的总称。现行有效的法律是《中华人民共和国税收征收管理法》（简称《税收征收管理法》）以及《中华人民共和国税收征收管理法实施条例》（简称《税收征收管理法实施条例》）。《税收征收管理法》1992 年 9 月 4 日第七届全国人民代表大会常务委员会第二十七次会议通过并决定于 1993 年 1 月 1 日起实施，确立了我国税收征收管理制度。1995 年 2 月 28 日第八届全国人民代表大会常务委员会第十二次会议进行了第一次修订，2001 年 4 月 28 日第九届全国人民代表大会常务委员会第二十一次会议进行了第二次修订，2015 年 4 月 24 日第十二届全国人民代表大会常务委员会第十四次会议进行了第三次修订。

2. 税务管理

(1) 税务登记

根据《税收征收管理法》第十五条的规定，企业、企业在外地设立的分支机构和从事生产、经营的场所，个体工商户和从事生产、经营的事业单位（以下统称从事生产、经营的纳税人）自领取营业执照之日起三十日内，持有关证件，向税务机关申报办理税务登记。税务机关应当于收到申报的当日办理登记并发给税务登记证件。从事生产、经营的纳税人，税务登记内容发生变化的，自工商行政管理机关办理变更登记之日起三十日内或者在向市场监督管理机关申请办理注销登记之前，持有关证件向税务机关申报办理变更或者注销税务登记。纳税人按照国务院税务主管部门的规定使用税务登记证件。税务登记证件不得转借、涂改、损毁、买卖或者伪造。

(2) 账簿、凭证管理

账簿、凭证是记载纳税人资金运作的书面资料。账簿包括总账、明细账、日记账，以及其他辅助性账簿。从事生产、经营的纳税人应当自领取营业执照或发生纳税义务之日起十五日内,按照国家有关规定设置账簿。生产、经营规模小又确无建账能力的纳税人,可以聘请经批准从事会计代理记账业务的专业机构或者财会人员代为建账和办理账务。扣缴义务人应当自法律、法规规定的扣缴义务发生之日起十日内,按照所代扣、代缴的税种,分别设置代扣代缴、代收代缴税款账簿。账簿、记账凭证、完税凭证及全部纳税资料应当保存十年,不得伪造、变造或者擅自损毁。

(3) 纳税申报

纳税人、扣缴义务人必须在法律、行政法规规定或者税务机关依照法律、行政法规规定确定的申报期限内办理纳税申报,报送纳税申报表,财务会计报表或代扣代缴、代收代缴税款报告表,及税务机关根据实际需要要求报送的其他纳税资料。经税务机关核准,可以延期申报。

3. 税款征收

税务机关依照法律、行政法规规定征收税款,不得违反法律、行政法规规定开征、停征、多征、少征、提前征收、延缓征收或者摊派税款。除税务机关、税务人员,以及经税务机关依照法律、行政法规委托的单位和个人外,任何单位和个人不得进行税款征收的活动。

(1) 代扣代收税款的规定

扣缴义务人应当依照法律、行政法规规定履行代扣代收税款的义务。

(2) 税款缴纳期限的规定

纳税人、扣缴义务人必须在法律、行政法规规定,或者税务机关依照法律、行政法规规定确定的期限内缴纳或解缴税款。纳税人因有特殊困难,不能按期缴纳税款的,经省、自治区、直辖市国家税务局、地方税务局批准,可以延期缴纳税款,但是最长不得超过 3 个月。纳税人未按照规定的期限缴纳税款的,扣缴义务人未按照规定的期限解缴税款的,税务机关除责令限期缴纳外,从滞纳税款之日起,按日加收滞纳税款 0.5‰ 的滞纳金。

(3) 纳税担保、税收保全和税收强制执行措施

① 纳税担保。纳税担保是指税务机关有权依法责令被认为有逃避纳税义务行为的纳税人提供担保,以保证其履行纳税义务。纳税担保包括纳税担保人担保和纳税人财产担保。

② 税收保全。税收保全是指认为有逃避纳税义务迹象的纳税人如果不能提供担保,税务机关可以采取税收保全措施。税务机关实施税收保全措施的条件有:a.在限期内实施;b.纳税人有明显的转移、隐匿应纳税的商品、货物,以及其他财产或者应纳税的收入迹象的,经税务机关责成纳税人提供纳税担保后,不能提供纳税担保的;c.经县以上税务局(分局)局长批准。税收保全的措施有:书面通知纳税人开户银行或者其他金融机构,暂停支付纳税人相当于应纳税款金额的存款;扣押、查封纳税人相当于应纳税款价值的商品、货物或者其他财产。

③ 税收强制执行措施。从事生产经营的纳税人、扣缴义务人未按规定的期限缴纳或者解缴税款,纳税担保人未按规定的期限缴纳所担保的税款,由税务机关责令限期缴纳。逾期仍未缴纳的,税务机关可以采取税收强制执行措施。税收强制执行措施有:书面通知纳税人开户银行或者其他金融机构从其存款中扣缴税款;扣押、查封、拍卖纳税人相当于应纳税款价值的商品、货物或者其他财产,以拍卖所得抵缴税款。个人及其所扶养家属维持生活必

需的住房和用品,不在强制执行的范围之内。

(4) 税收优先权,税务报告和代位权、撤销权制度

① 税收优先权。税务机关征收税款,税收优先于无担保债权,法律另有规定的除外;纳税人欠缴税款,同时又被行政机关决定处以罚款、没收违法所得的,税收优先于罚款、没收违法所得和无担保债权。

② 税务报告。纳税人有合并、分立情形的,应当向税务机关报告,并依法缴清税款。

③ 代位权、撤销权制度。欠缴税款的纳税人因怠于行使到期债权,或者放弃到期债权,或者无偿转让财产,或者以明显不合理的低价转让财产而受让人知道该情形,对国家税收造成损害的,税务机关可以依照《民法典》的规定行使代位权和撤销权。

(5) 税收征管中的退税、补缴和追征

① 退税。纳税人超过应缴纳的税款而缴的税款,税务机关发现后应当自发现之日起10日内办理退还手续。纳税人自结算缴纳税款之日起3年内发现的,可以要求税务机关退还税款,税务机关查实后应立即退还,并加算银行同期存款利息。

② 补缴。因税务机关的责任致使纳税人、扣缴义务人未缴或者少缴税款的,税务机关在3年内可以要求纳税人、扣缴义务人补缴税款,但不得加收滞纳金。

③ 追征。因纳税人、扣缴义务人计算错误等原因,未缴或少缴税款的,纳税机关在3年内可以追征;有特殊情况的,追征期可以延长到5年。对偷税、抗税、骗税的,税务机关追征其未缴或者少缴的税款、滞纳金或者所骗取的税款,不受前款规定期限的限制。

上述追缴和追征税款的期限,自纳税人、扣缴义务人应缴、未缴或者少缴税款之日起计算。

案例 8-3

2023年2月包头市包河区税务局在税务检查中发现三河源文化有限责任公司2022年4月应纳税4.5万元,实际纳税5.4万元;5月因税务局的电脑程序出错应纳税7.8万元,实际纳税0.78万元;6月漏缴税款4万元。

【问题】

(1) 三河源文化有限责任公司可否要求包河区税务局退还2022年4月多缴的税?为什么?

(2) 包河区税务局通知三河源文化有限责任公司补缴2022年5月少缴的税款,并加收滞纳金3.159万元,合法吗?为什么?

(3) 包河区税务局通知三河源文化有限责任公司在收到通知15日内补缴漏缴的税款4万元,合法吗?为什么?

4. 税务检查

税务检查是税务机关依法对纳税人履行纳税义务和扣缴义务人履行代扣代缴、代收代缴义务的情况进行的监督检查。

纳税人、扣缴义务人必须接受税务机关依法进行的税务检查,如实反映情况和提供有关资料,不得拒绝、隐瞒。税务机关工作人员在对纳税人进行税务检查时,应当出示税务检查

证件,并有责任为被检查人员保守秘密。

税务机关依法进行税务检查时,有关部门和单位应当支持、协助,向税务机关如实反映纳税人、扣缴义务人和其他当事人与纳税或者代扣代缴税款有关的情况,并提供有关资料及证明材料。

8.2.3 违反税法的法律责任和税务争议处理

1. 违反税法的法律责任

违反税法的法律责任是指税法主体违反《税收征收管理法》规定应承担的法律后果。可以分为纳税人的法律责任、扣缴义务人的法律责任、税务机关的责任和税务人员的责任。

(1) 纳税人和扣缴义务人的法律责任

① 违反税务管理规定的法律责任。纳税人未按照规定的期限申报办理、变更或者注销税务登记的,未按照规定设置、保管账簿或者保管记账凭证和有关资料的,未按照规定将财务、会计制度或财务、会计处理办法报送税务机关备查的,未按照规定将其全部银行账号向税务机关报告的,未按照规定安装、使用税控装置,或者损毁,或者擅自改动税控装置的,均由税务机关责令限期改正,逾期不改正的可处以 2 000 元以下的罚款,情节严重的处以 2 000 元以上、1 万元以下的罚款。纳税人在法律规定的保存期限以前擅自损毁账簿、记账凭证和有关资料的,处以 2 000 元以上、1 万元以下的罚款;情节严重、构成犯罪的,依法追究刑事责任。

扣缴义务人未按照规定设置、保管代扣代缴、代收代缴税款账簿或者保管代扣代缴、代收代缴税款记账凭证及有关资料的,由税务机关责令限期改正,可以处 2 000 元以下的罚款;情节严重的,处 2 000 元以上、5 000 元以下的罚款。

② 偷税、欠税的法律责任。纳税人、扣缴义务人有偷税行为的,由税务机关追缴其不缴或者少缴的税款、滞纳金,并处以不缴或者少缴的税款 50% 以上、5 倍以下的罚款;构成犯罪的,依法追究刑事责任。

纳税人、扣缴义务人在规定期限内不缴或者少缴应纳或者应解缴税款的,经税务机关责令限期缴纳。逾期仍未缴纳的,除采取强制执行措施追缴其不缴或者少缴的税款外,处以不缴或者少缴税款 50% 以上、5 倍以下的罚款。构成犯罪的,依法追究刑事责任。

③ 抗税的法律责任。纳税人、扣缴义务人抗税情节轻微,未构成犯罪的,由税务机关追缴其拒缴的税款、滞纳金,并处以拒缴税款 1 倍以上、5 倍以下的罚款。

(2) 税务机关和税务人员的法律责任

税务机关违反规定,擅自改变税收征收管理范围和税款入库预算级次的,责令限期改正,对负有直接责任的主管人员和其他责任人员依法给予降级或者撤职的行政处分。税务人员徇私舞弊,对依法应当移交司法机关追究刑事责任不移交的,情节严重的,依法追究刑事责任。税务机关及其税务人员查封、扣押纳税人个人以及其所扶养家属维持生活必需的住房和用品的,责令退还并依法给予行政处分,构成犯罪的,依法追究刑事责任。税务人员与纳税人、扣缴义务人勾结、唆使或者协助纳税人,扣缴义务人从事偷税、逃税、追缴欠税或者骗取出口退税的行为,构成犯罪的依法追究刑事责任,尚不构成犯罪的依法给予行政处分。税务人员利用职务上的便利,收受或者索取纳税人、扣缴义务人财物或者谋取其他不正当利益,构成犯罪的,依法追究刑事责任,尚不构成犯罪的,依法给予行政处分。税务人员徇私舞弊或者玩忽职守,不征或者少征应征税款,致使国家税收遭受重大损失,构成犯罪的依法追究刑事责任,尚不构成犯罪的,依法给予行政处分。税务人员滥用职权,故意刁难纳税人、扣缴义务人的,调离税收工作岗位,并依法给予行政处分。

2. 税务争议处理程序

纳税人、扣缴义务人、纳税担保人同税务机关在纳税上发生争议时,必须先依法缴纳或者解缴税款及滞纳金,然后可以在收到税务机关填发的缴款凭证之日起 60 日内向上一级税务机关申请行政复议。上一级税务机关应当自收到复议申请之日起 60 日内做出复议决定,情况复杂不能在规定的期限内做出行政复议决定的,经复议机关负责人批准,可以适当延长,但是延长期限最多不能超过 30 日。对复议机关决定不予受理或者受理后超过复议期间不予答复的或者对复议决定不服的,可以在收到不予受理决定书或者行政复议期满之日起,或者自接到行政复议决定书之日起 15 日内向人民法院起诉。

当事人对税务机关的行政处罚决定、强制执行措施或者税收保全措施等其他税务具体行政行为不服的,可以在接到处罚决定之日或者税务机关采取强制执行措施、税收保全措施等税务具体行政行为之日起 15 日内,向做出处罚决定或者采取强制执行措施、税收保全措施的上一级行政机关申请复议。对复议决定不服的,当事人可以在接到复议决定书之日起 15 日内向人民法院起诉;当事人也可以在接到行政处罚通知之日起或者税务机关采取强制执行措施、税收保全措施等税务具体行政行为之日起 15 日内直接向人民法院起诉。行政复议和行政诉讼期间,强制执行措施和税收保全措施不停止执行。当事人对税务机关的处罚决定逾期不申请行政复议也不向人民法院起诉、又不履行的,做出处罚决定的税务机关可以申请人民法院强制执行。

案例及分析

某机械厂接受一批出口零件加工任务,因时间紧迫,便将其中一部分任务转包给某军工厂加工,但与委托方结算仍由该机械厂进行。业务完成后,该机械厂仅就其加工部分向税务局申报纳税,转包部分没有申报纳税。在税务局的财税大检查中,此问题被查出。税务机关认为,转包给军工厂加工的部分,也应由机械厂缴税,其未缴部分属于偷税。为此,税务机关对该机械厂做出了处罚决定:责令该机械厂补缴税款 1 万元,滞纳金 1 000 元,罚款 10 万元。该机械厂认为,军工厂加工部分属于免税的范围,不应缴税,即使补缴,也应当由军工厂补缴,税务机关的处罚不当。因此,该机械厂拒绝执行税务机关的处罚决定,双方发生税务纠纷。

【问题】 此案该如何处理?

【分析】 依照《税收征收管理法》的规定,机械厂必须先补缴税款,然后在收到税务机关填发的缴款凭证之日起 60 日内向上一级税务机关申请复议。如对复议决定不服,还可以在接到复议决定之日起 15 日内向人民法院起诉。对罚款部分则应在接到处罚通知之日起 15 日内向上一级税务机关申请复议,如对复议决定不服,还可以在接到复议决定之日起 15 日内向人民法院起诉。也可以在接到处罚通知之日起 15 日内直接向人民法院起诉。复议期间不停止对罚款的执行。

本章小结

财政法是调整财政关系的法律规范的总称。财政法的调整对象是在财政收入、财政支出和财政管理的过程中发生的经济关系。财政法的体系由财政收支管理法、财政管理体制法、财政活动程序法三个部分组成。

预算法是调整预算关系的法律规范的总称。预算关系包括预算收入关系、预算支出关系和预算管理关系。我国把预算分为五级。预算收入划分为中央预算收入、地方预算收入、中央和地方共享收入。预算支出划分为中央预算支出和地方预算支出。预算管理程序由预算的编制、审批、执行、调整、决算的编制和审批五个环节组成。

国债又称国家公债,它是国家为实现其职能而以国家信用为基础所举措的债务。它是国家筹措财政收入、弥补财政赤字和进行宏观调控的重要手段。国债是有价证券。

税收是国家为了实现其职能,凭借政治权力,依照法律规定的标准,强制、无偿地、固定地取得财政收入的一种经济活动,是国家参与社会产品和国民收入分配和再分配的重要手段,也是国家管理经济的一个重要调节杠杆。税收具有强制性、无偿性、固定性等特征。

税法是调整国家与纳税人之间税收征纳关系的法律规范的总称。也就是说税法是调整税收关系的法律规范的总称。税法的调整对象是税收关系,包括征纳税收关系和税收管理关系。税法由纳税主体、征税客体、税种和税目、税率、纳税环节、纳税期限、减税与免税和违章处理等要素构成。

我国现行税种有:①流转税,包括增值税、土地增值税、消费税和关税;②所得税,包括企业所得税、外商投资企业和外国企业所得税、个人所得税和农业税;③财产税、行为税和资源税。

税收征收管理包括税务管理(税务登记、账簿、凭证管理、纳税申报)、税款征收、税务检查三个相互联系的方面。我国税收征收管理的主要法律是《税收征收管理法》。

违反税法要依法承担行政责任,构成犯罪的,依法承担刑事责任。发生税务争议可以申请行政复议,对行政复议不服的,还可以向人民法院提起行政诉讼,也可以直接向人民法院提起行政诉讼。

复习思考题

1. 简述我国财政管理体制的内容。
2. 预算收入和预算支出的项目各包括哪些?
3. 我国的预算管理程序如何?

4. 简述国债的分类。

5. 税法的构成要素包括哪些？

6. 简述增值税、消费税的纳税人和纳税对象。

7. 简述个人所得税的纳税人和纳税对象。

8. 什么是税收保全？税收保全措施有哪些？

9. 简述税务争议处理程序的内容。

实训题

1. 实训项目：个人所得税的计算及汇算清缴操作。

2. 实训目的：通过实训，使学生掌握个人所得税的计算方式和计算过程，掌握个税综合扣除因素及其数额，熟悉个税汇算清缴的具体计算和操作过程。

3. 实训内容：2022年中学教师李老师全年取得工资、薪金收入180 000元。李老师有一套住房，3月取得全年租金48 000元。李老师著述颇丰，2022年8月一次性取得稿酬收入20 000元。李老师2022年上半年做了六次讲座，收入12 000元。

李老师需要为自己缴纳社保和住房公积金。他个人缴存比例为基本养老保险8%，基本医疗保险2%，失业保险0.5%，住房公积金12%。社保费核定的缴费工资基数为10 000元。李老师自己居住的商品房需要每月偿还贷款本息5 000元。李老师的女儿正在读大学二年级，每年学费和生活费近60 000元。李老师夫妻约定由李老师支付贷款利息和子女教育费。李老师是独生子，父母已经退休，两人退休工资共计11 000元。

根据以上信息，完成以下任务。

(1) 计算李老师2022年每月应预交的个人所得税税额，以及2022年全年李老师预交的个人所得税税额。

(2) 汇算清缴时李老师的个人所得税有退还的可能吗？计算具体数额。

(3) 登录个人所得税App，实际操作个税的汇算清缴过程。

4. 实训考核：教师根据学生对上述任务的完成程度进行打分。

微课：个税计算

第 9 章 劳动保障法律制度

课程思政

劳动与社会保险法律制度是保障劳动者就业和养老、医疗等基本社会保险的法律制度,是国家实施就业优先战略的法律保障,是人民生活的安全网和社会运行的稳定器。

学习要点

※ 劳动法的概念、特征及劳动者的基本权利和义务。
※ 劳动合同的订立、解除和劳动纠纷的解决途径。
※ 社会保险的概念、特征和基本原则。
※ 社会保险项目和各项社会保险制度。

9.1 劳动法律制度

9.1.1 劳动法的概念和调整对象

劳动法是调整劳动关系以及与劳动关系密切相关的一切其他关系的法律规范的总称。劳动法有狭义和广义之分。广义的劳动法是指国家制定的所有劳动法律、法规、条例、规定、实施细则等调整劳动关系的法律规范。狭义的劳动法仅指《中华人民共和国劳动法》(简称《劳动法》)和《中华人民共和国劳动合同法》(简称《劳动合同法》)等法典。

劳动法调整的对象,包括两个方面的关系。一是劳动关系,即在实现集体劳动过程中劳动者与用人单位之间所发生的关系,这是劳动法调整的最基本、最重要的关系。二是与劳动关系密切相关的其他关系,主要包括:①因处理劳动争议而发生的关系;②因执行社会保险而发生的关系;③因有关部门的监督检查劳动法律、法规的执行而发生的关系;④因工会组织的活动而发生的关系;⑤因劳动行政部门管理劳动工作而发生的关系等。

9.1.2 劳动者和用人单位的基本权利与义务

1. 劳动者的基本权利与义务

《劳动法》所指的劳动者包括在我国各类企业和经济组织中劳动和工作并建立劳动关系的职工,以及与国家机关、事业组织和社会团体建立劳动合同关系的劳动者两个部分。用人单位则包括法人与非法人组织,具体表现为各种所有制类型的企业,如国有企业、集体企业、外商投资企业和私营企业等。非法人组织包括个人独资企业、合伙企业、个体工商户、律师事务所等。根据《劳动法》规定,劳动者享有的基本劳动权利有:平等就业和选择职业的权利、取得劳动报酬的权利、休息和休假的权利、获得劳动安全卫生保护的权利、接受职业技能培训的权利、享受社会保险和福利的权利、提请劳动争议处理的权利等。劳动者的基本义务有:遵守劳动纪律和职业道德的义务,执行劳动安全卫生规程的义务,提高劳动技能、完成劳动任务的义务等。

2. 用人单位的基本权利和义务

用人单位的权利义务与劳动者的权利义务相对应,根据《劳动法》规定,用人单位有要求劳动者完成劳动任务、提高劳动技能、遵守劳动纪律和职业道德的权利,对违反劳动纪律的劳动者给予批评教育、纪律制裁、经济处罚的权利,依法享有用工及工资分配方面的权利等。《劳动法》同时也规定,用人单位应当依法建立和完善规章制度,保障劳动者享有劳动权利和履行劳动义务,这是用人单位最基本的义务。

9.1.3 劳动合同制度

1. 劳动合同的概念

劳动合同是指劳动者与用人单位确立劳动关系、明确双方权利和义务的协议。劳动合同的主体是劳动者和用人单位。《劳动合同法》规定,建立劳动关系应当订立书面劳动合同。劳动合同的主体在劳动合同的订立阶段,法律地位是平等的;在劳动合同的履行阶段,双方具有从属关系,即劳动者有义务服从用人单位的指挥和命令,处于从属地位。当然,前提是用人单位必须依法行使管理权,不能侵犯劳动者的合法权益。

2. 劳动合同的订立

(1) 订立劳动合同的原则

订立劳动合同的原则是指劳动者与用人单位在订立劳动合同全过程中必须遵循的基本准则。

① 平等自愿原则。即劳动者与用人单位法律地位平等,在平等的基础上自由表达真实意愿,自愿签订劳动合同。任何以欺诈、胁迫、乘人之危的手段把自己的意愿强加于人的做法,都是违背平等自愿原则的,都是违法的。

② 协商一致原则。用人单位和劳动者对劳动合同的各项条款,必须经过充分协商,完

全取得一致后,才能签订劳动合同。

③ 诚实信用原则。用人单位和劳动者在订立劳动合同过程中,讲究信用、恪守诺言、诚实不欺,在不损害他人利益的前提下追求自己的利益。

④ 公平原则。用人单位和劳动者在订立劳动合同过程中,按规则办事,对组织中的每一个成员都一视同仁,当事人的权利义务应做到基本对等和合理。

⑤ 符合法律、行政法规的原则。劳动合同必须符合法律、行政法规的规定,否则劳动合同不发生法律效力。

(2) 劳动合同的内容

劳动合同的内容是指在合同中需要确定的合同双方当事人的权利、义务及相关事项。根据《劳动合同法》规定,劳动合同的内容具体包括:用人单位的名称、住所和法定代表人或者主要负责人;劳动者的姓名、住址和居民身份证或者其他有效身份证件号码;劳动合同的期限;工作内容和工作地点;劳动保护和劳动条件;劳动报酬;社会保险;工作时间和休息休假;法律法规规定应当纳入劳动合同的其他事项。

劳动合同除前款规定的必备条款外,用人单位与劳动者可以约定试用期、培训、保守秘密、补充保险和福利待遇等其他事项。

根据《劳动合同法》规定,除了非全日制用工双方当事人可以订立口头协议外,劳动合同应当以书面形式订立。以口头形式达成的劳动合同,一般应按无效劳动合同处理。

3. 集体合同

集体合同是指工会组织或职工代表代表职工与企业订立的、以劳动条件为核心内容的、关于企业内部劳动关系的协议。集体合同制度是世界大多数国家普遍采用的协调劳动关系的一项法律制度。根据《劳动合同法》规定,集体合同由工会代表企业职工一方与用人单位订立;尚未建立工会的用人单位,由上级工会指导劳动者推举的代表与用人单位订立。集体合同草案应当提交职工代表大会或全体职工讨论通过。集体合同签订后应当报送劳动行政部门,劳动行政部门自收到集体合同文本之日起15日内未提出异议的,集体合同即行生效。

集体合同的主要内容包括:劳动报酬、工作时间、休息休假、劳动安全卫生、保险福利等。这些具体的内容围绕劳动条件而展开,保证实现集体合同中规定的劳动条件,从而保证全体职工的合法权益得到保障。

4. 无效劳动合同的确认和处理

无效劳动合同是指违反强行性法律规定,不具有法律效力,法律不予承认和保护的劳动合同。凡违反法律、行政法规强制性规定;采取欺诈、胁迫的手段或者乘人之危,使对方在违背真实意思的情况下订立或变更劳动合同;用人单位免除自己的法定责任、排除劳动者权利的合同均是无效劳动合同。无效的劳动合同从订立时起,就没有法律约束力。确认劳动合同部分无效的,如果不影响其余部分的效力,其余部分仍然有效。劳动合同的无效,由劳动合同争议仲裁委员会或者人民法院确认。

劳动合同被确认无效,劳动者已付出劳动的,用人单位应当向劳动者支付劳动报酬。劳动报酬的数额,参照本单位相同或者相近岗位劳动者的劳动报酬确定。

5. 劳动合同的变更、解除和终止

(1) 劳动合同的变更

劳动合同的变更是指劳动合同依法订立后，在合同尚未履行或者尚未履行完毕之前，经用人单位和劳动者双方当事人协商同意，对劳动合同内容做出部分调整的法律行为。双方当事人均享有平等的变更权。一方当事人可依法向对方提出变更合同的建议，并说明变更的理由和需要变更的条款。变更劳动合同必须经双方当事人协商一致。

(2) 劳动合同的解除

劳动合同的解除是指合同当事人双方依法提前终止劳动合同的行为。解除劳动合同有以下几种情形。

① 双方协商解除劳动合同。《劳动合同法》第三十六条规定：用人单位与劳动者协商一致，可以解除劳动合同。

② 用人单位单方解除劳动合同。

A. 即时解除。用人单位可随时通知劳动者解除劳动合同。《劳动合同法》第三十九条规定，劳动者有下列情形之一的，用人单位可以解除劳动合同：在试用期间被证明不符合录用条件的；严重违反用人单位规章制度的；严重失职，营私舞弊，给用人单位利益造成重大损害的；劳动者同时与其他用人单位建立劳动关系，对完成本单位的工作任务造成严重影响，或者经用人单位提出，拒不改正的；以欺诈、胁迫的手段或者乘人之危，使对方在违背真实意思的情况下订立或者变更劳动合同致使劳动合同无效的；被依法追究刑事责任的。

B. 预告解除。用人单位应提前三十日书面通知劳动者，方可解除劳动合同。《劳动合同法》第四十条规定：有下列情形之一的，用人单位可以解除劳动合同，但是应当提前三十日以书面形式通知劳动者本人：劳动者患病或者非因工负伤，医疗期满后，不能从事原工作，也不能从事由用人单位另行安排的工作的；劳动者不能胜任工作，经过培训或者调整工作岗位，仍不能胜任工作的；劳动合同订立时所依据的客观情况发生重大变化，致使原劳动合同无法履行，经当事人协商不能就变更劳动合同达成协议的。

C. 经济性裁减人员。用人单位按照法定程序与被裁减人员解除劳动合同。《劳动合同法》第四十一条规定：有下列情形之一，需要裁减人员二十人以上或者裁减不足二十人但占企业职工总数百分之十以上的，用人单位提前三十日向工会或者全体职工说明情况，听取工会或者职工的意见后，裁减人员方案经向劳动行政部门报告，可以裁减人员：依照企业破产法规定进行重整的；生产经营发生严重困难的；企业转产、重大技术革新或者经营方式调整，经变更劳动合同后，仍需裁减人员的；其他因劳动合同订立时所依据的客观经济情况发生重大变化，致使劳动合同无法履行的。用人单位依照本条规定裁减人员，在六个月内重新招用人员的，应当通知被裁减的人员，并在同等条件下优先招用被裁减的人员。

应当注意的是，《劳动合同法》第四十二条规定，劳动者有下列情形之一的，用人单位不得依照本法第四十条、第四十一条的规定解除劳动合同：从事接触职业病危害作业的劳动者未进行离岗前职业健康检查，或者疑似职业病病人在诊断或者医学观察期间的；在本单位患职业病或者因工负伤并被确认丧失或者部分丧失劳动能力的；患病或者非因工负伤，

在规定的医疗期内的;女职工在孕期、产期、哺乳期的;在本单位连续工作满十五年,且距法定退休年龄不足五年的;法律、行政法规规定的其他情形。

③ 劳动者单方解除劳动合同。

A. 是预告解除。即提前三十日书面通知用人单位解除劳动合同。《劳动合同法》第三十七条规定:劳动者提前三十日以书面形式通知用人单位,可以解除劳动合同,在试用期内提前三日通知用人单位,可以解除劳动合同。

B. 即时解除。随时通知用人单位解除劳动合同。《劳动合同法》第三十八条规定:未按照劳动合同约定提供劳动保护或者劳动条件的;未及时足额支付劳动报酬的;未依法为劳动者缴纳社会保险费的;用人单位的规章制度违反法律、法规的规定,损害劳动者权益的;因本法第二十六条第一款规定的情形致使劳动合同无效的;法律、行政法规规定劳动者可以解除劳动合同的其他情形。用人单位以暴力、威胁或者非法限制人身自由的手段强迫劳动者劳动的,或者用人单位违章指挥、强令冒险作业危及劳动者人身安全的,劳动者可以立即解除劳动合同,不需要事先告知用人单位。

关于解除劳动合同的经济补偿问题,根据《劳动合同法》第四十六条规定:有下列情形之一的,用人单位应当向劳动者支付经济补偿:劳动者依照本法第三十八条规定解除劳动合同的;用人单位依照本法第三十六条规定向劳动者提出解除劳动合同并与劳动者协商一致解除劳动合同的;用人单位依照本法第四十条规定解除劳动合同的;用人单位依照本法第四十一条第一款规定解除劳动合同的,应当依照国家有关规定给予经济补偿的;除用人单位维持或提高劳动合同约定条件续订劳动合同,劳动者不同意续订的情形外,依照本法第四十四条第一款规定终止固定期限劳动合同的;依照本法第四十四条第四项、第五项规定终止劳动合同的。

(3) 劳动合同的终止

劳动合同的终止是由于劳动合同规定的期限已满或者双方当事人约定的终止条件已经出现,劳动合同归于终止。《劳动合同法》第四十四条规定:有下列情形之一的,劳动合同终止:劳动合同期满的;劳动者开始依法享受基本养老保险待遇的;劳动者死亡,或者被人民法院宣告死亡或者宣告失踪的;用人单位被依法宣告破产的;用人单位被吊销营业执照、责令关闭、撤销或者用人单位决定提前解散的;法律、行政法规规定的其他情形。

9.1.4 女职工、未成年工特殊劳动保护

1. 女职工特殊劳动保护

(1) 女职工特殊劳动保护的概念

女职工特殊劳动保护是指根据女职工生理特点和抚育子女的需要,对其在劳动过程中的安全健康所采取的有别于男子的特殊保护。包括禁止或限制女职工从事某些作业、女职工"四期"保护等特殊保护。

(2) 女职工禁忌劳动范围

《劳动法》第五十九条规定:禁止安排女职工从事矿山井下、国家规定的第四级体力劳

动强度的劳动和其他禁忌从事的劳动。女职工禁忌从事的劳动范围有：①矿山井下作业；②森林业伐木、归楞及流放作业；③《体力劳动强度分级》标准中第四级体力劳动强度的作业；④建筑业脚手架的组装和拆除作业，以及电力、电信行业的高出架线作业；⑤连续负重（指每小时负重次数在6次以上）每次负重超过20公斤，间断负重每次负重超过25公斤的作业；⑥已婚待孕女职工禁忌从事铅、汞、苯、镉等作业场所属于《有毒作业分级》标准中第三、第四级的作业。

(3) 女职工"四期"保护

① 月经期保护。不得安排女职工在经期从事高处、低温、冷水作业和国家规定的第三级体力劳动强度的劳动。

② 怀孕期保护。不得安排女职工在怀孕期间从事国家规定的第三级体力劳动强度的劳动和孕期禁忌从事的其他劳动。对怀孕七个月以上的女职工，不得安排其延长工作时间和夜班劳动。

③ 生育期保护。女职工生育享受不少于九十天的产假。根据《女职工劳动保护特别规定》的规定，女职工生育享受98天产假，其中产前可以休假15天；难产的，增加产假15天；生育多胞胎的，每多生育1个婴儿，增加产假15天。各个地方都有规定长于这个期限的产假，比如，广东省规定顺产产假98天，另加生育奖励假80天，产假可达178天。

④ 哺乳期保护。不得安排女职工在哺乳未满一周岁的婴儿期间从事国家规定的第三级体力劳动强度的劳动和哺乳期禁忌从事的其他劳动，不得安排其延长工作时间和夜班劳动。

2．未成年工特殊劳动保护

(1) 未成年工及其特殊保护的概念

未成年工是指年满16周岁未满18周岁的劳动者。国家对未成年工实行特殊劳动保护。具体是指根据未成年工生长发育的特点和接受义务教育的需要，对其在劳动过程中的安全健康所采取的特殊保护。

(2) 未成年工特殊劳动保护措施

根据有关劳动法律、法规的规定，对未成年工特殊劳动保护的措施主要有以下几个。

① 上岗前培训。

② 禁止安排有害健康的工作，不得安排未成年工从事矿山井下、有毒有害、国家规定的第四级体力劳动强度的劳动和其他禁忌从事的劳动。

③ 提供适合未成年工身体发育的生产工具。

④ 定期进行健康检查，在安排工作岗位之前、工作满一年或者年满18周岁或者距前一次的体检时间已超过半年的，用人单位都应当对未成年工定期进行健康检查。

9.1.5 劳动争议

1．劳动争议的概念

劳动争议是指用人单位与劳动者之间因劳动的权利和义务而发生的争议。劳动争议有一般劳动争议和集体劳动争议。前者是发生在劳动者个人与用人单位之间的争议;后者是因签订和履行集体合同所发生的争议。按劳动争议涉及的内容不同,劳动争议包括:①因确认劳动关系发生的争议;②因订立、履行、变更、解除和终止劳动合同发生的争议;③因除名、辞退和辞职、离职发生的争议;④因工作时间、休息休假、社会保险、福利、培训及劳动保护发生的争议;⑤因劳动报酬、工伤医疗费、经济补偿或者赔偿金等发生的争议;⑥法律、法规规定的其他劳动争议。

2. 劳动争议处理的原则

(1) 调解原则

我国劳动争议当事人的根本利益是一致的,这就决定了劳动争议处理机构在处理劳动争议时必须坚持调解原则。调解原则包含两方面的内容:一是处理劳动争议时,调解作为基本手段贯穿于争议处理的全过程,不仅劳动争议调解委员会是这样,而且劳动争议仲裁和劳动争议诉讼也强调进行调解,但是调解不成要及时裁决和判决;二是调解必须在争议双方当事人自愿基础上进行,不能强制,否则将不产生法律效力。

(2) 合法、公正、及时原则

合法原则是指劳动争议处理机构处理劳动争议的所有活动和行为都要符合法律规定;不违背劳动法律与政策的用人单位内部的规章,经职工大会通过,也可作为处理劳动争议的参考依据。公正原则是指争议双方当事人是平等的争议主体,法律地位平等,争议处理机构应保证其平等地位,不偏袒任何一方。及时原则是指劳动争议处理机构在处理劳动争议时应当在法律、法规所规定的时限内受理、审理和裁决,以确保劳动者的利益和生产秩序的稳定。

3. 劳动争议处理的方式

(1) 劳动争议的协商。这是指劳动争议当事人本着互谅互让的精神,通过协商解决争议的活动。协商不成,可以通过其他方式解决争议。

(2) 劳动争议的调解。这是指用人单位劳动争议调解委员会依法接受自愿调解的争议双方当事人申请主持调解,在查明事实、分清责任的基础上,通过协商,促进当事人达成调解协议解决争议的活动。《劳动法》规定,用人单位可以设立劳动争议调解委员会,由职工代表、用人单位代表和工会代表组成。劳动争议调解委员会主任由工会代表担任。劳动争议经调解达成调解协议书,经签字即具有法律效力,当事人应当履行。

(3) 劳动争议的仲裁。这是指劳动争议仲裁机构根据劳动争议当事人的申请,依法对争议的事项及各自应承担的法律责任进行裁决的活动。《劳动法》规定,劳动争议仲裁委员会由劳动行政部门代表、同级工会代表、用人单位方面的代表组成。劳动争议仲裁委员会主任由劳动行政部门的代表担任。劳动争议申请仲裁的时效期间为一年。劳动关系存续期间因拖欠报酬发生争议的,劳动者申请仲裁不受仲裁时效期间一年的限制,但是,劳动关系终止的,应当自劳动关系终止之日起一年内提出,其他劳动争议申请仲裁的,从当事人知道或者应当知道其权利被侵害之日起计算。仲裁裁决一般应当在收到仲裁申请的四十五日内做出。对仲裁裁决无异议的,当事人必须履行。一方当事人在法定期限内不起诉又不履行仲裁裁决的,另一方当事人可以申请人民法院强制执行。

(4) 劳动争议的诉讼。这是指人民法院对不服劳动争议仲裁裁决而提起诉讼的案件进行审理并做出裁决的活动。劳动争议仲裁是法院受理劳动争议案件的前提,争议双方对仲裁裁决不服的,可以在收到仲裁裁决书之日起十五日内向人民法院起诉。

9.2 社会保险法律制度

9.2.1 社会保险的概念和特征

1. 社会保险及社会保险法的定义

社会保险是指国家通过立法设立社会保险基金,使劳动者在生病、暂时或永久丧失劳动能力以及失业时获得物质帮助和补偿的一种社会保障制度。社会保险法是指在调整社会保险过程中发生的各种社会关系的法律规范的总称。我国的社会保险法律制度主要由《劳动法》中有关社会保险的原则性规定、《中华人民共和国社会保险法》(简称《社会保险法》)以及大量的行政法规和规章构成。其中,《社会保险法》于2010年10月28日第十一届全国人民代表大会常务委员会第十七次会议通过,自2011年7月1日起施行,并于2018年12月29日第十三届全国人民代表大会常务委员会进行了第一次修订。《劳动法》第七十条和《社会保险法》第二条规定:国家发展社会保险事业,建立基本养老保险、基本医疗保险、工伤保险、失业保险和生育保险等社会保险制度,设立社会保险基金,使劳动者在年老、患病、工伤、失业、生育等情况下从国家和社会获得物质帮助和补偿。

2. 社会保险的特征

(1) 强制性。强制性是国家通过立法强制实施社会保险制度。《劳动法》第七十二条规定:用人单位和劳动者必须依法参加社会保险,缴纳社会保险费。

(2) 补偿性。补偿性是对劳动者所遇劳动风险的补偿。劳动者在年老、患病、工伤、失业、生育等情况下,从社会获得物质帮助和补偿。

(3) 互济性。互济性是通过统筹社会保险基金来帮助和补偿遭遇劳动风险的劳动者。这实际上是将用人单位和劳动者缴纳的社会保险费,按照规定的标准转移给退休者、患病者、工伤者、失业者、生育者使用,体现用人单位和劳动者相互间的互济性。

3. 社会保险制度

我国社会保险制度是实行基本社会保险、单位补充保险、个人储蓄保险的多层次社会保险制度。

基本社会保险是指国家立法强制实施的社会保障遭遇劳动风险的劳动者基本生活需要的保险制度。它是第一层次,也是最主要的保险制度。其特点是:①覆盖面广,适用于各类企业、个体经济组织和与之形成劳动关系的劳动者,以及国家机关、事业组织、社会团体和与之建立劳动合同关系的劳动者;②标准统一,各地区、各类企业、各种劳动者,实行统一的保险项目缴费比例和统一的保险待遇标准;③强制程度高,基本社会保险是法定的强制保险,保险基金统一筹集和使用。

单位补充保险是指除了社会基本保险以外，用人单位根据自己的经济条件为劳动者投保高于社会基本保险标准的补充保险。它是第二层次的保险。补充保险以用人单位具有经济承受能力为前提条件，由用人单位自愿投保。

个人储蓄保险是指劳动者个人以储蓄形式参加社会保险。它是第三层次的保险。劳动者根据自己的经济能力和意愿决定是否投保，具有自愿性。

9.2.2 社会保险原则

1. 保障基本生活、量力提高原则

社会保险的根本目的旨在保障遭遇劳动风险的劳动者的基本生活。因此，社会保险水平应保障被保险人的基本生活。《劳动法》第七十一条规定：社会保险水平应当与社会经济发展水平和社会承受能力相适应。社会保险水平要在保障基本生活的前提下量力提高。

2. 公平与效率相结合原则

社会保险属于国民收入再分配，应当体现公平原则。社会保险费用负担要大体公平，社会保险待遇差别应小于初次分配差别。

3. 社会化原则

社会保险社会化，要求扩大适用覆盖面，包括各类企业、个体组织和与之形成劳动关系的劳动者，以及国家机关、事业组织、社会团体和与之建立劳动合同关系的劳动者。按照《劳动法》第七十二条规定：社会保险基金按照保险类型确定资金来源，逐步实行社会统筹。用人单位和劳动者必须依法参加社会保险，缴纳社会保险费。

9.2.3 社会保险项目和各项社会保险制度

1. 社会保险项目

《劳动法》第七十三条规定，劳动者在下列条件下，依法享受社会保险待遇：①退休；②患病、负伤；③因工伤残或者患职业病；④失业；⑤生育。劳动者死亡后，其遗属依法享受遗属津贴。劳动者享受社会保险待遇的条件和标准由法律、法规规定。劳动者享受的社会保险金必须按时足额支付。

我国社会保险项目有：养老保险、医疗保险、工伤保险、失业保险和生育保险。

2. 养老保险制度

根据《社会保险法》的规定，我国的基本养老保险有职工基本养老保险和城乡居民社会养老保险两个类型。

（1）职工基本养老保险

职工基本养老保险的主要参保人员是城镇各类企业职工、个体工商户和灵活就业人员以及事业单位、公务员和参照公务员法管理的工作人员等"有工作"的人员。《社会保险法》第十条规定，职工应当参加基本养老保险，由用人单位和职工共同缴纳基本养老保险费。无雇工的个体工商户、未在用人单位参加基本养老保险的非全日制从业人员以及其他灵活就业人员可以参加基本养老保险，由个人缴纳基本养老保险费。但是，公务员和参照公务员法管理的工作人员的养老保险办法由国务院规定。

我国的职工基本养老保险制度经历了数次改革，2014年10月1日以前，国有企业、事业单位、公务员和参照公务员法管理的工作人员无须个人缴纳基本养老保险费，而其他类型的企业职工需要缴纳基本养老保险费，形成所谓的"双轨制"。2015年1月国发〔2015〕2号文件《国务院关于机关事业单位工作人员养老保险制度改革的决定》发布后，双轨制合并，国有企业、事业单位、公务员和参照公务员法管理的工作人员也要缴纳基本养老保险费。职工养老保险的保险费用由企业（用人单位）和个人缴纳，分别按照企业工资总额的20%和个人缴费工资的8%缴纳保险费。企业缴纳部分纳入企业职工基本养老保险基金，从2022年1月1日起开始全国统筹；个人缴费部分纳入基本养老保险个人账户，可以随同个人跨省转移。以前国有企业和事业单位职工、公务员和参照公务员法管理的工作人员并不需要个人缴纳基本养老保险费，其工作年限被"视同缴费年限"。对此，《社会保险法》规定，国有企业、事业单位职工参加基本养老保险前，视同缴费年限期间应当缴纳的基本养老保险费由政府承担。

参加企业职工基本养老保险的个人，达到法定退休年龄时累计缴费满15年，才可以按月领取基本养老金。如果在达到法定退休年龄时累计缴费不足15年，可以延续缴费至满15年再按月领取基本养老金；也可以将企业职工基本养老保险转入城乡居民社会养老保险，按照国务院规定享受相应的养老保险待遇。

(2) 城乡居民社会养老保险

城乡居民社会养老保险的参保范围包括年满16周岁（不含在校学生）、非国家机关和事业单位工作人员及不属于职工基本养老保险制度覆盖范围的城乡居民。城乡居民社会养老保险基金由个人缴费、集体补助、政府补贴构成。

① 个人缴费。参加城乡居民社会养老保险的人员应当按规定缴纳养老保险费。缴费标准每年分为多个档次，并由省（区、市）人民政府根据实际情况调整。参保人自主选择档次缴费，多缴多得。[1]

② 集体补助。即由有条件的村集体经济组织对其成员、有条件的社区对其社区居民参保人缴费进行补助，但并非强制。

③ 政府补贴。地方人民政府对城乡居民社会养老保险参保人缴费给予补贴，根据缴费标准的不同，补贴数额也不同。[2]

城乡居民社会养老保险待遇由基础养老金和个人账户养老金构成，支付终身。参加城乡居民社会养老保险的个人，年满60周岁、累计缴费满15年，且未领取国家规定的基本养

---

[1] 如北京市2022年城乡居民社会养老保险缴费标准，最低标准为年缴费1 000元，最高标准为年缴费9 000元，参保人可在这个区间内自选缴费金额。

[2] 如北京市2022年城乡居民社会养老保险按不同缴费标准享受补贴。其中，对选择最低缴费至2 000元以下（不含2 000元，以下类同）标准的，每人每年补贴60元；选择2 000元至4 000元以下标准的，每人每年补贴90元；选择4 000元至6 000元以下标准的，每人每年补贴120元；选择6 000元至最高缴费标准的，每人每年补贴150元。

老保障待遇的,可以按月领取城乡居民社会养老保险待遇。

3. 医疗保险制度

根据《社会保险法》的规定,我国的医疗保险制度主要由职工基本医疗保险制度、新型农村合作医疗制度和城镇居民基本医疗保险制度构成。

(1) 职工基本医疗保险制度。职工基本医疗保险费由用人单位和职工共同缴纳。职工应当参加职工基本医疗保险,由用人单位和职工按照国家规定共同缴纳基本医疗保险费。无雇工的个体工商户、未在用人单位参加职工基本医疗保险的非全日制从业人员以及其他灵活就业人员也可以参加。用人单位缴费率为职工工资总额的6%左右,职工缴费率为本人工资的2%。上述缴费比例随着经济发展可以作相应调整。目前单位缴费的一部分进入社会统筹医疗保险基金,一部分进入个人账户,个人缴费部分全部记入个人账户。但是,从2023年2月1日开始,武汉等地改革职工基本医疗保险制度,单位缴费的30%部分不再记入个人账户。参保人治疗费用属于医保范围内的,由统筹基金和个人账户分别划定各自的支付范围,分别核算,分开管理使用。参保人员医疗费用中应当由基本医疗保险基金支付的部分,由社会保险经办机构与医疗机构、药品经营单位直接结算。

(2) 新型农村合作医疗制度。新型农村合作医疗(简称新农合)是指由政府组织的由农民自愿参加,个人、集体和政府多方筹资,以大病统筹为主的农民医疗互助共济制度。新农合采取个人缴费、集体扶持和政府资助的方式筹集资金。与职工基本医疗保险制度相比,新农合在参保范围、期限和报销比例等方面有明显不同。

① 参保范围不同。职工医疗保险需要在城镇工作或者灵活就业的人才可参保。新农合只有农村户口才可以参保。

② 参保期限不同。职工医疗保险需连续缴费达一定期限之后才可享受。原来基本实行参保男职工满25年,女职工满20年,退休后不缴费也可以享受医疗报销待遇。但从2023年开始,广东、山东等多地开始延长缴费年限,统一为男职工30年,女职工25年。新农合是一年一交,今年交,次年即可享受报销待遇。

③ 报销比例不同。职工医疗保险主要用于看病报销,包括住院医疗费用报销及普通门诊等统筹医疗费用报销,社保的医保报销比例可达70%~85%。而新农合因治疗机构的不同,报销比例也不同,但总体低于职工医疗保险,而且在乡镇医院治疗的报销比例较高,在市级医院以上医院报销比例较低,一般报销比例可达30%~70%。

职工医疗保险和新农合,参保人只能参投一种保险,不能重复报销。

(3) 城镇居民基本医疗保险制度。城镇居民基本医疗保险制度是覆盖城镇非从业居民,以保障大病医疗需求为主的医疗保险制度。其参保对象包括中小学阶段的学生(包括职业高中、中专、技校学生)、少年儿童和其他非从业城镇居民。城镇居民基本医疗保险以家庭缴费为主,政府给予适当补助。参保居民按规定缴纳基本医疗保险费,享受相应的医疗保险待遇,有条件的用人单位可以对职工家属参保缴费给予补助。城镇居民基本医疗保险基金重点用于参保居民的住院和门诊大病医疗支出。居民医保制度从2007年开始试点,2016年城镇居民基本医疗保险和新型农村合作医疗合并建立统一的城乡居民基本医疗保险(简称城乡居民医保)制度,实现了覆盖范围、筹资政策、保障待遇、医保目录、定点管理和基金管理的"六统一",简化了医保体系,极大地拓展了保险范围,到2022年年末,全国参加城乡居民基本医疗保险人数达到了 98 328 万人。①

4. 工伤保险制度

(1) 工伤范围

2010年12月8日,国务院第一百三十六次常务会议讨论通过修改《工伤保险条例》的决定,自2011年1月1日起施行。该条例第十四条规定职工由于下列情形之一,应当认定为工伤:①在工作时间和工作场所内,因工作原因受到事故伤害的;②工作时间前后在工作场所内,从事与工作有关的预备性或者收尾性工作受到事故伤害的;③在工作时间和工作场所内,因履行工作职责受到暴力等意外伤害的;④患职业病的;⑤因工外出期间,由于工作原因受到伤害或者发生事故下落不明的;⑥在上下班途中,受到非本人主要责任的交通事故或城市轨道交通、客轮运渡、火车事故伤害的;⑦法律、行政法规规定应当认定为工伤的其他情形。《工伤保险条例》第十五条规定:职工有下列情形之一的,视同工伤:①在工作时间和工作岗位,突发疾病死亡或者在48小时之内经抢救无效死亡的;②在抢险救灾等维护国家利益、公共利益活动中受到伤害的;③职工原在军队服役,因战、因公负伤致残,已取得革命伤残军人证,到用人单位后旧伤复发的。但根据我国《工伤保险条例》第十六条的规定:职工有下列情形之一的,不得认定为工伤或者视同工伤:①故意犯罪的;②醉酒或者吸毒的;③自残或自杀的。

(2) 劳动鉴定和工伤评残

职工在工伤医疗期内治愈或者伤情处于相对稳定状态,或者医疗期满仍不能工作的,应当进行劳动能力鉴定,评定伤残等级并定期复查伤残状况。各级劳动鉴定委员会应当按国家2006年制定的《职工工伤与职业病致残程度鉴定标准》(GB/T 16180—2006,简称工伤鉴定标准),对因工负伤或者患职业病的职工伤残后丧失劳动能力的程度和护理依赖程度进行等级鉴定。符合工伤鉴定标准1~4级的为全部丧失劳动能力,5~6级的为大部分丧失劳动能力,7~10级的为部分丧失劳动能力。

(3) 工伤保险待遇

① 工伤医疗待遇。职工因工作遭受事故伤害或者患职业病需要暂停工作接受工伤医疗的,在停工留薪期间,原工资待遇不变,由所在单位按月支付,其支付标准为遭受事故伤害或者患职业病前12个月平均月缴费工资。停工留薪期一般不超过12个月,伤情严重或者情况特殊,经设区的市级劳动能力鉴定委员会确认,可以适当延长,但延长不得超过12个月。工伤职工评定伤残等级后,停发原待遇,享受伤残待遇。

② 工伤残疾待遇。评残为1~4级的,应退出生产、工作岗位,保留与企业的劳动关系,享受伤残抚恤金待遇,包括一次性伤残补助金和定期伤残津贴;需要护理的,经评定伤残等级与劳动能力鉴定委员会确认后,可以从工伤保险基金中按月支付生活护理费;必须安置假肢等辅助工具的,按照国家规定的标准从工伤保险基金中支付。评残为5~6级的,从工伤保险基金按伤残等级支付一次性伤残补助金,并保留与用人单位的劳动关系,由用人单位安排适当工作。评残为7~10级的,从工伤保险基金中按伤残等级支付一次性伤残补助金。劳动合同期满终止,或者职工本人提出解除劳动合同的,由用人单位支付一次性伤残就业补

---

① 中华人民共和国2022年国民经济和社会发展统计公报.国家统计.2023-3-11访问。

助金,由工伤保险基金支付一次性工伤医疗补助金。

③ 因工死亡待遇。职工因工死亡的,其直系亲属按照规定从工伤保险基金中领取丧葬补助金、供养亲属抚恤金和一次性工亡补助金。

(4) 失业保险制度

1998年12月26日,国务院第十一次常务会议讨论通过《失业保险条例》,1999年1月22日国务院令第258号发布,并自发布之日起施行。《失业保险条例》为了保障失业人员失业期间的基本生活,促进其再就业,对失业人员、失业保险基金的筹集和管理、失业保险基金的使用、组织管理机构的职责等各项内容都做了具体规定,现重点介绍以下内容。

① 失业人员范围。失业人员是指在劳动年龄内有劳动能力,目前无工作,并以某种方式正在寻找工作的人员。包括就业转失业的人员和新生劳动力中未实现就业的人员。我国《失业保险条例》所指的失业人员只限定为就业转失业的人员。

② 失业保险的主要内容。国家人力资源和社会保障部联合财政部发布《关于阶段性降低失业保险费率有关问题的通知》,决定自2017年1月1日起,失业保险总费率为1.5%的省(区、市),可以将总费率降至1%,降低费率的期限执行至2018年4月30日。失业人员失业前所在单位和本人按照规定累计缴费时间满1年不足5年的,领取失业保险金的期限最长为12个月;累计缴费时间满5年不足10年的,领取失业保险金的期限最长为18个月;累计缴费时间10年以上的,领取失业保险金的期限最长为24个月。失业人员在领取失业保险金期间有下列情形之一的,停止领取失业保险金,并同时停止享受其他失业保险待遇:重新就业的;应征服兵役的;移居境外的;享受基本养老保险待遇的;被判刑收监执行或者被劳动教养的;无正当理由,拒不接受当地人民政府指定的部门或者机构介绍的工作的;有法律、行政法规规定的其他情形的。失业人员在领取失业保险金期间患病就医的,可以按照规定向社会保险经办机构申请领取医疗补助金。医疗补助金的标准由省、自治区、直辖市人民政府规定。失业人员在领取失业保险金期间死亡的,参照当地对在职职工的规定,对其家属一次性发给丧葬补助金和抚恤金。

5. 生育保险制度

1994年12月14日劳动部发布的《企业职工生育保险试行办法》,适用于城镇企业及职工。2019年3月国务院办公厅印发《关于全面推进生育保险和职工基本医疗保险合并实施的意见》(国办发〔2019〕10号),要求在2019年年底前两项保险合并实施。

(1) 生育保险基金筹集

企业按照一定比例向社会保险经办机构缴纳生育保险费,建立生育保险基金。生育保险费的提取比例由当地人民政府确定,但最高不得超过工资总额的1%。职工个人不缴纳保险费。

(2) 生育保险待遇

生育保险待遇包括:①产假,女职工生育按照法律、法规的规定享受产假;②生育津贴,产假期间的生育津贴按照本企业上年度职工月平均工资计发,由生育保险基金支付;③生育医疗费,女职工生育的检查费、接生费、手术费、住院费和药费由生育保险基金支付,超出规定的医疗服务费和药费(含自费药品和营养药品的药费)由职工个人负担;④生育疾病医疗费,女职工生育出院后,因生育引起疾病的医疗费,按照医疗保险待遇办理。

案例 9-1

2023年3月,陈某与某机械公司签订了为期3年的劳动合同,合同约定试用期为3个月。2023年5月22日,陈某在从事工作过程中因机器发生故障而受伤,住院治疗30天。住院期间及伤愈后,陈某及其家人多次向机械公司提出工伤待遇申请,并要求机械公司报销其医疗费。但该机械公司表示,根据公司规定,对于试用期内的职工,概不负责任何医疗问题。由于陈某试用期未满,不是公司的正式职工,因此不能享受工伤待遇,并且陈某在受伤治疗期间的工资全部被扣发,只同意支付陈某基本生活费用。陈某就医疗费用、工资问题多次与机械公司协商,都不能达成一致意见,遂向当地劳动仲裁委员会申请仲裁,要求机械公司支付工伤待遇,并补发工资。

【问题】 试用期内的陈某是否享受工伤保险待遇?机械公司是否要支付陈某受伤治疗期间的工资?请说明理由。

案例及分析

张某2009年12月出生于广东省某县某村,2023年6月30日被某企业聘用,从事农药包装工作。该企业与张某签订劳动合同时,要求其先交纳500元押金,否则不予签订合同,张某为获得这份工作,无奈之下交纳500元押金后与该企业签订了为期3年的劳动合同,合同约定:"张某的试用期为6个月,从事农药包装工作,每日工作8小时,每周休息1天,节假日不放假,没有加班费,若提前解除合同,企业不退还其签订劳动合同时的押金500元。"张某工作不久后,因难以忍受农药对眼、鼻、呼吸道和皮肤的刺激而提出解除劳动合同,但企业拒绝退还押金。后听人说企业收取押金的做法违背了《劳动合同法》的有关规定,便要求企业退回其所交纳的押金,遭到拒绝。于是,张某只好向当地劳动争议仲裁委员会提出劳动仲裁请求,请求裁决该企业在签订劳动合同中的做法违法,应返还张某的500元押金。

【问题】
(1) 该劳动合同是否有效?为什么?
(2) 合同规定的其他内容是否合法?为什么?
(3) 本案该如何处理?

【分析】
(1) 根据我国劳动法律理论,《劳动法》调整的劳动关系并非包括所有的用工关系,只有纳入劳动法的调整范围,并且符合法定条件的劳动关系,才表现为劳动法律关系,才是劳动法调整的对象。劳动法律关系和其他法律关系一样,都是由主体、内容、客体三要素构成的。只有依法签订劳动合同所产生的劳动法律关系,才由劳动法调整。从案情分析来看,张某只有14岁,不具有劳动权利能力和劳动行为能力,不能充当劳动法律关系主体,无权签订劳动合同。张某虽与某企业签订劳动合同,但不符合劳动者作为劳动法律关系主体必须具备的资格。劳动合同当事人张某不具有合法的主体资格,因此,该劳动合同为无效合同。

(2) 合同规定的以下内容不符合法规规定。
① 安排张某从事农药包装工作,违反《使用有毒物品作业场所劳动保护条例》关于禁止

安排未成年人从事使用有毒物品的作业的规定。

② 该企业收押金 500 元以及张某提前解除劳动合同,但企业不退还押金的行为违反了《劳动合同法》第九条的规定。

③ 节假日不放假、没有加班费,违反了劳动法的相关规定,节假日加班应当支付三倍工资。6 个月试用期的约定不违法。《劳动合同法》第十九条规定,3 年以上固定期限劳动合同的试用期最长为 6 个月。

(3) 本案可作以下处理。

首先,张某为未满 16 周岁的未成年人,不能建立劳动关系,该企业使用张某的行为属于非法使用童工,他们之间的用工关系不由劳动争议仲裁委员会受理。张某家长可以向劳动保障行政部门投诉,由劳动保障行政部门确认劳动合同无效。对该企业使用童工的行为,劳动保障行政部门按照每使用一名童工每月处 5 000 元罚款的标准进行处罚。

其次,根据《使用有毒物品作业场所劳动保护条例》第三十二条第一款的规定,该单位应当对张某进行离岗职业健康检查,并承担检查的相关费用。

最后,根据《劳动合同法》第八十四条第二款的规定,由劳动保障行政部门责令该企业限期退还张某非法收取的押金 500 元,并以每人 500 元以上 2 000 元以下的标准处以罚款,给劳动者造成损害的,应当由该企业承担赔偿责任。

本章小结

劳动法是调整劳动关系及与劳动关系密切相关的其他关系的法律规范的总称。其调整对象有两方面:一是劳动关系;二是与劳动关系密切相关的其他关系。

劳动者和用人单位都依法享有权利,但也应依法承担相应的义务。在我国,确立劳动关系必须按照平等自愿、协商一致、合法的原则签订劳动合同。无效劳动合同不具有法律效力。劳动合同订立后如遇法定事由出现,可以依法变更、解除或终止。

《劳动法》规定,对于女职工、未成年工予以特殊保护。在劳动实践中,一旦发生各种劳动争议,必须按照调解原则和合法、公正、及时的原则解决劳动争议。劳动争议的解决方式主要有:劳动争议调解、仲裁、诉讼等。

社会保险是指国家通过立法设立社会保险基金,使劳动者在生病、暂时或永久丧失劳动能力,以及失业时获得物质帮助和补偿的一种社会保障制度。它具有强制性、补偿性和互济性等特征。

我国社会保险实行基本社会保险、单位补充保险、个人储蓄保险的多层次社会保险制度。社会保险项目有:养老保险、医疗保险、工伤保险、失业保险和生育保险等。

复习思考题

1. 劳动者的基本权利和义务有哪些?
2. 劳动合同的内容应具备哪些条款?

3. 发生劳动争议后解决的方式有哪些？
4. 我国社会保险制度中包括哪些保险项目？
5. 《工伤保险条例》认定工伤的范围有哪些？

实训题

1. 实训项目：撰写劳动争议仲裁申请书。

2. 实训目的：通过本项实训，使学生进一步了解和掌握《劳动法》的具体法律规定，提高分析问题、解决问题以及写作的能力。

3. 实训内容。

（1）组织学生实地考察劳动争议仲裁过程。

（2）根据下列案情完成劳动争议仲裁申请书的制作任务。

微课：如何撰写劳动争议仲裁申请书

2022年8月初，京郊某私营服装厂到河北省某县招收女工。招工简章载：实行计件工资，备有免费宿舍及浴池，1个月回家1次，并发给路费。8月6日，赵某等18名女青年与该厂签订了为期两年的劳动合同。她们进厂后，发现厂内既无宿舍也无浴室，只能住在车间里。9月9日，有6名女工要求领工资和探亲路费时，被告知：是每年1月回家，给一次车费；不是每月回家1次，每个月都给路费。至于工资待遇，每人每月只发200元生活费，其余部分工资等合同期满时才给。赵某等18名女工认为，厂方在招工简章中写明的工资福利待遇等条件与实际情况不符，纯属欺骗行为。因此，她们多次要求解决上述问题，兑现招工简章承诺，但是均被厂方以种种理由搪塞。到了11月11日，赵某等18名女工向厂长提出补发所欠工资、路费和解除劳动合同的要求，厂长则以其所欠工资用来抵销赵某等18名女工因提前解除劳动合同所应支付的违约金而予以拒绝。赵某等18名女工在无奈的情况下，决定向该市劳动争议仲裁委员会申请劳动争议仲裁。

4. 实训考核：教师根据学生提交的劳动争议仲裁申请书进行评分。

第 10 章 经济监督法律制度

课程思政

经济监督法律制度在汇总经济社会发展情况、维护社会主义经济秩序和提高财政资金使用效益上有积极作用,同时是权力监督制约机制的重要组成部分,是党统一领导的监督体系不可或缺的一环。

学习要点

※ 统计法的基本概念,统计法的一般法律规定。
※ 会计法的概念,会计管理体制及基本制度,会计基本法律规定。
※ 审计法的概念,审计法的基本规定。

10.1 统计法律制度

10.1.1 统计法的概念

统计法是调整统计关系的法律规范的总称。所谓统计关系,是指国家机关、社会团体和公民在有关搜集、整理、分析、提供、颁布和管理统计资料的统计活动中所产生的社会经济关系。

为了有效、科学地组织统计工作,保障统计资料的准确性和及时性,发挥统计在了解国情、国力,指导国民经济和社会发展中的重要作用,促进社会主义现代化建设事业的顺利发展,1983 年 12 月 8 日第六届全国人民代表大会常务委员会第三次会议通过了《中华人民共和国统计法》(简称《统计法》),自 1984 年 1 月 1 日起施行,并于 2009 年 6 月 27 日第十一届全国人民代表大会常务委员会第九次会议修正通过。2017 年 4 月 12 日国务院通过修订的《中华人民共和国统计法实施条例》,自 2017 年 8 月 1 日起实施。

10.1.2 统计法的主要规定

1. 统计管理体制

根据《统计法》的有关规定,国家建立集中统一的统计系统,实行统一领导、分级负责的统计管理体制。

(1) 国家和地方统计机关

国务院设立国家统计局。国家统计局是国家最高统计机关,负责组织领导和协调全国统计工作。各级人民政府、各部门和企业、事业组织根据统计任务的需要,设置统计机构,配备统计人员。县级以上地方各级人民政府设立地方统计机构,乡、镇人民政府配备专职或者兼职的统计人员,负责组织领导和协调本行政区域内的统计工作。

地方各级统计机关接受本级人民政府和上一级统计机关的双重领导,统计业务以上级统计机关的领导为主。

(2) 部门和单位统计机构

国务院和地方各级人民政府的各部门,根据统计任务的需要设立统计机构,或者在有关机构中配备统计人员,并指定统计负责人。企业事业组织,根据统计任务的需要设立统计机构,或者在有关机构中配备统计人员,并指定统计负责人。

统计机构的统计人员执行国家统计调查和地方统计调查任务,接受统计机关的业务指导和监督。

(3) 统计人员

统计人员是统计机关或者其他统计机构中从事统计工作的专门人员。统计人员应当具有执行统计任务所需要的专业知识。根据《统计法》的有关规定,统计人员有权要求有关单位和人员依照国家规定提供资料;有权检查统计资料的准确性;有权揭发和检举统计调查工作中的违法行为。

2. 统计调查计划和统计制度

(1) 统计调查计划

统计调查是指统计机构、统计人员为了特定目的,按照统计调查项目进行的专门调查。统计调查项目是指国家通过统计调查所要了解和掌握的事情和问题。每一调查项目的计划必须列明项目名称、调查机关、调查目的、调查范围、对象、方式、时间、调查的主要内容。

《统计法》第十一条规定:"统计调查项目包括国家统计调查项目、部门统计调查项目和地方统计调查项目。"

国家统计调查项目由国家统计局制定,或者由国家统计局和国务院有关部门共同制定,报国务院备案;重大的国家统计调查项目报国务院审批。

部门统计调查项目由国务院有关部门制定。统计调查对象属于本部门管辖系统的,报国家统计局备案;统计调查对象超出本部门管辖系统的,报国家统计局审批。

地方统计调查项目由县级以上地方人民政府统计机构和有关部门分别制定或者共同制定。

(2) 统计制度

统计制度是指根据《统计法》确定的各项原则制定的进行统计工作的标准和准则。为了保证统计数据的科学性和准确性,必须建立统计工作的标准和准则。根据《统计法》的规定,国家制定统一的统计标准,以保障统计调查中采用的指标含义、计算方法、分类目录、调查表式和统计编码等方面的标准化。国务院各部门可以在国家统计标准的基础上,制定补充性的部门统计标准,但不得同国家统计标准相抵触。

3. 统计资料的管理和公布

统计资料是统计调查的结果,是国家重要的档案资料,具有长期保存的价值。因此,必须加强对统计资料的管理。

(1) 统计资料管理

统计资料实行分级管理。国家统计调查和地方统计调查范围内的统计资料,分别由国家统计局,县级以上地方各级人民政府统计机构,或者乡、镇统计员统一管理。部门统计调查范围内的统计资料,由主管部门的统计机构或者统计负责人统一管理。企业、事业组织的统计资料,由企业、事业组织的统计机构或者统计负责人统一管理。

(2) 统计资料的公布

为了加强统计服务和统计监督的作用,各级、各部门的统计机构除应向政府和有关方面及时提供统计资料外,还应当依法定期公布统计资料。

国家统计局和省、自治区、直辖市人民政府的统计机构应当依照国家规定,定期公布统计资料。

各地方、各部门、各单位根据统计资料统一管理的范围公布统计资料,必须经有关统计机构或者统计负责人的核定,并依照国家规定的程序报请审批。

公布统计资料,必须建立严格的保密制度。属于国家秘密的统计资料,必须保密。属于私人、家庭的单项调查资料,非经本人同意,不得泄露。

4. 法律责任

《统计法》规定,县级以上人民政府统计机构或者有关部门在组织实施统计调查活动中有下列行为之一的,由本级人民政府、上级人民政府统计机构或者本级人民政府统计机构责令改正,予以通报;直接负责的主管人员和其他直接责任人员,由任免机关或者监察机关依法给予处分。

(1) 未经批准擅自组织实施统计调查的。

(2) 未经批准擅自变更统计调查制度的内容的。

(3) 伪造、篡改统计资料的。

(4) 要求统计调查对象或者其他机构、人员提供不真实的统计资料的。

(5) 未按照统计调查制度的规定报送有关资料的。

我国《统计法》第四十七条规定,违反本法规定构成犯罪的,由司法机关依法追究刑事责任。

案例 10-1

2023 年年初,某省某市乡镇企业局为在全省争先进,在向省局报送的统计年报上,将全市乡镇企业净利润从 7.818 3 亿元篡改为 9.938 3 亿元,凭空增加了 2.12 亿元。其中:甲区增加 1 亿元,乙区增加 1 亿元,丙区增加 1 000 万元,丁区增加 200 万元。进而,全市乡镇企业的营业收入利税率增加到 10.17%;甲区的营业收入利税率增加到 12.24%,从而使该区荣获该省乡镇企业 20 强的第 14 位,比上一次"前进"了三位,并获得了 6 万元的物质奖励。

该省领导在省监察厅和省统计局对此事件的联合调查报告上批示：收回物质奖励，取消荣誉称号，责成该市对有关当事人予以严肃处理。该市监察委决定，给予市乡镇企业局局长、甲区乡镇局局长行政处分，免去其领导职务；省乡镇企业局取消了甲区人民政府"2022年度全省发展乡镇企业先进单位"的荣誉称号，收回原发奖金6万元。

【问题】 试分析对该省该市乡镇企业局处理的法律依据。

10.2 会计法律制度

10.2.1 会计法的概念

会计法是调整会计关系的法律规范的总称。所谓会计关系，是指以货币计量为基本形式，按照规定程序和方法，对经济业务活动或财务收支进行真实、准确、全面、系统、连续地记录、核算、分析和监督检查的会计活动中所产生的社会经济关系。

为了规范会计行为，保证会计资料真实、完整，加强经济管理和财务管理，提高经济效益，维护社会主义市场经济秩序，1985年1月21日第六届全国人民代表大会常务委员会第九次会议通过了《中华人民共和国会计法》(简称《会计法》)，1993年12月29日第八届全国人民代表大会常务委员会第五次会议第一次修正，1999年10月31日第九届全国人民代表大会常务委员会第十二次会议对其又进行了全面的修订，并于2000年7月1日起施行，2017年11月4日第十二届全国人民代表大会常务委员会第三十次会议作了第二次修正。国家机关、社会团体、公司、企业、事业单位和其他组织办理会计事务，必须遵守该法。个体工商户会计管理的具体办法，由国务院财政部门根据《会计法》的原则另行规定。

10.2.2 会计法的主要规定

1. 会计管理体制

(1) 会计工作的领导体制

《会计法》第七条规定："国务院财政部门主管全国的会计工作。县级以上地方各级人民政府财政部门管理本行政区域内的会计工作。"单位负责人对本单位的会计工作负责。

(2) 会计制度的制定

会计制度是会计机构、会计人员办理会计事务的基本规范。国家实行统一的会计制度。《会计法》第八条规定："国家统一的会计制度，由国务院财政部门根据本法制定并公布。"

国务院有关部门可以依照《会计法》和国家统一的会计制度，制定对会计核算和会计监督有特殊要求的行业实施国家统一的会计制度的具体办法或者补充规定，报国务院财政部门审核批准。

中国人民解放军总后勤部可以依照《会计法》和国家统一的会计制度制定军队实施国家统一的会计制度的具体办法，报国务院财政部门备案。

(3) 会计机构和会计人员

① 会计机构和会计人员的设置。《会计法》第三十六条规定:"各单位应当根据会计业务的需要,设置会计机构,或者在相关机构中设置会计人员并指定会计主管人员;不具备设置条件的,应当委托经批准设立从事会计代理记账业务的中介机构代理记账。"

国有的和国有资产占控股地位或主导地位的大中型企业必须设置总会计师。总会计师的任职资格、任免程序、职责权限由国务院规定。

会计人员应当具备从事会计工作所需要的专业能力。

担任单位会计机构负责人(会计主管人员)的,应当具备会计师以上专业技术职务资格或者从事会计工作三年以上经历。

② 会计稽核制度。稽核是稽查和复核的简称。会计稽核是会计机构对会计核算工作进行的一种自我检查及审核工作,以提高会计核算工作的质量,它是做好会计核算工作的重要保证。会计机构内部应当建立稽核制度。

出纳人员不得兼任稽核、会计档案保管和收入、支出、费用、债权、债务账目的登记工作。

③ 会计人员工作交接。会计人员调动工作或者离职,必须与接管人员办清交接手续。一般会计人员办理交接手续,由会计机构负责人(会计主管人员)监交;会计机构负责人(会计主管人员)办理交接手续,由单位负责人监交,必要时主管单位可以派人会同监交。

2. 会计核算的法律规定

会计核算是指以货币为主要计量单位,对企业、事业、机关团体等单位的经济业务进行及时、连续、系统地记录、计算、分析,如实反映财务状况的经营成果,并据以编制会计报表等活动。会计核算是会计的基本职能之一。各单位必须据实进行会计核算,充分发挥会计核算职能作用。

(1) 会计核算的内容

下列经济业务事项应办理会计手续,进行会计核算:①款项和有价证券的收付;②财物的收发、增减和使用;③债权、债务的发生和结算;④资本、基金的增减;⑤收入、支出、费用、成本的计算;⑥财务成果的计算和处理;⑦其他需要办理会计手续、进行会计核算的事项。

(2) 会计年度、记账本位币和记录文字

会计年度自公历1月1日起至12月31日止。

会计核算以人民币为记账本位币。业务收支以人民币以外的货币为主的单位,可以选定其中一种货币作为记账本位币,但是编报的财务会计报告应当折算为人民币。

会计记录的文字应当使用中文。民族自治地区可以同时使用当地通用的一种民族文字。我国境内的外商投资企业、外国企业和其他外国组织的会计记录可以同时使用一种外国文字。

(3) 会计核算的要求

会计核算总的原则是要求会计凭证、会计账簿、财务会计报告和其他会计资料必须符合国家统一的会计制度的规定,不得伪造、变造会计凭证、会计账簿及其他会计资料,不得提供虚假的财务会计报告。使用计算机进行会计核算的,其软件及其生成的会计凭证、会计账簿、财务会计报告和其他会计资料也必须符合国家统一的会计制度的规定。

① 会计凭证。会计凭证包括原始凭证和记账凭证。发生《会计法》第十条所列的经济业务事项,必须填制或者取得原始凭证并及时送交会计机构。会计机构、会计人员必须按照国家统一的会计制度的规定对原始凭证进行审核,对不真实、不合法的原始凭证有权不予接受,并向单位负责人报告;对记载不准确、不完整的原始凭证有权予以退回,并要求按规定更正、补充;原始凭证记载的各项内容均不得涂改;原始凭证有错误的,应当由出具单位重开或者更正,更正处应当加盖出具单位印章;原始凭证金额有错误的,应当由出具单位重开,不得在原始凭证上更正。然后根据经过审核的原始凭证及有关资料编制记账凭证。

② 会计账簿。会计账簿包括总账、明细账、日记账和其他辅助性账簿。

会计账簿登记必须以经过审核的会计凭证为依据,并符合有关法律、行政法规和国家统一的会计制度的规定。会计账簿应当按照连续编号的页码顺序登记。会计账簿记录发生错误或者隔页、缺号、跳行的,应按国家统一的会计制度规定的方法更正,并由会计人员和会计机构负责人(会计主管人员)在更正处盖章。

各单位发生的各项经济业务事项应当统一在依法设置的会计账簿上登记、核算,不得违反规定私设会计账簿登记、核算。

③ 财产清查。各单位应当建立财产清查制度,应当定期将会计账簿记录与实物、款项及有关资料相互核对,保证会计账簿记录与实物及款项的实有数额相符、会计账簿记录与会计凭证的有关内容相符、会计账簿之间相对应的记录相符、会计账簿记录与会计报表的有关内容相符,保证会计资料的真实性。

④ 财务会计报告。财务会计报告由会计报表、会计报表附注和财务情况说明书组成。

财务会计报告应当根据经过审核的会计账簿记录和有关资料编制,符合《会计法》和国家统一的会计制度关于财务会计报告的编制要求、提供对象和提供期限的规定。并应由单位负责人和主管会计工作的负责人、会计机构负责人(会计主管人员)签名并盖章;设置总会计师的单位,还须由总会计师签名并盖章。单位负责人保证财务会计报告真实、完整。

向不同的会计资料使用者提供的财务会计报告,其编制依据应当一致。有关法律、行政法规规定须经注册会计师审计的,注册会计师及其所在的会计师事务所出具的审计报告应当随同财务会计报告一并提供。

⑤ 会计档案。各单位对会计凭证、会计账簿、财务会计报告和其他会计资料应当建立档案,妥善保管。会计档案的保管期限和销毁办法,由国务院财政部门会同有关部门制定。

⑥ 公司、企业的会计核算。根据《会计法》的规定,公司、企业的会计核算,除应遵守会计核算的一般规定外,还应遵守以下特别规定:公司、企业必须根据实际发生的经济业务事项,按照国家统一的会计制度的规定确认、计量和记录资产、负债、所有者权益、收入、费用、成本和利润;公司、企业进行会计核算不得有下列行为:随意改变资产、负债、所有者权益的确认标准或者计量方法,虚列、多列、不列或者少列资产、负债、所有者权益;虚列或者隐瞒收入,推迟或者提前确认收入;随意改变费用、成本的确认标准或者计量方法,虚列、多列、不列或者少列费用、成本;随意调整利润的计算、分配方法,编造虚假利润或者隐瞒利润;违反国家统一的会计制度规定的其他行为。

3. 会计监督的法律规定

会计监督是会计的基本职能之一,加强会计监督是保证会计信息质量、发挥会计管理作用的必要措施。会计监督分为单位内部监督、国家监督和社会监督。单位内部监督是会计监督的基础。

(1) 单位内部监督

① 单位内部会计监督制度的要求。各单位应当建立、健全本单位内部会计监督制度,并符合下列要求:明确记账人员与经济业务事项和会计事项的审批人员、经办人员、财物保管人员的职责权限,并相互分离、相互制约;明确重大对外投资、资产处置、资金调度和其他重要经济业务事项的决策和执行的相互监督、相互制约的程序;明确财产清查的范围、期限和组织程序;明确对会计资料定期进行内部审计的办法和程序。

② 单位负责人、会计机构、会计人员的责任。单位负责人应当保证会计机构、会计人员依法履行职责,不得授意、指使、强令会计机构、会计人员违法办理会计事项。

会计机构、会计人员对违反《会计法》和国家统一的会计制度规定的会计事项,有权拒绝办理或者按照职权予以纠正。发现会计账簿记录与实物、款项及有关资料不相符的,按照国家统一的会计制度的规定,会计机构和会计人员有权自行处理的,应当及时处理;无权处理的,应当立即向单位负责人报告,请求查明原因,作出处理。

(2) 国家监督

财政、审计、税务、人民银行、证券监管、保险监管等部门按照各自的职责分工,依照有关法律、行政法规的规定,对有关单位的会计工作、会计资料实施监督检查。各单位必须依法接受有关监督检查部门依法实施的监督检查,如实提供会计凭证、会计账簿、财务会计报告和其他会计资料,以及有关情况不得拒绝、隐匿、谎报。财政部门有权对会计师事务所出具审计报告的程序和内容进行监督。

(3) 社会监督

根据有关法律、行政法规的规定,须经注册会计师进行审计的单位,应当向受委托的会计师事务所如实提供会计凭证、会计账簿、财务会计报告和其他会计资料,以及有关情况。任何单位或个人不得以任何方式要求或者示意注册会计师及其所在的会计师事务所出具不实或不当的审计报告。

任何单位和个人对违反《会计法》和国家统一的会计制度规定的行为有权检举。收到检举的部门有权处理的,应当依法按照职责分工及时处理;无权处理的,应当及时移送有权处理的部门处理。收到检举的部门、负责处理的部门应为检举人保密,不得将检举人的姓名和检举材料转给被检举单位和被检举人。

4. **法律责任**

(1) 单位违反《会计法》的法律责任

① 一般违反《会计法》行为的法律责任。违反《会计法》规定,有下列行为之一的,由县级以上人民政府财政部门责令限期改正,可以对单位并处3 000元以上、5万元以下的罚款;对其直接负责的主管人员和其他直接责任人员,可处以2 000元以上、2万元以下的罚款;属于国家工作人员的,还应当由其所在单位或者有关单位依法给予行政处分;情节严重的,会计人员五年内不得从事会计工作;构成犯罪的依法追究刑事责任。这些行为包括:不依法设置会计账簿;私设会计账簿;未按照规定填制、取得原始凭证或者填制、取得的原始凭证不符合规定;以未经审核的会计凭证为依据登记会计账簿或者登记会计账簿不符合规

定;随意变更会计处理方法;向不同的会计资料使用者提供的财务会计报告编制依据不一致;未按照规定使用会计记录文字或者记账本位币;未按照规定保管会计资料,致使会计资料毁损、灭失;未按照规定建立并实施单位内部会计监督制度,或者拒绝依法实施的监督,或者不如实提供有关会计资料及有关情况;任用会计人员不符合《会计法》规定。

② 伪造、变造会计凭证、会计账簿,编制虚假财务会计报告,隐匿或者故意销毁依法应当保存的会计凭证、会计账簿、财务会计报告等行为的法律责任。有上述行为,构成犯罪的,依法追究刑事责任;尚不构成犯罪的,由县级以上人民政府财政部予以通报,可以对该单位并处 5 000 元以上、10 万元以下的罚款;对其直接负责的主管人员和其他直接责任人员,可处以 3 000 元以上、5 万元以下的罚款;属于国家工作人员的,还应当由其所在单位或者有关单位依法给予撤职直至开除的行政处分;对其中的会计人员,五年内不得从事会计工作。

授意、指使、强令会计机构、会计人员及其他人员伪造、变造会计凭证、会计账簿,编制虚假财务会计报告,或者隐匿、故意销毁依法应当保存的会计凭证、会计账簿、财务会计报告,构成犯罪的,依法追究刑事责任;尚不构成犯罪的,可处以 5 000 元以上、5 万元以下的罚款;属于国家工作人员的,还应当由其所在单位或者有关单位依法给予降级、撤职、开除的行政处分。

③ 对会计人员打击报复行为的法律责任。单位负责人对依法履行职责、抑制违反《会计法》规定行为的会计人员以降级、撤职、调离工作岗位、解聘或开除等方式实行打击报复,构成犯罪的,依法追究刑事责任;尚不构成犯罪的,由其所在单位或者有关单位依法给予行政处分。同时,为受打击报复的会计人员恢复名誉和原有职务、级别。

(2) 监督部门违反《会计法》的法律责任

① 财政部门及有关行政部门的工作人员在实施监督管理中滥用职权,玩忽职守,徇私枉法,或者泄露国家秘密、商业秘密,构成犯罪的,依法追究刑事责任;尚不构成犯罪的,依法给予行政处分。

② 将检举人姓名和检举材料转给被检举单位和被检举人个人的,由所在单位或者有关单位依法给予行政处分。

案例 10-2

某私营公司总经理李某,在 2023 年通过篡改会计凭证,隐匿销售事项等活动偷逃税款,被该单位会计刘某发现,刘某将李某的行为向上级管理部门进行报告,有关行政部门核实后对该公司进行了处罚。为此,李某对刘某怀恨在心。此后,在没有任何理由的情况下,李某于 2023 年 8 月做出决定,将刘某调离会计岗位,去从事仓库保管工作。随后,李某又借口刘某年龄较大,不能胜任仓库保管工作,强行解聘了刘某。

【问题】 李某的行为是否违反了《会计法》?如果违反,可能承担什么法律责任?

10.3 审计法律制度

10.3.1 审计法的概念

审计法是调整审计关系的法律规范的总称。所谓审计关系是指审计机关和审计人员运用正确的方法,在对被审计单位的预算和财政收支、财务收支状况及其记录,进行审核、评价等活动的过程中所发生的社会关系。

为了加强国家的审计监督,维护国家财政经济秩序,提高财政资金的使用效益,促进廉政建设,保证国民经济的健康发展,1994年8月31日第八届全国人民代表大会常务委员会第九次会议通过了《中华人民共和国审计法》(简称《审计法》),自1995年1月1日起施行。根据2006年2月28日第十届全国人民代表大会常务委员会第二十次会议的决定第一次修正,根据2021年10月23日第十三届全国人民代表大会常务委员会第三十一次会议的决定第二次修正。审计法也包括审计署成立以来颁布的一系列行之有效的审计法规、规章,如1989年7月5日发布的《关于社会审计工作的规定》和1989年12月2日发布的《关于内部审计工作的规定》等。2010年2月2日,国务院第一百次常务会议修订通过了《中华人民共和国审计法实施条例》(简称《审计法实施条例》),明确、补充和完善了《审计法》的内容,从法律上强化了审计机关的执法力度,并强调审计人员与被审计单位有经济利益关系应回避、地方审计机关负责人任免应征求上级审计机关意见等。

10.3.2 审计法的主要规定

1. 审计管理体制

(1) 审计机构

我国的审计机构包括国家审计机关、内部审计机构和社会审计组织三个组成部分,其中国家审计机关是主体,内部审计机构和社会审计组织是重要组成部分。

① 国家审计机关。《审计法》第二条规定:"国家实行审计监督制度。国务院和县级以上地方人民政府设立审计机关。"

审计机关依据有关财政收支、财务收支的法律、法规和国家其他有关规定进行审计评价,在法定职权范围内做出审计决定。国务院和县级以上地方人民政府应当每年向本级人民代表大会常务委员会提出审计机关对预算执行和其他财政收支的审计工作报告。审计工作报告应当重点报告对预算执行的审计情况。必要时,人民代表大会常务委员会可以对审计工作报告做出决议。国务院和县级以上地方人民政府应当将审计工作报告中指出的问题的纠正情况和处理结果向本级人民代表大会常务委员会报告。

国务院设立审计署,在国务院总理领导下,对中央预算执行情况和其他财政收支情况进行审计监督,向国务院总理提出审计结果报告。

省、自治区、直辖市、设区的市、自治州、县、自治县、不设区的市、市辖区的人民政府的审计机关,分别在省长、自治区主席、市长、州长、县长、区长和上一级审计机关的领导下,对本级预算执行情况和其他财政收支情况进行审计监督,向本级人民政府和上一级审计机关提出审计结果报告。地方各级审计机关负责人的任免,应当事先征求上一级审计机关的意见。

审计机关根据工作需要,经本级人民政府批准,可以在其审计管辖范围内设立派出机构。

派出机构根据审计机关的授权,依法进行审计工作。

审计机关根据被审计单位的财政、财务隶属关系或者国有资产监督管理关系,确定审计管辖范围。审计机关之间对审计管辖范围有争议的,由其共同的上级审计机关确定。上级审计机关可以将其审计管辖范围内的审计事项,授权下级审计机关进行审计,上级审计机关对下级审计机关审计管辖范围内的重大审计事项,可以直接进行审计,但是应当防止不必要的重复审计。

② 内部审计机构。内部审计是指由部门或单位内部相对独立的审计机构和审计人员对本部门或本单位的财政收支、经营管理活动及其经济效益进行审核和评价,查明其真实性、正确性、合法性和有效性,提出意见和建议的一种专职经济监督活动。

依法属于审计机关审计监督对象的单位,应当按照国家有关规定建立、健全内部审计制度;其内部审计工作应当接受审计机关的业务指导和监督。

③ 社会审计组织。社会审计是指社会审计组织依法独立承办审计查证和咨询服务的审计监督活动。社会审计是受国家审计机关或部门、单位的委托所进行的审计工作。社会审计组织是指根据国家法律或条例规定,经政府有关部门审核,注册登记的会计师事务所和审计事务所,它实行有偿服务,自收自支,独立核算,依法纳税。社会审计人员主要由注册会计师组成。

社会审计组织应当接受审计机关的指导、监督、管理,社会审计机构审计的单位依法属于审计机关审计监督对象的,审计机关按照国务院的规定,有权对该社会审计机构出具的相关审计报告进行核查。

(2) 审计人员

审计人员是审计机关或者其他审计机构中从事审计工作的专门人员。审计人员应当具备与其从事的审计工作相适应的专业知识和业务能力,因而国家实行审计人员专业技术资格制度。审计人员执行职务的原则有三项:一是回避原则,审计人员在办理审计事项时,与被审计单位或者审计事项有利害关系的应当回避;二是保密原则,审计人员对其在执行职务中知悉的国家秘密和被审计单位的商业秘密,负有保密的义务;三是受法律保护的原则,审计人员依法执行职务受法律保护,任何组织和个人不得拒绝、阻碍审计人员依法执行职务,不得打击报复审计人员。

2. 审计机关的职责与权限

(1) 审计机关的任务和工作原则

审计机关对依照《审计法》规定应当接受审计的财政收支或者财务收支的真实、合法和效益,依法进行审计监督。审计机关进行监督必须遵循下列原则:一是依法审计的原则,即审计机关应当按照法律规定的职权和程序进行审计监督;二是独立审计的原则,即审计机关依法独立行使审计监督权,不受其他行政机关、社会团体和个人的干涉;三是客观公正、实事求是、廉洁奉公、保守秘密的原则。

(2) 审计机关的职责

① 对国家财政收支进行审计监督。审计机关对本级各部门(含直属单位)和下级政府预算的执行情况和决算以及预算外资金的管理和使用进行审计监督。在每一预算年度终了后,审计署在国务院总理的领导下,负责对中央预算执行情况进行审计监督,向国务院总理提交审计结果报告;地方各级审计机关分别在省长、自治区主席、市长、州长、县长、区长和上一级审计机关领导下,负责对本级预算执行情况进行审计监督,向本级政府和上一级审计机关提出审计结果报告。审计机关依法对国家机关、事业单位和社会团体为履行或代为履

行政府职能,按照国家有关规定收取、提取和安排使用的未纳入预算管理的财政性资金进行审计监督。必要时,审计机关可对本预算年度或以往预算年度财政收支中的有关事项进行审计、检查。

② 对国有金融机构的财务收支进行审计监督。审计署对中央银行的财务收支和国有金融机构的资产、负债、损益进行审计监督。

③ 对国家的事业组织和使用财政资金的其他事业组织的财务收支,进行审计监督。

④ 对国家资产占控股地位或者主导地位的企业、金融机构进行审计监督。

⑤ 对政府投资和以政府投资为主的建设项目的预算执行情况和决算,进行审计监督。

⑥ 对政府部门管理和其他单位受政府委托管理的社会保障基金、社会捐赠资金及其他有关基金、资金的财务收支进行审计监督。

⑦ 对国际组织和外国政府援助、贷款项目的财务收支进行审计监督。

⑧ 审计机关按照国家有关规定,对国家机关和依法属于审计机关审计监督对象的其他单位的主要负责人,在任职期间对本地区、本部门或者本单位的财政收支、财务收支,以及有关经济活动应负经济责任的履行情况,进行审计监督。

⑨ 对其他法律、行政法规规定的事项进行审计监督。除本法规定的审计事项外,审计机关对其他法律、行政法规规定应当由审计机关进行审计的事项,依照本法和有关法律、行政法规的规定进行审计监督。

⑩ 对特定事项进行专项审计调查。审计机关有权对与国家财政收支有关的特定事项,向有关地方、部门、单位进行专项审计调查,所涉及的单位必须依法接受调查,如实反映情况,提供有关资料。审计机关专项调查结果,依法要同时向本级人民政府和上一级审计机关报告。

(3) 审计机关的权限

① 要求报送资料权。审计机关有权要求被审计单位按照审计机关的规定提供预算或者财务收支计划、预算执行情况、决算、财务会计报告,运用电子计算机储存、处理的财政收支、财务收支电子数据和必要的电子计算机技术文档,在金融机构开立账户的情况,社会审计机构出具的审计报告,以及其他与财政收支或者财务收支有关的资料,被审计单位不得拒绝、拖延、谎报。被审计单位负责人对本单位提供的财务会计资料的真实性和完整性负责。

② 检查权。审计机关进行审计时,有权检查被审计单位的会计凭证、会计账簿、财务会计报告和运用电子计算机管理财政收支、财务收支电子数据的系统,以及其他与财政收支、财务收支有关的资料和资产,被审计单位不得拒绝。

③ 调查权。审计机关进行审计时,有权就审计事项的有关问题向有关单位和个人进行调查,并取得有关证明材料。有关单位和个人应当支持、协助审计机关工作,如实向审计机关反映情况,提供有关证明材料。

审计机关经县级以上人民政府审计机关负责人批准,有权查询被审计单位在金融机构的账户。

审计机关有证据证明被审计单位以个人名义存储公款的,经县级以上人民政府审计机关主要负责人批准,有权查询被审计单位以个人名义在金融机构的存款。

④ 制止权。审计机关进行审计时,被审计单位不得转移、隐匿、篡改、毁弃会计凭证、会计账簿、会计报表,以及其他与财政收支或者财务收支有关的资料,不得转移、隐匿所持有的违反国家规定取得的资产。

审计机关对被审计单位违反前款规定的行为,有权予以制止;必要时,经县级以上人民政府审计机关负责人批准,有权封存有关资料和违反国家规定取得的资产;对其中在金融机构的有关存款需要予以冻结的,应当向人民法院提出申请。

审计机关对被审计单位正在进行的违反国家规定的财政支出、财务收支行为,有权予以制止。制止无效的,经县级以上审计机关负责人批准,通知财政部门和有关主管部门暂停拨付与违反国家规定的财政收支、财务收支行为直接有关的款项,已经拨付的暂停使用。采取前两款规定的措施不得影响被审计单位合法的业务活动和生产经营活动。

⑤ 请求协助权。审计机关履行审计监督职责,可以提请公安、监察、财政、税务、海关、价格、工商行政管理等机关予以协助。

⑥ 建议和纠正权。审计机关认为被审计单位所执行的上级主管部门有关财政收支、财务收支的规定与法律、行政法规相抵触的,应当建议有关主管部门纠正。有关主管部门不予纠正的,审计机关应当提请有权处理的机关依法处理。

⑦ 通报和公布权。审计机关有权向政府有关部门通报或者向社会公布审计结果。审计机关通报或公布审计结果,应当保守国家秘密和被审计单位的商业秘密,遵守国务院的有关规定。

3. 审计程序

审计程序是指审计机关和审计人员对审计项目实施审计的自始至终的工作步骤。为了实现审计工作的制度化、规范化、公开化,保证审计监督活动的顺利进行,《审计法》规定了四个审计程序。

(1) 审计准备

审计机关根据审计项目计划确定的审计事项,组成审计组,并应当在实施审计三日前,向被审计单位送达审计通知书;遇有特殊情况,经本级人民政府批准,审计机关可以直接持审计通知书实施审计。被审计单位应当配合审计机关的工作,并提供必要的工作条件。审计机关应当提高审计工作效率。

(2) 实施审计

审计人员通过审计会计凭证、会计账簿、会计报表,查阅与审计事项有关的文件、资料,检查现金、实物、有价证券,以向有关单位和个人调查等方式进行审计,并取得证明材料。

(3) 提出审计报告

审计组对审计事项实施审计后,应当向审计机关提出审计组的审计报告。审计组的审计报告报送审计机关前,应当征求被审计对象的意见。被审计对象应当自接到审计组的审计报告之日起十日内,将其书面意见送交审计组。审计组应当将被审计对象的书面意见一并报送审计机关。

(4) 提出审计意见,做出审计决定

审计机关按照审计署规定的程序对审计组的审计报告进行审议,并对被审计对象对审计组的审计报告提出的意见一并研究后,提出审计机关的审计报告;对违反国家规定的财政收支、财务收支行为,依法应当给予处理、处罚的,在法定职权范围内做出审计决定或者向有关主管机关提出处理、处罚的意见。

审计机关应当将审计机关的审计报告和审计决定送达被审计单位和有关主管机关、单位。审计决定自送达之日起生效。

上级审计机关认为下级审计机关做出的审计决定违反国家有关规定的,可以责成下级审计机关予以变更或者撤销,必要时也可以直接作出变更或者撤销的决定。

4. 法律责任

根据《审计法》的有关规定,违反《审计法》的行为可以分为两类:一是被审计单位及其有关人员的违法行为;二是审计人员的违法行为。

(1) 对被审计单位及其有关人员违反《审计法》的处罚

① 被审计单位违反本法规定,拒绝或者拖延提供与审计事项有关的资料的,或者提供的资料不真实、不完整的,或者拒绝、阻碍检查的,由审计机关责令改正,可以通报批评,给予警告;拒不改正的,依法追究责任。

② 被审计单位违反本法规定,转移、隐匿、篡改、毁弃会计凭证、会计账簿、财务会计报告,以及其他与财政收支、财务收支有关的资料,或者转移、隐匿所持有的违反国家规定取得的资产,审计机关认为对直接负责的主管人员和其他直接责任人员依法应当给予处分的,应当提出给予处分的建议,被审计单位或者其上级机关、监察机关应当依法及时作出决定,并将结果书面通知审计机关;构成犯罪的,依法追究刑事责任。

③ 对本级各部门(含直属单位)和下级政府违反预算的行为或者其他违反国家规定的财政收支行为,审计机关、人民政府或者有关主管部门在法定职权范围内,依照法律、行政法规的规定,区别情况采取下列处理措施:责令限期缴纳应当上缴的款项、责令限期退还被侵占的国有资产、责令限期退还违法所得、责令按照国家统一的会计制度的有关规定进行处理或其他处理措施。

④ 对被审计单位违反国家规定的财务收支行为,审计机关、人民政府或者有关主管部门在法定职权范围内,依照法律、行政法规的规定,区别情况采取前条规定的处理措施,并可以依法给予处罚。

⑤ 审计机关在法定职权范围内做出的审计决定,被审计单位应当执行。审计机关依法责令被审计单位上缴应当上缴的款项,被审计单位拒不执行的,审计机关应当通报有关主管部门,有关主管部门应当依照有关法律、行政法规的规定予以扣缴或者采取其他处理措施,并将结果书面通知审计机关。

⑥ 被审计单位对审计机关做出的有关财务收支的审计决定不服的,可以依法申请行政复议或者提起行政诉讼。

被审计单位对审计机关做出的有关财政收支的审计决定不服的,可以提请审计机关的本级人民政府裁决,本级人民政府的裁决为最终决定。

⑦ 被审计单位的财政收支、财务收支违反国家规定,审计机关认为对直接负责的主管人员和其他直接责任人员依法应当给予处分的,应当提出给予处分的建议,被审计单位或者其上级机关、监察机关应当依法及时做出决定,并将结果书面通知审计机关。

⑧ 报复陷害审计人员的,依法给予处分;构成犯罪的,依法追究刑事责任。

(2) 对审计人员违反《审计法》的处罚

审计人员滥用职权、徇私舞弊、玩忽职守,或者泄露所知悉的国家秘密、商业秘密的,依法给予处分;构成犯罪的,依法追究刑事责任。

案例及分析

某县审计局对该县的某国有制药厂进行财务审计,最终做出了该药厂某些经济活动的会计记载不真实的审计结论,以及相应的审计处理决定,包括对该药厂处以罚款10万元。县政府在得知这一情况后,以制药厂是本县的利税大户为由,出面要求审计局取消对制药厂的处罚。审计局予以拒绝。于是县政府宣布免去审计局局长的职务,并任命了新的局长。

【问题】 试对本案中县政府的做法依法进行评析。

【分析】 本案中县政府的做法违反了《审计法》的规定,即报复、陷害审计人员,构成犯罪的,依法追究刑事责任;尚未构成犯罪的,给予行政处分。

 本章小结

统计法是调整统计关系的法律规范的总称,我国现行统计法分别对统计管理体制、统计调查计划和统计制度、统计资料的管理和公布,以及违反《统计法》应承担的法律责任做出了具体的规定。

会计法是调整会计关系的法律规范的总称。《会计法》对会计管理体制、会计秩序、会计监督及其法律责任诸方面做出了明确的规定。

审计法是调整审计关系的法律规范的总称,我国审计机构包括国家审计机关、内部审计机关和社会审计组织三个组成部分。我国现行《审计法》对审计机关的职责与权限、审计程序以及法律责任等方面都做了明确而具体的规定。

 复习思考题

1. 简述统计管理体制的构成。
2. 什么是会计核算？会计核算包括哪些方面的内容？
3. 会计监督的内容主要有哪些？
4. 违反会计法的法律责任有哪些？
5. 简述我国审计体系的组成。
6. 审计机关有哪些职责与权限？
7. 简述审计程序的规定。

 实训题

1. 实训项目：会计账务处理中违法行为的识别。
2. 实训目的：通过会计账务的处理,使学生进一步掌握《会计法》对会计账务处理的规定,培训学生正确区分会计做账中的合法与违法行为。

微课:会计
违规行为
的识别

3. 实训内容:某大学后勤公司徐总要求公司会计小叶做内外两套账目。内账详细具体记录公司的每笔业务,外账对公司的收入和支出会分别进行降低与增加的财务处理。徐总为了方便业务结算,又要求小叶以个人名义在工行开立一张借记卡,用来支付和收取一些零星费用。小叶在做账时均会将上述往来费用做到公司的内账中。小叶对做两套账的做法满肚牢骚,认为工作量增加了一倍,要求徐总加工资。徐总答应给小叶支付加班费。小叶按照徐总要求,进行了以下账务操作。

(1) 将学术报告厅的维修款 1 000 元直接从上面的工行个人卡转账给老刘个人。

(2) 每月定时从公司账户将工资款通过工行转入公司员工个人账户。

(3) 4 月将 5 万元从公司账户直接转入老钱个人账户,账目是公司归还个人借款。

(4) 在报销徐总差旅费时,发现原始住宿发票遗失,就自行到外面开具了相同面额的发票作账。

(5) 11 月从公司账户借款 1 万元,用于个人支出,并于 12 月初全部还清。

(6) 按照徐总要求,在 10 月提前将 10—12 月奖金从公司对公账户预先转到了徐总个人账户。

任务:根据以上材料,分析小叶哪些行为违反《会计法》规定,并说明依据。

4. 实训考核:教师根据学生的判断及给出的理由进行相应评分。

第11章 经济纠纷的仲裁与诉讼

课程思政

经济纠纷是社会经济活动中不可避免的,但不同的化解途径和方式其社会效果大不相同。经济纠纷的化解要融入"枫桥经验",既要维护当事人的合法权益,又要及时把矛盾纠纷化解在萌芽状态,最大限度地维护社会和谐。

学习要点

※ 经济纠纷的概念和解决途径。
※ 经济纠纷仲裁的概念、特征、基本原则,我国《仲裁法》的适用范围。
※ 经济纠纷仲裁及工作制度,经济纠纷仲裁的程序,经济纠纷仲裁裁决的撤销与执行,以及涉外经济仲裁。
※ 经济纠纷诉讼的概念、特征和基本原则,经济纠纷诉讼案件的管辖和诉讼程序。
※ 经济纠纷诉讼文书的概念,常用经济诉讼文书的结构、内容及写作要求。

11.1 经济纠纷及解决方式

经济纠纷是指在市场经济条件下,不同的市场主体在经济活动中产生的经济权益争议。经济纠纷发生后,只有通过合法有效的途径及时解决,才能确保各种经济活动的顺利进行。

经济活动一旦发生纠纷,依照我国经济法的规定,有多种解决途径。

(1) 协商解决

协商解决是指发生经济纠纷后,当事人在自愿的基础上,本着互让互谅的精神,通过协商,达成解决经济纠纷的一致意见,使经济纠纷得到圆满解决。协商解决经济纠纷的特点是便利、及时、不伤和气。

(2) 调解解决

调解解决是指当事人各方在自愿基础上选择第三方从中调停,并由其协调争议各方的意见,使争议各方自愿达成解决纠纷的协议,从而调解纠纷。

(3) 仲裁解决

仲裁解决是指当事人根据事先或事后达成的仲裁协议，申请依法设立的仲裁机构，对经济纠纷进行公正合理的调解或裁决。

(4) 诉讼解决

诉讼解决是指当事人在协商、调解无法处理经济纠纷，双方又无仲裁协议的情况下，通过向有管辖权的人民法院提起诉讼，并在法院主持下达成调解协议或由法院依法做出判决。

11.2 经济纠纷仲裁

11.2.1 经济纠纷仲裁的概念与特征

1. 经济纠纷仲裁的概念

经济纠纷仲裁是指经济纠纷当事人根据仲裁协议，将在经济活动中产生的经济权益争议，提交给选定的仲裁机构，依照法定程序和仲裁规则做出裁决的活动。

仲裁是解决经济纠纷的一种重要方式，备受当事人的欢迎，其原因在于，仲裁这种非诉讼的经济纠纷解决方式中包含有两个非常有利于当事人的因素：一是合同因素，选择仲裁是双方当事人一致的意思，享有充分的意志自主权，使仲裁与诉讼相比具有灵活、快捷、经济等优点；二是仲裁又蕴含着司法因素，仲裁决定书具有与法院判决书同等的法律效力。仲裁是一种准司法行为，由此获得法律认可成为不同于调解的经济争议解决方式。

2. 经济纠纷仲裁的特征

(1) 经济纠纷仲裁活动以双方当事人自愿为前提。任何一方当事人仅凭自己单方的意愿是无法将争议提交仲裁机构解决的，仲裁机构也无权就该争议做出裁决。

(2) 仲裁可以防止泄露当事人不愿公开的商业秘密，因为仲裁一般按照不公开开庭的原则进行，这就有利于保护当事人的合法权益。

(3) 仲裁活动必须严格按照《中华人民共和国仲裁法》（简称《仲裁法》）及仲裁规则进行，仲裁规则是仲裁机构依据《仲裁法》制定并经当事人认可的。因此，违反仲裁规则所做出的裁决是可以撤销的。

(4) 仲裁裁决具有终局的法律效力。虽然仲裁机构是一种民间性组织，对经济纠纷案件的仲裁来自于双方当事人的协议授权，但法律明确规定，如果双方当事人协议选择仲裁方式解决其经济纠纷，仲裁机构做出的决定即具有终局的法律效力，不能上诉，非经法定程序不能改变或撤销。任何一方当事人不履行裁决所确定的义务，另一方当事人有权向人民法院申请强制执行。

3. 仲裁法的适用范围

《仲裁法》于1994年8月31日颁布，分别于2009年8月27日、2017年9月1日进行修正。所谓仲裁法的适用范围,是指仲裁作为解决纠纷的一种方式,可以适用哪些人、哪些经济纠纷,以及在什么时间、空间上适用的问题。

(1) 对人的适用范围。根据规定,凡在中华人民共和国领域内的仲裁机构进行仲裁活动的双方当事人,都必须遵守《仲裁法》的规定。可见,我国《仲裁法》不仅适用于中国公民、法人和其他组织,也适用于外国人、无国籍人,以及外国的企业和组织。

(2) 对事的适用范围。根据《仲裁法》第二条的规定:"平等主体的公民、法人和其他经济组织之间发生合同纠纷和其他财产纠纷,可以仲裁。"但是婚姻、监护、抚养、继承纠纷和依法应当由行政机关处理的行政争议不能仲裁。

(3) 时间上的适用范围。《仲裁法》自1995年9月1日起生效。

(4) 空间上的适用范围。凡在中华人民共和国领域内的仲裁机构进行仲裁活动,都适用我国《仲裁法》。

11.2.2 经济纠纷仲裁的基本原则

经济纠纷仲裁的基本原则是指经济纠纷仲裁活动中,仲裁机构以及双方当事人及其他参与人必须遵循的准则。

1. 意思自治原则

(1) 经济纠纷发生后,是否选择仲裁作为解决纠纷的途径,以双方当事人的自愿为前提。仲裁机构对经济纠纷案件的管辖和裁决权,来自双方当事人的协议授权。《仲裁法》第四条规定:"当事人选择仲裁方式解决纠纷的,应当双方自愿达成仲裁协议。没有仲裁协议,一方申请仲裁的仲裁委员会不予受理。"

(2) 选择哪家仲裁机构仲裁由当事人双方自愿决定。各个仲裁机构受理案件,只根据双方当事人的协议。对此,《仲裁法》第六条规定:"仲裁委员会应当由当事人协议选定。仲裁不实行级别管辖和地域管辖。"

(3) 仲裁组织和仲裁员由双方当事人协议选择。

(4) 仲裁事项由当事人双方自主决定。

(5) 在开庭和裁决的程序中,当事人可以约定审理的方式、开庭形式、结案方式等有关事项。除此之外,仲裁时间、地点,也可以由双方当事人自愿选择。

2. 以事实为根据,符合法律规定,公平合理解决纠纷的原则

仲裁庭在审理经济纠纷过程中,要全面、深入、客观地查清与案件有关的事实情况,掌握发生纠纷的原因、经过和双方当事人争议的焦点。在查清事实的基础上,在符合法律规定的前提下,公平合理地确定各方当事人的权利和义务。

3. 仲裁独立原则

(1) 仲裁机构独立于行政机关,与行政机关没有隶属关系,依法独立仲裁,不受行政机关、社会团体和个人干涉。

(2) 仲裁组织体系中的仲裁协会、仲裁委员会和仲裁庭三者之间相对独立。

(3) 仲裁独立于审判。

11.2.3 经济纠纷仲裁机构及其工作制度

1. 仲裁机构的设置及人员组成

仲裁委员会是受理经济纠纷案件,进行仲裁工作,解决经济纠纷的事业单位法人。根据《仲裁法》规定,仲裁委员会可以在直辖市和省、自治区人民政府所在地的市设立,也可以根据需要在其他设区的市设立,不按行政区划层层设立。仲裁委员会由所在市人民政府组织有关部门和商会统一组建。设立仲裁委员会,应当经省、自治区、直辖市的司法行政部门登记。各仲裁委员会之间没有隶属关系,也不隶属于行政机关。

仲裁委员会由主任1人、副主任2~4人和委员7~11人组成。仲裁委员会的主任、副主任和委员由法律专家、经济专家和有实际工作经验的人员担任,仲裁委员会的组成人员中,法律专家、经济贸易的专家不得少于2/3。仲裁委员会应当从公道、正派的人员中聘任仲裁员。

仲裁员应符合下列条件之一:①通过国家统一法律职业资格考试,取得法律职业资格,从事仲裁工作满8年的;②从事律师工作满8年的;③曾任法官满8年的;④从事法律研究、教学工作并具有高级职称的;⑤具有法律知识、从事经济贸易等专业工作,并具有高级职称或者具有同等专业水平的。

2. 仲裁机构的基本工作制度

仲裁机构的基本工作制度,是指规范仲裁机构受理、审理、裁决经济纠纷案件的活动准则,是仲裁庭进行仲裁审理的基本规程。《仲裁法》在原有法律对仲裁的基本制度规定的基础上,根据市场经济对仲裁工作提出的客观要求,借鉴国际通行做法,确立了四项基本工作制度。

(1) 协议仲裁制度

当事人采用仲裁方式解决纠纷,应当双方自愿达成仲裁协议。没有仲裁协议,一方申请仲裁的,仲裁机构不予受理。仲裁协议应当具有下列内容:①请求仲裁的意思表示;②仲裁事项;③选定的仲裁委员会。仲裁协议是协议仲裁制度的核心,是意思自治原则最根本的体现。

(2) 回避制度

仲裁员仲裁案件实行回避制度。回避是指仲裁员具有可能影响案件公正裁决的情形时,依照法律规定,自行申请退出仲裁或者根据当事人申请退出仲裁。《仲裁法》规定:"仲裁员有下列情形之一的,必须回避,当事人也有权提出回避申请:①是本案当事人或当事人、代理人的近亲属;②与本案有利害关系的;③与本案当事人、代理人有其他关系,可能影响公正仲裁的;④私自会见当事人、代理人或者接受当事人、代理人的请客送礼的。""当事人提出回避申请,应当说明理由,在首次开庭前提出。回避事由在首次开庭后知道的,可以在最后一次开庭终结前提出。"仲裁员是否回避,由仲裁委员会主任决定;仲裁委员会主任担任仲裁员时,由仲裁委员会集体决定。

(3) 或裁或审制度

当事人达成仲裁协议的,应当向仲裁机构申请仲裁,不能向法院起诉。一方向法院起诉的,人民法院不予受理,但仲裁协议无效的除外。如果没有仲裁协议,仲裁机构不受理,当事人可直接向人民法院提起诉讼。

(4) 一裁终局制度

所谓一裁终局制度,是指仲裁机构的仲裁决定一经做出即发生法律效力,对同一纠纷再申请仲裁或者向人民法院起诉的,仲裁机构和人民法院都不予受理。《仲裁法》规定:"仲裁实行一裁终局的制度,裁决做出后,当事人就同一纠纷再申请仲裁或者向人民法院起诉的,仲裁委员会或者人民法院不予受理。"一裁终局制度是仲裁程序简便、迅速的具体体现,它不仅排除了一裁二审的可能性,同时也否认了一裁复议的两裁终局制度。

11.2.4 经济纠纷仲裁程序

1. 申请与受理

仲裁不实行级别管辖和地域管辖,当事人可以向双方约定的仲裁机构申请仲裁。

(1) 当事人申请仲裁应当符合下列条件:①有仲裁协议;②有具体的仲裁请求、事实和理由;③属于仲裁委员会受理的范围。此外,当事人还应当向仲裁委员会递交仲裁协议、仲裁申请书及其副本。

(2) 仲裁申请书应当载明下列事项:①当事人的姓名、性别、年龄、职业、工作单位和住所,法人或者其他组织的名称、住所和法定代表人或者主要负责人的姓名、职务;②仲裁申请所根据的事实和理由;③证据和证据来源,证人姓名和住所。

仲裁委员会在收到仲裁申请书之日起 5 日内,经审查认为符合受理条件的,应当受理,并通知当事人;认为不符合受理条件的,应当书面通知当事人不予受理,并说明理由。

2. 做好开庭前的准备工作

仲裁委员会受理仲裁申请后,应当在仲裁规则规定的期限内将仲裁规则和仲裁员名册送达申请人和被申请人,并通知被申请人在规定的期限内提交答辩书。未提交答辩书的,不影响仲裁程序的进行。

仲裁委员会应当根据当事人的选择或者委托,确定仲裁员,依法组成仲裁庭。仲裁庭的组成有两种形式:①由 3 名仲裁员组成的合议庭;②由 1 名仲裁员任独任仲裁庭。前者由双方当事人各自选定或各自委托仲裁委员会主任指定 1 名仲裁员,第 3 名仲裁员由当事人共同选定或者共同委托仲裁委员会主任指定,第 3 名仲裁员为首席仲裁员。后者应当由当事人共同选定,或者共同委托仲裁委员会主任指定仲裁员。

仲裁庭组成后,仲裁委员会应将仲裁庭的组成情况书面通知当事人。仲裁庭人员应当认真阅读、研究案卷材料,分析案情,提前做好开庭审理工作。并按仲裁规则的规定,提前将开庭的时间通知申请人、被申请人和双方的代理人。

3. 开庭与裁决

(1) 开庭

仲裁应当开庭进行。当事人协议不开庭的,仲裁庭可以根据仲裁申请书、答辩书及其他材料做出裁决。仲裁一般不公开进行,当事人协议公开的,可以公开进行,但涉及国家秘密的除外。

当事人有正当理由的,在规定时间内可以申请延期开庭,是否延期由仲裁庭决定。申请人经书面通知无正当理由不到庭,或者未经仲裁庭许可中途退庭的,视为撤回仲裁申请;被申请人经书面通知,无正当理由或者未经仲裁庭许可中途退庭的,可以缺席裁决。在庭审中,实行谁主张谁举证的原则。仲裁庭认为有必要收集的证据,可以自行搜集。所有证据应当在开庭时出示,并展开质证,最后由仲裁庭审定。当事人在仲裁过程中有权进行辩论,辩论终结时,首席仲裁员或独任仲裁员应当征询当事人的最后意见。

当事人申请仲裁后,可以自行和解,也可以撤回仲裁申请。当事人达成和解协议、撤回仲裁申请后反悔的,还可以根据仲裁协议申请仲裁。

(2) 裁决

仲裁庭在做出裁决前,可以先行调解。当事人自愿调解的,仲裁庭应当调解。调解达成协议的,仲裁庭应当制作调解书或者根据协议的结果制作裁决书。调解书与裁决书具有同等法律效力。调解书经双方当事人签收后,即发生法律效力。调解不成或者在调解书签收前当事人反悔的,仲裁庭应当及时做出裁决。裁决书的内容一般包括仲裁请求、争议事实、裁决理由、裁决结果、仲裁费用的负担和裁决日期。裁决书自做出之日起即发生法律效力。当事人应当认真履行,并不得就同一纠纷再向其他仲裁机构申请仲裁或向人民法院起诉。

11.2.5 经济纠纷仲裁裁决的撤销与执行

1. 裁决的撤销

根据《仲裁法》的规定,当事人有充分、确凿的证据证明裁决有下列情形之一的,可以向仲裁委员会所在地的中级人民法院申请撤销裁决:①没有仲裁协议的;②裁决的事项不属于仲裁协议的范围或者仲裁委员会无权仲裁的;③仲裁庭的组成或者仲裁的程序违反法定程序的;④裁决所根据的证据是伪造的;⑤对方当事人隐瞒了足以影响公正裁决的证据的;⑥仲裁员在仲裁该案时有索贿受贿、徇私舞弊、枉法裁决行为的。另外,人民法院如果认为该裁决违背社会公共利益,也应当裁定撤销。

当事人申请撤销仲裁裁决的期限为自收到裁决书之日起六个月内。

2. 人民法院撤销仲裁裁决的程序

人民法院受理撤销裁决的申请后,认为可以由仲裁庭重新仲裁的,通知仲裁庭在一定期限内重新仲裁,并裁定中止撤销程序。仲裁庭拒绝重新仲裁的,人民法院应当裁定恢复撤销程序。

对当事人撤销仲裁裁决的申请,人民法院应当组成合议庭进行审查,并在受理撤销裁决之日起两个月内做出撤销裁决或驳回申请的裁定。

人民法院撤销裁决或者驳回申请的裁定一经做出即具有法律效力,当事人不得上诉。撤销裁决的申请被驳回的,裁决书对双方当事人继续发生法律效力。仲裁裁决被人民法院依法裁定撤销的,当事人对该纠纷可以根据双方重新达成的仲裁协议申请仲裁,也可以向人民法院起诉。

3．执行

当事人应当履行生效的裁决书、调解书。一方不履行的，另一方有权向被执行人住所地或被执行人财产所在地的人民法院申请强制执行。

申请强制执行的期限是二年，从裁决书、调解书规定的履行期间的最后一日起计算，分期履行的，自每期履行期间的最后一日起计算；裁决书、调解书未规定履行期间的，自裁决书、调解书生效之日起计算。

11.2.6 涉外经济纠纷仲裁

1．涉外经济纠纷仲裁的概念及仲裁机构

涉外经济纠纷仲裁是指在涉外经济贸易、运输和海事中发生的纠纷的仲裁。涉我国港、澳、台地区案件根据我国法律参照涉外案件处理。

涉外经济纠纷仲裁机构涉外仲裁委员会，可以由中国国际商会组织设立。涉外仲裁委员会由主任 1 人、副主任若干人和委员若干人组成。涉外经济纠纷仲裁员，由涉外仲裁委员会从具有法律、经济贸易、科学技术等专门知识的中外籍人士中聘任。

2．涉外经济纠纷仲裁的裁决与执行

涉外仲裁委员会根据仲裁协议受理涉外经济纠纷当事人的仲裁申请后，应当根据仲裁法和仲裁规则的有关规定，开庭进行审理，并根据事实、符合法律参照的国际惯例，公平合理、独立公正地做出裁决。

一方当事人不履行发生法律效力的仲裁裁决，另一方当事人可以根据中华人民共和国法律的规定，向我国有管辖权的人民法院申请执行；或者根据《承认及执行外国仲裁裁决公约》或者依据中华人民共和国缔结或者参加的其他国际公约，向外国有管辖权的法院申请执行。

11.3 经济纠纷诉讼

11.3.1 经济纠纷诉讼的概念与特征

1．经济纠纷诉讼的概念

诉讼俗称"打官司"，是指司法机关和案件当事人在其他诉讼参与人的配合下，为了正确处理案件，依照法定程序所进行的全部活动。

经济纠纷诉讼，就是发生经济纠纷的一方当事人，依法向有管辖权的人民法院提出诉讼，人民法院和案件当事人在其他诉讼参与人的配合下，按照法定程序，为解决经济权利义务争议所进行的全部活动。

2. 经济纠纷诉讼的特征

(1) 强制性

强制性包含两层含义：①是指经济纠纷只要一方依法向有管辖权的人民法院起诉，另一方就必须应诉，否则法院就有权采取强制措施；②是指经济纠纷诉讼产生的结果，即法院主持下双方达成的调解协议或人民法院的判决、裁定，一旦生效，就具有强制执行的效力。

(2) 最终性

最终性包含两层含义：①是指一方当事人依法向人民法院起诉后，另一方当事人就无权再向其他部门要求解决；②是指在经济纠纷诉讼中，法院做出的判决、裁定或在法院主持下达成的调解协议一旦生效，经济纠纷的解决便告终结。

(3) 规范性

规范性是指经济纠纷诉讼程序具有严格的规范性，也就是说，经济活动一旦发生纠纷需要通过诉讼解决时，必须严格按照法定程序进行。在我国，发生在平等主体之间的经济纠纷引起的诉讼，适用《民事诉讼法》，如企业之间的合同纠纷，根据我国《民法典》和《民事诉讼法》可以向人民法院提起民事诉讼。自然人、法人和其他经济组织对经济管理机关的具有经济性质的管理行为不服而发生的经济纠纷诉讼，如企业对国家税务机关做出的行政处罚决定不服，依据我国《税收征收管理法》和《行政诉讼法》的规定，可以向人民法院提起行政诉讼。

11.3.2 经济纠纷诉讼的基本原则

1. 法制原则

人民法院、诉讼当事人和其他诉讼参与人，都必须坚持以事实为依据，以法律为准绳，严格依法办事的社会主义法治原则。通过诉讼活动，查清事实真相，严格依法处理案件。

2. 平等原则

平等原则即经济纠纷诉讼当事人的诉讼权利平等和适用法律上一律平等。人民法院在审理纠纷案件时，必须秉公执法，不论诉讼当事人是自然人还是法人，是国有企业还是集体企业或私营企业，都应坚持诉讼地位平等，适用法律平等。在经济行政诉讼中，在作为被告的国家经济管理机关和不服该机关行政处罚决定的原告之间，必须坚持"官"与"民"的诉讼地位和诉讼权利平等，确保原告的合法权益得以实现。

3. 着重调解原则

绝大多数经济纠纷案件发生在企业与企业之间，它们之间长期存在着业务上的往来。因此，人民法院在审理这类案件时，应当在明确是非、分清过错责任的基础上，在合法原则下力求做好调解工作，达成调解协议。这不仅有利于发展企业间的经济关系，而且更有利于调解协议的执行。

但必须注意的是，根据《行政诉讼法》的有关规定，经济行政纠纷案件除经济行政赔偿诉讼外，不适用调解。

4．坚持合议、回避、公开审判、辩论和两审终审制度

人民法院审理经济纠纷案件，除案情简单可以由审判员独任审判外，都应依法组成合议庭进行审理。在审理过程中，凡是本案的审判人员、书记员、鉴定人及翻译人员是本案当事人或者是当事人的近亲属，或与本案有利害关系的人，或者与本案当事人有其他关系，可能影响对案件公正审理的，必须自行回避，当事人可以口头或书面方式申请他们回避。审理经济纠纷案件，除涉及国家机密和法律已有规定外，都应公开审理、公开审判。人民法院审理经济纠纷案件实行两审终审制。当事人对一审做出的判决和裁定不服，可以依法在规定的期限内向上一级人民法院上诉，进行二审。法院二审后做出的判决或裁定是终局的判决和裁定，当事人不得再上诉。

11.3.3 经济纠纷诉讼的管辖

经济纠纷诉讼的管辖，就是规定上下级法院之间、同级法院之间受理第一审经济纠纷案件的分工和权限，可分为级别管辖、地域管辖、移送管辖和指定管辖四种。

1．级别管辖

级别管辖又称审级管辖，是指各级人民法院之间受理第一审案件的分工和权限。具体分为以下几种情况。

（1）基层人民法院管辖除上级人民法院管辖外的所有第一审经济纠纷案件，法律另有规定的除外。

（2）中级人民法院管辖重大涉外案件，在本辖区内有重大影响的案件，确认专利权的案件和对海关处理不服的案件。

（3）高级人民法院管辖在本辖区内有重大影响的第一审经济纠纷案件。

（4）最高人民法院管辖在全国有重大影响的案件，以及它认为应当由其审理的第一审经济纠纷案件。

2．地域管辖

地域管辖是指同级人民法院之间受理第一审经济纠纷案件的分工和权限。它的特点是按照行政区域来划分法院管辖案件的权限。

（1）一般地域管辖，即由被告住所地人民法院管辖，也就是我们通常所说的"原告就被告"的原则。如果被告是我国公民，其住所地与经常居住地不一致的，由经常居住地人民法院管辖。经济行政纠纷案件，由最初做出具体行政行为的行政机关所在地或复议机关所在地人民法院管辖。

（2）特殊地域管辖，即合同纠纷，由被告住所地或者合同履行地人民法院管辖；因保险合同纠纷提起的诉讼，由被告住所地或者保险标的物所在地人民法院管辖；票据纠纷，由票据支付地或者被告住所地人民法院管辖；交通运输合同纠纷，由运输始发地、目的地或被告住所地人民法院管辖；共同海损纠纷由船舶最先到达地、共同海损理算地或航程终止地的人民法院管辖等。

（3）协议地域管辖，即合同的双务当事人可以在书面合同中协议选择被告住所地、合同履行地、合同签订地、原告住所地、标的物所在地人民法院管辖，但不得违反有关级别管辖的规定。

（4）专属地域管辖，即不动产纠纷提起的诉讼，由不动产所在地人民法院管辖；港口作业中发生纠纷提起的诉讼，由港口所在地人民法院管辖。

（5）共同地域管辖，即同一诉讼的几个被告住所地、经常居住地在两个以上人民法院辖区的，各该人民法院都有管辖权。两个以上人民法院都有管辖权的诉讼，原告可以向其中一个人民法院起诉；原告向两个以上有管辖权的人民法院起诉的，由最先立案的人民法院管辖。

3．移送管辖

移送管辖是指人民法院受理某一案件后，发现自己对此案无管辖权，便移送给有管辖权的人民法院受理；或者在特定情况下，下级人民法院将自己有管辖的案件，报请上级人民法院审理；或者上级人民法院将自己有管辖权的案件，交给下级人民法院管辖。

4．指定管辖

指定管辖是指人民法院之间因管辖权发生争议，或者有管辖权的人民法院由于特殊原因不能行使审判权，由它们的共同上级人民法院指定某一人民法院管辖。

11.3.4 经济纠纷诉讼的程序

经济纠纷诉讼根据其性质不同，分别适用《民事诉讼法》和《行政诉讼法》的规定。经济纠纷诉讼按照审级不同，可分为一审、二审等。下面分别介绍一审普通程序、二审诉讼程序、审判监督程序和执行程序。

1．一审普通程序

一审普通程序是指人民法院审理当事人起诉案件通常所适用的程序。它在整个经济诉讼中是最完备的一种程序，也是二审诉讼程序、审判监督程序和执行程序的基础。

经济纠纷诉讼的一审普通程序，包括起诉和受理、审理前准备、开庭审理、调解或判决几个阶段。

（1）起诉和受理

起诉是指公民、法人和其他组织认为自己的民事、经济权益受到侵害或者与他人发生争议，以自己的名义请求人民法院通过审判给予法律保护的诉讼行为。它是形成整个诉讼过程的前提条件。起诉必须符合下列条件：①原告是与本案有直接利害关系的公民、法人和其他经济组织；②有明确的被告；③有具体的诉讼请求和事实、理由；④属于人民法院受理经济诉讼的范围和受诉人民法院管辖。

受理是指人民法院接到原告起诉后经审查，认为符合法律规定的起诉条件，决定立案审理，从而引起诉讼程序开始的一种诉讼行为。原告起诉应向人民法院递交起诉状，并按照被告人数递交副本。人民法院经审查，认为符合条件的，应当在 7 日内立案，并通知当事人；

认为不符合条件的,应在 7 日内裁定不予受理,并通知原告人,说明原因和理由,原告对裁定不服的,可以提起上诉。

(2) 审理前准备

人民法院应当在立案之日起 5 日内将起诉状副本发送被告,告知被告在收到之日起 15 日内提出答辩。人民法院在收到答辩状之日起 5 日内将答辩状副本发送原告。被告不提出答辩的,不影响人民法院的开庭审理。人民法院还应当在受理案件后,根据原告的起诉状和被告答辩意见,认真做好证据的搜集工作,必要时,也可以委托外地法院进行调查,受委托的人民法院接到委托书后,应在 30 日内完成调查。最后,还要组成合议庭,决定开庭的日期、时间和地点,并向当事人和诉讼参与人提前发出传票和出庭通知书。此外,还要认真做好更换和追加当事人的工作。

(3) 开庭审理

根据诉讼法的规定,经济纠纷案件除涉及国家机密或法律另有规定的以外,一律进行公开审理。人民法院审理案件,必须严格按照《民事诉讼法》规定程序分阶段进行。

首先是开庭预备,包括:①传唤、通知当事人及其他诉讼参与人;②查明当事人和其他诉讼参与人是否到庭;③审判长核对当事人;④宣布案由,宣布审判人员、书记员名单,告知当事人有关的诉讼权利和义务,询问当事人是否提出回避请求。

其次是法庭调查,它是开庭审理的核心,是案件进入实体审理的一个重要阶段。这一阶段,一般按下列顺序进行:①原告提出诉讼请求,陈述事实经过及理由,再由被告提出答辩意见;②由审判人员就本案关键性问题向双方当事人进行直接发问;③宣布由证人直接出庭作证或当庭宣读有关证人的证言,出示证物,并由当事人互相质证。

最后是法庭辩论,即经济纠纷当事人及诉讼代理人就案件的有关事实和法律适用等问题提出自己对本案的基本看法和处理意见,并相互辩驳对方观点的诉讼活动。法庭辩论的顺序是:①原告及其诉讼代理人发言;②被告及其诉讼代理人答辩;③第三人及其诉讼代理人发言或者答辩;④相互辩论。

(4) 调解或判决

经济纠纷案件经过法庭调查和辩论,事实已经清楚,责任已经明确,因此,接下来就是处理案件了。

根据诉讼法的规定,经济纠纷可以在查清事实、分清责任的基础上进行调解。调解达成协议的,人民法院要制作调解书,并经双方签收后,即发生法律效力。对于达不成协议或一方当事人在调解书送达前反悔的,应及时依法做出判决,而不能久调不决。

评议宣判是开庭审理的最后阶段,其主要工作为:合议庭评议,做出判决,公开宣判;告知当事人上诉权利、上诉期限和上诉的法院。

2. 二审诉讼程序

二审诉讼程序是指当事人对一审法院的判决或裁定不服,而上诉至上一级人民法院进行审理所适用的程序。根据我国《民事诉讼法》的规定,对一审判决不服,其上诉期限为 15 日;对一审裁定不服,其上诉期限为 10 日,均从接到判决书或裁定书的次日起计算。

二审人民法院对上诉案件,应当由审判员组成合议庭进行审理。审理可视情况分别采用直接审理或书面审理。上诉案件经过审理后,二审法院按照不同情况,分别做出判决或裁定：①原判决认定事实清楚、适用法律正确的,驳回上诉,维持原判；②原判决适用法律错误,依法改判；③原判决认定事实错误或者主要事实不清,证据不足,裁定撤销原判,发回重审,或者查清事实后改判；④原判决违反法定程序,可能影响案件正确判决的,裁定撤销原判,发回重审。当事人对重审案件的判决或裁定不服的,可以上诉。

3. 审判监督程序

审判监督程序也称再审程序,是指人民法院对已经发生法律效力的判决、裁定发现确有错误,依法对案件进行再次审理的程序。它是"实事求是,有错必纠"原则在审判工作中的具体体现。

我国《民事诉讼法》和《行政诉讼法》规定：当事人对已经发生法律效力的判决和裁定,认为有错误的,可以向原审人民法院或者上一级法院申请再审。当事人申请再审,应当在判决、裁定发生法律效力后六个月内提出,并不得因申请再审而停止原判决裁定的执行。再审程序的提起通常有四种情况：①由本院院长提出,提交审判委员会讨论决定；②由最高人民法院、上级人民法院提审或指令下级人民法院再审；③由最高人民检察院、上级人民检察院按审判监督程序提出诉讼；④由当事人申请,经人民法院审查决定是否再审。

再审案件的程序应由原审级决定。原来是第一审的,按照一审程序审理,所做出的判决、裁定,当事人不服可以上诉；原来是二审的,或者是上级人民法院提审的,按第二审程序审理,所做的判决、裁定就是发生法律效力的判决、裁定。

4. 执行程序

执行是指人民法院对已经发生法律效力的判决、裁定、调解协议和其他具有执行效力的法律文书,由于一方当事人无理拒绝履行,根据对方当事人的申请,依照法定程序强制执行的诉讼活动。

(1) 执行必须符合下列条件。

① 要有执行根据。

② 执行根据必须具有给付内容。

③ 执行根据必须已经发生法律效力。

④ 负有义务的一方当事人拒不履行法律文书确定的义务。

(2) 申请执行的期限为两年,从法律文书规定履行期间的最后一日起计算；法律文书未规定履行期间的,从法律文书生效之日起计算。

(3) 执行的具体措施包括扣留、提取、划拨被执行人的收入或银行、信用社存款,查封、扣押、冻结、拍卖、变卖被执行人的财产等。对于人民法院发生的协助执行通知书,有关单位和个人必须办理。

5. 涉外经济纠纷诉讼程序的特别规定

人民法院审理涉外经济纠纷案件,适用我国《民事诉讼法》第四编的特别规定。其主要内容包括以下几点。

(1) 一般原则

涉外经济纠纷审判的一般原则：①国际条约优先适用的原则；②司法豁免权原则；

③人民法院使用中华人民共和国通用的语言、文字审理案件的原则;④委托律师代理诉讼必须委托中华人民共和国律师的原则。

(2) 管辖

因合同或其他财产权益纠纷,对在我国领域内没有住所的被告提起的诉讼,可由在我国领域内的合同签订地、合同履行地、诉讼标的物所在地、侵权行为地、可供扣押财产所在地或其他代表机构住所地人民法院管辖。当事人也可以用书面协议选择与争议有实际联系的地点的法院管辖。选择我国人民法院管辖的,不得违反关于级别管辖和专属管辖的规定。在我国履行中外合资经营企业合同、中外合作经营企业合同和中外合作勘探开发自然资源合同时,发生纠纷提出的诉讼,应由我国人民法院管辖。

(3) 诉讼期间

涉外经济纠纷案件规定了较长的诉讼期间,即凡在我国领域内没有住所的当事人,提出答辩状或上诉状的期间均为 30 日。

(4) 司法协助

人民法院做出的发生法律效力的判决、裁定,如果被执行人或其财产不在我国领域内,当事人可以直接向有管辖权的外国法院申请承认和执行,也可由人民法院依照我国缔结或参加的国际条约的规定,或按照互惠原则,请求外国法院承认和执行。截至 2020 年 11 月我国已与 81 个国家缔结引渡条约、司法协助条约、资产返还与分享协定等共 169 项,与 56 个国家和地区签署金融情报交换合作协议,初步构建起覆盖各大洲和重点国家的反腐败执法合作网络,主要国家有法国、波兰、蒙古、罗马尼亚、俄罗斯、西班牙、乌克兰、古巴、白俄罗斯、意大利、埃及、保加利亚、土耳其、泰国和希腊等。

11.4 经济纠纷诉讼文书

11.4.1 经济纠纷诉讼文书的概念

经济纠纷诉讼文书是指经济纠纷诉讼当事人在整个诉讼活动过程中所制作的各种具有法律意义的文件。它属于民用法律文书的性质。

各种诉讼文书都必须按照最高人民法院统一规定的格式和要求书写。限于篇幅,本节仅介绍经济起诉状、上诉状、答辩状和申请执行书四种最常用的诉讼文书。

11.4.2 经济起诉状

1. 经济起诉状的概念

经济起诉状是指经济案件的原告人为维护自己的合法经济权益,就经济纠纷向人民法院提起诉讼的书状。任何经济法主体认为自己的权益被侵犯或与他人发生纠纷时,都依法享有起诉的权利。要行使这种权利就要制作经济起诉状,并提交给有管辖权的人民法院。它是整个诉讼活动的开始。

2. 经济起诉状的结构和内容

经济起诉状一般由首部、诉讼请求、事实与理由、尾部和附项五部分组成。

(1) 首部

① 要写明诉状的名称,标明"经济起诉状"。

② 要分别写明原、被告的基本情况,包括单位名称、单位住所地、统一社会信用代码、法定代表人姓名、职务等内容。

③ 如果原、被告一方是自然人的,则写明姓名、性别、民族、住址、公民身份证号等内容。

(2) 诉讼请求

直接、简要地写明原告人的起诉目的、要求解决哪些问题。诉讼请求中提出的主张和要求应做到合情合理,更要合法。要与后面的事实与理由部分相吻合,并互为因果,可采用1、2、3的形式逐项列举,确保言简意赅。

(3) 事实与理由

这部分要重点写出与诉讼目的有关的重要事实、主要理由和具体法律依据,做到陈述事实清楚、阐明理由充分、引用法律依据准确。

重要事实要把发生纠纷的时间、地点、人物、原因和前后经过叙述清楚,要说明目前的状况,当事人之间相互的权利、义务关系如何。

理由要以具体的法律、法规、双方的协议、合同作为依据,注意做到合情、合理和合法。

事实和理由要以证据作为后盾。事实要用证据加以证实,理由要以证据和有关法律加以说明。有无确凿、充分、有效的证据提供给人民法院作为定案、处理纠纷的依据,直接关系到诉讼请求能否成立和诉讼的胜败。陈述案情要建立在可靠的人证、物证、书证的基础之上,凡能证明案件真实情况的一切证据,都应列举出来,说明证据的来源、证人的姓名,附于诉状之后。

引用法律规定作为依据,必须清楚该纠纷适用什么具体的法律、法规。引用时要具体提出法律的名称及具体的条款,切不可含糊不清,更忌断章取义。

(4) 尾部

写明提交的法院、起诉的单位(或姓名)、书写起诉状的时间,并加盖单位或起诉人的印章。

(5) 附项

应注明本状副本份数,物证、书证件数。

3. 经济起诉状写作要求

(1) 诉讼内容要具备真实性。

(2) 证据要具备确凿性。

(3) 表述方法要有条理性。

11.4.3 经济上诉状

1. 经济上诉状的概念

经济上诉状是指经济纠纷案件的诉讼当事人,不服地方人民法院第一审的判决、裁定,在法定期限内,向上一级人民法院提起诉讼,请求变更撤销原审判决或裁定而提交的书状。

上诉权是经济纠纷诉讼当事人的一项重要诉讼权利,任何人不得以任何理由进行限制或予以剥夺。但是向上一级人民法院上诉,必须提交经济上诉状。

2．经济上诉状的结构和内容

经济上诉状一般分为首部、案由、上诉请求、上诉理由、尾部和附项六个部分。

(1) 首部。与经济起诉状相同,首先标明"经济上诉状",其次分别写明上诉人和被上诉人的基本情况。

(2) 案由。应写明上诉人因何案,不服何处人民法院,于何时、何字、何号判决或裁定而提出上诉。

(3) 上诉请求。这是上诉的重要部分,直接表明上诉人的上诉目的。上诉请求的内容应当概括、准确、有针对性,明确请求第二审法院撤销、变更原审法院的哪几条判决或裁定,要求重新做出什么样的判决或裁定。

(4) 上诉理由。这是上诉状中最重要的部分。理由是否充分、有无法律依据,直接关系到上诉的胜败。上诉理由针对一审判决,一般可从三个方面提出,即认定事实方面,适用法律方面和适用程序方面。

(5) 尾部。写明上诉状呈送的法院、由上诉人签名和盖章,以及注明具体的时间。

(6) 附项。列明上诉状副本、物证、书证等份数。

3．经济上诉状的书写要求

经济上诉状是由上诉人因对一审法院的判决或裁定不服而提出的,它的主要内容就是运用事实和法律,指出一审判决或裁定在认定事实、适用法律和审理程序方面的错误,提出自己的正确主张。因此,经济上诉状写作的特点是运用反驳的方法。运用反驳的方法,首先要做到针对性强;其次做到理由充分、论证有理、有事有证、以理服人;最后要注意逻辑性,具体而言,它与经济起诉状的书写要求相同。

11.4.4 经济答辩状

1．经济答辩状的概念

经济答辩状是指在经济纠纷诉讼活动中,被告或者被上诉人针对原告或上诉人的诉状内容,对其诉讼请求做出的答复和辩解的书状。

答辩权是经济纠纷诉讼当事人的又一项重要权利。被告或被上诉人在接到法院送交的起诉状或上诉状副本以后,经过认真研究,并依据事实和法律,在法律规定的期限内,对原告的诉讼请求和上诉人的上诉理由做出答复或进行辩解,以维护自己的合法权益。

2．经济答辩状的结构和内容

经济答辩状通常由首部、案由、答辩理由、答辩意见、尾部五部分组成。

(1) 首部。首先写明"经济答辩状";其次写明答辩人的基本情况。

(2) 案由。简要写明因何人起诉或上诉的何案而提出答辩。

(3) 答辩理由。这是答辩状中最关键的内容,一般可以从两方面着手。

① 对原告或上诉人诉讼请求中的合理部分,应本着实事求是的精神,予以承认或部分承认,但切不可盲目应承。承认的方法也可以采用默认。

② 反驳原告或上诉人的诉讼请求。首先,应对原告或上诉人在上诉状中陈述事实上的错误提出批驳,并通过运用有关证据说明案件的客观事实。其次,根据本案基本事实和有关法律规定,指出对方在诉状中与情理不合、与法律相悖的错误主张,在此基础上提出自己的正确观点。

(4) 答辩意见。在充分陈述事实和阐明答辩理由的基础上,经过综合归纳,清晰、准确地说明自己的观点和主张。根据需要,这部分内容也可以直接放在答辩理由的前面。

(5) 尾部。这部分内容包括:①写明答辩状提交的法院;②答辩人签名盖章,并注明年、月、日;③说明提交的有关证明材料件数。

3. 经济答辩状的书写要求

由于答辩状是针对起诉状或上诉状中的观点、内容而做出的承认或反驳辩解理由的书状,因此,根据答辩状中各部分的内容不同,分别采用不同的方法书写,即首部、案由、尾部和附项四部分采用说明的方法依次按其格式逐一书写;答辩理由部分采用反驳的方法书写;答辩意见部分写法上适用立论的方法书写。

11.4.5 强制执行申请书

1. 强制执行申请书的概念

强制执行申请书是指因一方当事人不履行或拒绝履行已经发生法律效力的判决书、裁定书或调解书,以及法律规定由人民法院执行的其他法律文书中确定的义务时,另一方当事人依照法律规定,向人民法院提出请求强制执行而制作的文书。

经济诉讼当事人对于已经发生法律效力的判决书、裁定书、调解书、仲裁书和经过公证的债权文书,必须自觉履行。否则,另一方当事人有权根据法律规定,在法定有效期限内申请强制执行。

2. 强制执行申请书的结构和内容

强制执行申请书一般由首部、申请要求、事实与理由、尾部四部分组成。

(1) 首部。首先标明"强制执行申请书",其次写明申请人和被申请人的基本情况。

(2) 申请要求。申请执行人必须提出具体要求执行的内容,并与发生法律效力的判决、裁定、调解书等内容相一致,且具有给付性质。

(3) 事实与理由。首先,应当说明被执行人拒不执行发生法律效力的判决、裁定及其他法律文书的情况;其次,写明被申请执行人的经济状况、偿付能力,以及财产状况和财产所在地。

(4) 尾部。应写明所送人民法院的名称,并由申请执行人签章,同时注明年、月、日。

3. 强制执行申请书的使用说明

（1）必须符合申请执行的法定期限。强制执行申请书应在法定有效期限内提交。具体期限在前面诉讼执行程序中已作阐述。

（2）强制执行申请书应向有管辖权的人民法院提交。发生法律效力的判决、裁定、调解书由原审人民法院执行庭执行；有执行效力的债权文书，向有管辖权的基层人民法院申请执行。

（3）执行员在接到强制执行申请书后，应当在法定期限内了解案件，并通知被执行人在指定期限内履行；逾期不履行的，可以强制执行。

案例及分析

A 市某模具五金有限责任公司（承揽方）于 2023 年 5 月与 B 市某机械制品有限责任公司（定做方）在 A 市某区签订了一份加工承揽合同。合同约定：定做物由定做方自提。提取时双方对加工费和定做物的质量产生了纠纷。为此，承揽方起诉于仅一条街之隔的 A 市某区人民法院。该院受理后，被告 B 市某机械制品有限责任公司就该案的管辖权问题向法院提出异议，认为只有被告所在地法院才能有管辖权，因而不肯应诉。

【问题】

（1）管辖权问题适用什么法律规定？

（2）本案应归哪个法院管辖？

【分析】 我国《民事诉讼法》对地域管辖做了规定，这些规定可概括为两种：一是一般地域管辖；二是特殊地域管辖。一般地域管辖按当事人的所在地划分案件管辖法院，通常实行原告就被告的原则，故本案被告认为只有被告所在地法院才有管辖权。然而，本案应属于特殊地域管辖的范围，特殊地域管辖以诉讼标的所在地或引起法律关系发生、变更、消灭的法律事实所在地为标准来划分案件管辖法院。《民事诉讼法》明确规定："因合同纠纷提起的诉讼由合同履行地或者合同签订地人民法院管辖。"凡法律有特殊规定的，一般应适用特殊规定。因此 A 市某区法院受理本章是正确的。

本章小结

经济纠纷的仲裁和诉讼是解决经济纠纷的两条有效途径。经济纠纷欲通过仲裁解决，须以双方当事人有仲裁协议为前提；否则，仲裁机构就无管辖权。经济纠纷仲裁具有方便、迅速和经济的特点。人民法院对经济纠纷案件的管辖权则主要依据法律的规定而产生，经济纠纷诉讼具有强制性、最终性和规范性的特征。

受理经济纠纷的仲裁机构是依据我国《仲裁法》设立的仲裁委员会。经济纠纷仲裁应坚持自愿原则，以事实为依据，符合法律规定，公平合理解决纠纷原则和仲裁独立原则。仲裁委员会依法受理平等主体的公民、法人和其他经济组织之间发生的合同纠纷和其他财产纠纷。在仲裁活动中，应坚持协议仲裁，选择仲裁员、回避和一裁终局等工作制度，以保证公正、及时地仲裁经济纠纷,保护当事人的合法权益,保障社会主义市场经济的健康发展。

受理经济纠纷诉讼的机关是人民法院。根据经济纠纷的性质不同,分别由人民法院的民事或行政审判庭审理。经济纠纷诉讼实行地域管辖和级别管辖等。经济诉讼必须严格按诉讼程序进行,一审程序、二审程序、审判监督程序及执行程序,各有其具体的规范和适用范围。法院和当事人应当根据案件的特点和诉讼目的,选择适当的程序,以便法院合法、准确地依法做出裁判,以维护当事人的合法权益。

经济诉讼文书是经济诉讼当事人在整个诉讼活动过程中所制作的各种具有法律意义的文件。常用的诉讼文书及用途为:原告起诉,应书写经济起诉状;被告或被上诉人答辩,应书写经济答辩状;不服一审判决而提出上诉的上诉人,应书写经济上诉状;向人民法院申请执行的申请人,应书写强制执行申请书。各种诉讼文书的制作都应当规范。

复习思考题

1. 我国《仲裁法》的适用范围包括哪几个方面？
2. 仲裁机构的基本工作制度有哪些？
3. 哪些裁决可以依法申请撤销？
4. 什么是经济纠纷诉讼？什么是经济纠纷诉讼管辖？经济纠纷诉讼管辖是如何规定的？
5. 一审普通程序一般包括哪几个阶段？
6. 什么是经济起诉状？其结构怎样？事实与理由部分应如何书写？

实训题

1. 实训项目：庭审观摩并进行模拟合议。
2. 实训目的：通过庭审观摩与模拟合议,进一步了解经济诉讼活动的全过程,掌握经济诉讼中法律关系的分析逻辑、思维方式以及实际处理技巧,熟悉相关法律文书的结构和内容,增强运用各种实体法和程序法解决经济活动中实际问题的能力。
3. 实训内容：观摩经济案件的庭审活动,记录和归纳庭审过程。观摩平台：中国庭审公开网,网址：http://tingshen.court.gov.cn,选择"案件回顾",选择一个经济类案件,进行案件审理的观摩。

任务一：观摩经济案件的庭审活动,记录和归纳以下庭审过程和内容。
① 所观摩案件的案号、案由、审理日期；
② 所观摩案件的原告、被告的姓名或名称,审判庭组成人员、书记员的姓名；
③ 原告的请求；
④ 被告的答辩；
⑤ 原告出示的证据；
⑥ 被告的质证意见；

⑦ 被告出示的证据；
⑧ 原告的质证意见；
⑨ 原告辩论的主要观点；
⑩ 被告辩论的主要观点；
⑪ 庭审的主要阶段；
⑫ 法官有无组织调解（有或无，若有还需记录是否调解成功）；
⑬ 有无当庭判决（有或无）。

微课：中国庭审实录

任务二：根据庭审的观摩和记录，学员 7～8 人为一组，法官 3 人，书记员 1 人，原告、被告各 1 人，原告、被告代理人各 1 人，对案件进行模拟庭审活动。

4. 实训考核：根据学生对庭审活动的记录内容及模拟庭审表现，教师对学生分析法律问题、运用法律解决实际纠纷及文字表达等方面进行综合评定。

参 考 文 献

[1] 陈小君.合同法学[M].4版.北京:中国政法大学出版社,2014.
[2] 单飞跃.经济法教程[M].北京:法律出版社,2006.
[3] 李艳芳.以案说法:经济法篇[M].北京:中国人民大学出版社,2006.
[4] 李永军.合同法[M].5版.北京:中国人民大学出版社,2020.
[5] 吕景胜.经济法实务[M].5版.北京:中国人民大学出版社,2015.
[6] 王福友,曲振涛.经济法[M].7版.北京:高等教育出版社,2021.
[7] 隋彭生.经济法概论[M].3版.北京:中国政法大学出版社,2019.
[8] 游文丽.中级经济法经典题解[M].上海:上海交通大学出版社,2021.
[9] 中国注册会计师协会.经济法[M].北京:中国财政经济出版社,2022.
[10] 梁锐,钟顺东,等.经济法基础[M].镇江:江苏大学出版社,2014.
[11] 吴汉东.知识产权法[M].7版.北京:北京大学出版社,2019.